Elogios para

Casi una mujer

de *Esmeralda Santiago*

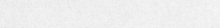

"Una historia universal... convertida en una historia especial por la sencillez y la honestidad de Santiago al decirla." —*The Baltimore Sun*

"Santiago captura la fuerza, los contornos y la dinámica de la familia latina." —*Latina*

"Cautivante... Santiago mantiene con tal equilibrio la voz de una mujer joven a punto de madurar, que sentimos que estamos ahí mismo con ella." —*Ft. Lauderdale Sun-Sentinel*

"Santiago no protege los sentimientos de nadie sino que expone la verdad como la ve, y transporta a los lectores, en apremiantes marejadas, a otros mundos." —*The Dallas Morning News*

"Santiago escribe con una elegancia tal para los detalles, el humor y las emociones complejas, que arrastra a los lectores hacia un encantador, aunque a veces desgarrador, viaje personal." —*The Orlando Sentinel*

Esmeralda Santiago

Casi una mujer

Esmeralda Santiago llegó a los Estados Unidos
desde Puerto Rico a los trece años de edad, hizo su
escuela intermedia en Brooklyn y su escuela superior
en la Performing Arts High School en la ciudad
de Nueva York. Después de los extraordinarios
años descritos en este libro, se graduó de Harvard
University y obtuvo una Maestría del Sarah Lawrence College. Santiago es la autora de *Cuando era
puertorriqueña* y *El sueño de América*, y es co-editora,
con Joie Davidow, de *Las Christmas*. Santiago vive
en Westchester County, Nueva York, con su esposo
Frank, su hijo Lucas, y su hija Ila.

Una nota sobre la traductora

Nina Torres-Vidal es puertorriqueña. Profesora de lenguas y literatura
de la Universidad del Sagrado Corazón en San Juan, Puerto Rico, sus
intereses investigativos son la literatura comparada, la literatura autobio-
gráfica, los estudios del género y la teología feminista.

Esmeralda Santiago

Casi una mujer

Traducción de Nina Torres-Vidal

Vintage Español

Vintage Books

Una división de Random House, Inc.

New York

Primera Edición en Español de Vintage, Septiembre de 1999

© 1999 por Alfred A. Knopf, Inc.

Todos los derechos reservados bajo las Convenciones Panamericanas e Internacionales sobre Derechos de Autor. Publicado en los Estados Unidos por Vintage Books, una división de Random House, Inc., New York, y simultáneamente en Canada por Random House of Canada Limited, en Toronto. Originalmente publicado en carpeta dura en los Estados Unidos, por Perseus Books, miembro de Perseus Book Group, Reading, Massachusetts, en 1998. Copyright © 1998 by Esmeralda Santiago

Vintage es una marca registrada y Vintage Español y colofón son marcas de Random House, Inc.

Biblioteca del Congreso Catalogando-en-Datos para Publicación
Santiago, Esmeralda.
    [Almost a woman. Spanish]
    Casi una mujer / Esmeralda Santiago : traducción de Nina Torres-Vidal.
       p. cm.
    ISBN 0-375-70526-0
    1. Santiago, Esmeralda—Childhood and youth.   2. Puerto Rican women—New York (State)—New York Biography.   3. Puerto Ricans—New York (State)—New York Biography.   4. New York (N.Y.) Biography.
5. Brooklyn (New York, N.Y.) Biography.   I. Title.
974.7'1004967295'0092—dc21
   [B]   99-33347
          CIP

Fotografía de la autora © Frank Cantor

www.vintagebooks.com

Impreso en los Estados Unidos de América
10 9 8 7 6 5 4 3 2 1

Índice

Casi una mujer

"Martes, ni te cases ni te embarques ni de tu familia te apartes."

En los veintiún años que viví con mi mamá, nos mudamos por lo menos veinte veces. Atacuñábamos las cosas en maletas descascaradas, en cajas de cartón con anuncios en letras llamativas a los lados, en fundas, en sacos de arroz vacíos, en latas de galletas que olían a levadura y harina. Lo que no podíamos cargar, lo dejábamos: gaveteros a los que les faltaban gavetas, sofás llenos de chichones, los quince cuadros que pinté un verano. Aprendimos a no apegarnos demasiado a nuestras pertenencias porque eran tan temporeras como las paredes que nos cobijaban por unos meses; como los vecinos que vivían un poco más abajo en la misma calle, o como el muchacho de ojos tristes que me amó cuando yo tenía trece años.

Nos mudamos del campo a la ciudad, al campo, a un pueblito, a una gran ciudad, a la ciudad más grande de todas. Ya en Nueva York, nos mudamos de apartamento en apartamento, en busca de calefacción, de menos cucarachas, de más cuartos, de vecindarios más tranquilos, de mayor privacidad, de mejor acceso al *subway* y a la casa de nuestros parientes.

Nos movíamos en círculos alrededor de los vecindarios que queríamos evitar: aquéllos donde no había puertorriqueños o donde el graffiti nos advertía que andábamos por territorios de pandillas, aquéllos donde la gente vestía mejor que nosotros, donde a los caseros no les caían bien los puertorriqueños o no aceptaban el *welfare* o meneaban la cabeza cuando veían a nuestra familia de tres adultos y once niños.

Evitábamos los vecindarios con muy pocas tiendas, con demasiadas tiendas, con las tiendas que no eran tiendas nada o con ninguna tienda. Le dimos vueltas a nuestro primer apartamento como le dan vueltas los animales al lugar donde van a dormir y después de diez años de dar vueltas, Mami regresó a lugar donde comenzó nuestro peregrinaje: a Macún, el barrio puertorriqueño donde todo el mundo se conocía y conocía la vida y milagros de los demás, y donde los cachibaches que dejamos atrás fueron bien aprovechados por gente que se mudaba menos que nosotros.

Para cuando Mami regresó a Macún, yo también me había mudado. Cuatro días después de cumplir los veintiún años, me fui de casa, olvidando el refrán que canturreaba de niña: "Martes, ni te cases ni te embarques ni de tu familia te apartes". Un martes brumoso no me casé, pero sí me embarqué y sí me aparté de mi familia. En el buzón, le dejé una carta a Mami en la que le decía adiós porque no tuve el valor de despedirme en persona.

Me fui a la Florida a dar mis propias vueltas de una ciudad a otra. Cada vez que empacaba mis cosas dejaba un pedacito de mí en los cuartos que me albergaban —nunca mi hogar— siempre, los sitios donde vivía. Me felicitaba por lo fácil que se me hacía dejarlos, por lo bien que empaquetaba todas mis pertenencias en un par de cajas y una maleta.

Años después, cuando visité Macún, fui al lugar donde empezó y terminó mi niñez. Parada en lo que quedaba de nuestro piso de losetas azules, contemplé el verdor agreste que me rodeaba, lo que había sido el patio de nuestros juegos, el rincón donde la mata de berenjena se convertía en árbol de Navidad, el sitio aquél donde me corté el pie y donde la tierra se chupó mi sangre. Ya no me parecía familiar, ni hermoso y no había ni una pista que me sugiriera quién había sido yo allí, o en quién me convertiría dondequiera que fuese después. Los moriviyís y el culantro sofocaban el batey, las enredaderas habían arropado el piso de cemento, los cohitres se habían trepado por lo que quedaba de las paredes y las habían convertido en montoncitos verde-tierno que albergaban lagartijos de un color olivo pardusco o verde brillante, coquíes y picaflores. No había un solo indicio de que alguna vez habíamos estado allí, excepto el montecillo de losetas azules donde estaba parada. Relucía bajo el sol de la tarde, de un color tan intenso que me pregunté si no estaría parada sobre un piso ajeno porque yo no recordaba que nuestro piso hubiese sido nunca tan azul.

"Te puede pasar algo."

Llegamos a Brooklyn en el 1961 en busca de atención médica para Raymond, mi hermano menor, a quien una cadena de bicicleta por poco le cercena los dedos del pie cuando tenía cuatro años. En Puerto Rico los médicos querían amputarle el pie, que con frecuencia se le hinchaba y se le enrojecía, porque no acababa de sanar. En Nueva York, era la esperanza de Mami, los médicos podrían salvárselo.

El día que llegamos, la tarde caliente y húmeda se había astillado en truenos y relámpagos y los últimos rayos de sol se sumergían en el resto de los Estados Unidos. Tenía trece años y era ya lo suficientemente supersticiosa como para creer que los rayos y los truenos guardaban un significado más allá del meteorológico. Conservé en mi memoria las imágenes y los sonidos de aquella noche triste como si, algún día, con un chispazo de luz, su sentido último me fuera a ser revelado para transformar mi vida para siempre. Cuando esa luz llegó, nada cambió, porque lo importante no era el clima de Brooklyn, sino el hecho de que yo estaba allí para notarlo.

Con Mami apretándome una mano y Edna, de seis años, la otra, nos fuimos abriendo paso entre el gentío de pasajeros. Raymond, de cinco años, se aferraba a la otra mano de Mami; su vaivén al andar provocaba sonrisas de pena en la gente que se echaba a un lado para dejarnos pasar.

Al final del túnel, nos esperaba Tata, la mamá de Mami, vestida de encaje negro y tacos altos, un broche de *rhinestones* puntiagudo en el hombro izquierdo. Cuando me abrazó, el prendedor me pinchó el cachete dejándome una sutil hendidura en forma de flor que yo me iba sobando rítmicamente, mientras el taxi volaba por las calles empapadas, flanqueadas por altos edificios angulosos.

Nueva York resultó más oscuro de lo que esperaba y, a pesar de la lluvia purificadora, también más sucio. Acostumbrados a las curvas sensuales de los campos de Puerto Rico, mis ojos tuvieron que ajustarse a la bidimensionalidad agresiva y uniforme de Brooklyn. Gruesas gotas de lluvia golpeaban las calles duras, capturaban el empañado resplandor plateado de las luces de la calle, rebotaban contra la acera en destellos de luz y entonces, como diminutas joyas efímeras, desaparecían en la oscuridad. Mami y Tata bromeaban con que yo me había desilusionado porque las calles no estaban pavimentadas en oro. Pero en realidad, no era esa la imagen que yo tenía de Nueva York. Más bien estaba desilusionada por la oscuridad y cifré mis esperanzas en la promesa de luz escondida en las resplandecientes gotitas de lluvia.

Dos días más tarde, recostada contra la pared de nuestro edificio de apartamentos en la Calle McKibbin, me preguntaba dónde terminaría Nueva York y dónde empezaría el resto del mundo. Era difícil calcularlo. No había horizonte en Nueva York. Dondequiera que miraba, mis ojos tropezaban con un laberinto vertical de rectos edificios marrones y grises con esquinas cortantes y sombras profundas. Cada dos o tres bloques había un parquecito infantil, de cemento, cercado con una verja de alambre. Entremedio había lotes atestados de matojos, basura y carros corroídos de moho.

Del edificio de al lado salió una nena con una cuica en la mano. Me miró de arriba a abajo tímidamente. Yo me hice la que no la veía. Ella pisó la cuica, estiró las puntas por encima de su cabeza como para medirle el largo y empezó a dar brinquitos, despacio, dejando escapar un jum del fondo de su garganta cada vez que tocaba la acera. Tchis, tcha, jum, tchis me dió la espalda; tchis, tcha, jum, tchis, se volvió hacia mí y me sonrió. Yo le devolví la sonrisa y ella se acercó saltando.

"¿Tú eres hispana?" preguntó, mientras dibujaba en el aire amplios arcos con la cuica.

"No, yo soy puertorriqueña."

"Es lo mismo. Puertorriqueña, hispana. Eso es lo que somos aquí."

Dio un brinco cerrado, se paró de pronto y con un gesto rápido, me ofreció la cuica.

"¿Quieres?"

"Claro." Salté en una pierna, luego en la otra. "¿Así es que si uno es puertorriqueño le dicen hispano?"

"Ujúm. Cualquiera que hable español."

Di una vuelta como la que había dado ella, pero más rapidito. "¿Tú quieres decir que si uno habla español uno es hispano?"

"Bueno... ajá. No... Es que tus papás tienen que ser puertorriqueños o cubanos o algo así."

Torcí la cuica hacia la derecha, después hacia la izquierda, como los boxeadores. "Okay, suponiendo que tus papás son cubanos y tú naciste aquí pero no hablas español, ¿tú eres hispana?"

Se mordió el labio inferior. "Supongo," dijo finalmente. "Tiene que ver con que uno sea de un país hispánico. Tú sabes, es como que tú y tus papás, este, aunque ustedes no hablen español, son hispanos, ¿tú sabes?"

Me miró dudosa. Yo asentí y le devolví la cuica.

Pero no, no sabía. Yo siempre había sido puertorriqueña y no se me había ocurrido nunca que en Brooklyn me convertiría en otra cosa.

Más tarde, pregunté, "¿Nosotros somos hispanos, Mami?"

"Sí, porque hablamos español."

"Pero una nena me dijo que uno no tiene que hablar el idioma pa' ser hispano."

Entrecerró los ojos. "¿Qué nena? ¿Dónde tú conociste una nena?"

"Allá afuera. Vive en el edificio de al lado."

"Y a ti, ¿quién te dio permiso pa' salir pa' la acera? Esto no es Puerto Rico. Te puede pasar algo."

"Te puede pasar algo" era una variedad de peligros que acechaban fuera de las puertas cerradas de nuestro apartamento. Me podían asaltar. Yendo y viniendo de la escuela me podían arrastrar hasta cualquiera de los edificios oscuros y abandonados y me podían violar y matar. Podían acercárseme los miembros de alguna ganga si me perdía y caía en su territorio. Podía ser seducida por esos hombres que acosan a las muchachitas que andan solas y están dispuestas a hablar con extraños. Yo oía el sermón de Mami con la mirada baja y las debidas muestras de respeto y humildad. Pero por dentro, estaba que trinaba. Dos días en Nueva York y ya me había convertido en otra persona. No fue difícil imaginar que peligros aun mayores me esperaban.

Nuestro apartamento en la Calle McKibbin era más sólido que cualquiera de nuestras casas en Puerto Rico. Las escaleras de mármol, las paredes de yeso, y los pisos de losa estaban pegados a la tierra, muy diferentes a los cuartos de madera y zinc montados en zocos donde yo me había criado. Unos angelitos gordos con las nalguitas al aire danzaban en torno a unas guirnaldas de yeso en el techo. En la cocina había una bañera con agua corriente, caliente y fría, y un inodoro dentro de un closet con un lavamanos y un botiquín. El callejón entre la ventana de nuestra habitación y la pared del edificio contiguo era tan estrecho que yo me estiré un poco para tocar los ladrillos y dejé mi huella en el hollín grasiento que los cubría. Arriba, un pedacito de cielo empujaba una tenue luz amarilla hacia el suelo cubierto de cajas de detergente vacías, trapos viejos, zapatos sueltos, botellas, vidrios rotos.

Mami tenía que salir a buscar trabajo, así es que Edna, Raymond y yo bajamos a quedarnos en el apartamento de Tata. Estaba levantándose todavía cuando le tocamos a la puerta. Me senté en la mesita cerca del *counter* de la cocina a leer los periódicos que había traído la noche anterior Don Julio, el novio de Tata. Parados en el medio del cuarto, Edna y Raymond clavaron sus ojos en un televisor pequeño puesto sobre una mesa bajita. Tata lo prendió, trasteó un rato los botones y la antena hasta que desaparecieron unas franjas horizontales y salieron unos muñequitos en blanco y negro persiguiéndose unos a otros sobre un paisaje plano. Los nenes cayeron sentados, las piernas cruzadas, los ojos fijos en la pantalla. Contra la pared, debajo de la ventana, dormía de espaldas a nosotros Tío Chico, el hermano de Tata. A cada rato, un ronquido lo despertaba, pero él se masticaba la baba, murmuraba algo y volvía a dormirse.

En lo que Tata fue a lavarse al baño del pasillo, yo me sintonicé al televisor. Un punto brincaba sobre las palabras de una canción que era interpretada por un tren que iba bailando sobre los rieles con perros, gatos, vacas y caballos que se salían por las ventanas de los vagones. Quedé hipnotizada por ese puntito que saltaba sobre unas palabras que no se parecían en nada a como sonaban. "Chilbii cominraun demauntin uenchicoms, tuut-tuut," cantaba la locomotora y la bolita bajaba y subía *"She'll be coming 'round the mountain when she comes,"* sin tuut tuut. Los animales, vestidos con sombreros de vaquero, mamelucos de mahón y pañuelos en el cuello agitaban picos y palas al aire. El tuut-tuut se iba sustituyendo por un guau-guau o un miau-au o un muu-muu. Era una cancioncita alegre y tonta que hacía reír a Edna y a Raymond. Pero a mí se me hacía difícil disfrutarla porque estaba enfocada en las palabras que pasaban volando, en la bolita que brincaba rítmicamente de sílaba en sílaba sin tiempo apenas para conectar las letras con el sonido, y además tenía la distracción adicional de un rebuzno, un ladrido o la risa de uno de los nenes.

Cuando regresó del baño, Tata preparó café en la estufa de dos hornillas. Un humo fragante pronto invadió el cuartito y según ella filtró la harina por el colador de bayeta desgastado, se levantó Tío Chico como si el aroma fuera una alarma más fuerte e insistente que los animales cantores en la pantalla del televisor, el chocar de las ollas contra la estufa o el chirrido de las patas de la silla cuando me acomodé para poder ver a Tata y los muñequitos a la vez.

"Adiós, mira a quién tenemos por aquí," dijo Tío Chico mientras se estiraba hasta que sus dedos largos y huesudos tocaron el techo. Vestía la misma ropa del día anterior: unos pantalones oscuros despintados y una camiseta de manga corta, las dos piezas arrugadas y con un agrio olor a sudor. Les pasó por encima a Edna y a Raymond que apenas se movieron para dejarlo pasar y de dos zancadas se escurrió hacia el baño. Según cerró la puerta, pareció que las paredes se juntaron, como si el cuerpo flacucho de Tío Chico aumentara las dimensiones del cuartito estrecho.

Tata tarareaba la canción de los muñequitos. Sus manos grandes agarraron una cacerola, le echaron leche y la batieron ligerito hasta que hirvió e hizo espuma. Yo estaba embobada con su gracia, con su porte, con los rizos cenizos y despeinados que enmarcaban sus pómulos altos. Levantó sus pícaros ojos caramelo y, sin perder el ritmo, sonrió.

Tío Chico regresó duchado y afeitado y vistiendo una camisa y unos pantalones limpios tan arrugados como los que se había quitado. Dejó caer la ropa sucia en un rincón cerca de la cama de Tata y arregló su catre. Tata me pasó una taza de café con leche endulzado y ladeando la cabeza, me indicó que le dejara mi silla a Tío Chico.

"No, no, está bien," dijo, "yo me siento acá."

Se acomodó en la orilla del catre, los codos en las rodillas y los dedos rodeando el tazón que le dio Tata. De entre sus manos, ascendía el humo en un espiral transparente. Tata les sirvió a Edna y a Raymond y después se sentó con su café en una mano y el cigarrillo en la otra a hablar bajito con Tío Chico, que también fumaba. Yo acerqué la cara al aromático vapor del café para evitar el olor del humo mentolado que circulaba de su lado del cuarto al nuestro hasta posarse como una suave manta gris que se nos derretía en la ropa y el pelo.

Yo no hablaba inglés, así es que el orientador escolar me ubicó en una clase para estudiantes que habían obtenido puntuaciones bajas en los exámenes de inteligencia, que tenían problemas de disciplina o que estaban matando el tiempo en lo que cumplían dieciséis años y podían salirse de la escuela. La maestra, una linda mujer negra un par de años mayor que sus estudiantes, me señaló un asiento en el medio del salón. No me atreví a mirar a nadie a los ojos. Unos gruñidos y murmullos me seguían y aunque yo no tenía idea de lo que significaban, no me sonaron nada amistosos.

La mesita del pupitre estaba tallada con esmero. Tenía muchos nombres seguidos de un apóstrofo y un año. Algunas obscenidades cuidadosamente labradas no me dijeron nada pero podía reconocer la maestría con que estaban hechas las letras sombreadas y las orillas alrededor de la *f* y de la *k*. Supuse que una niña había escrito el mensaje en cursivo porque las íes en vez de puntos tenían corazones y margaritas. Debajo, unas líneas escritas en una tímida letra finita, como arañazos de pollo, alternaban con unas en agresivas letras de bloque.

Me apreté las manos debajo de la mesa para controlar el temblor y me puse a examinar las líneas rectas y las curvas serradas esculpidas en el pupitre por aquéllos que lo habían ocupado antes que yo. Con los ojos fijos en la superficie guayada, me concentré en la voz de la maestra, en las ondas de sonidos extraños que pululaban sobre mi cabeza. Hubiera querido salir flotando de ese salón, alejarme de ese ambiente hostil que permeaba cada rincón, cada grieta. Pero mientras más trataba de desaparecer más presente me sentía hasta que, exhausta, me dejé ir, y floté con las palabras, convencida de que si no lo hacía, me ahogaría en ellas.

Para la clase de Educación Física, las muchachas teníamos que usar un mameluco en algodón verde yerba, de manga corta y patas abombachadas, abotonado al frente hasta la cintura, donde cerraba con una banda tan corta que no daba más que para amarrársela en un abultado nudo. El verde yerba no le quedaba bien a nadie, pero mucho menos a las muchachas adolescentes con las caras llenas de barritos rojos. El uniforme tenía un elástico en la parte de abajo para que no se nos vieran los panties cuando nos cayéramos o nos sentáramos. El elástico nos quedaba flojo a las que teníamos las piernas flacas y los bombachos nos colgaban hasta las rodillas y aleteaban cuando corríamos. Como el uniforme era de una sola pieza, era casi imposible ir al baño en los tres minutos que teníamos entre clases. En vez de tenerlo puesto todo el día, podíamos traerlo a la escuela y cambiarnos antes de la clase, pero nadie lo hacía porque periódicamente los muchachos invadían el cuarto de los *lockers* para vernos en ropa interior. Con el uniforme puesto era difícil mantener una buena higiene cuando estábamos "malas", para lo que hubiéramos necesitado por lo menos tres manos, así es que nuestras mamás nos preparaban excusas. Lo malo era que si una no usaba el uniforme durante los días de Educación Física, todo el mundo se enteraba de que tenía la menstruación.

Una muchacha compró dos uniformes de educación física. Le cortó la bombacha a uno, le hizo un repulgo en la cintura y usaba la parte de arriba debajo de la blusa. Así, nadie sabía si estaba o no con el período. Le pedí a Mami que me hiciera lo mismo, pero me contestó que nosotros no teníamos dinero para botar en esa tontería.

Los viernes por la mañana teníamos Asamblea. Lo primero que

hacíamos era ponernos la mano derecha sobre el pecho y cantar "The Star-Spangled Banner". Se nos estimulaba a cantar tan fuerte como pudiéramos y en un par de semanas ya me había aprendido la canción de memoria.

> Ojo sé. Can Juice ¿Y?
> Bye de don surly lie.
> Whassoprowow we hell
> Add debt why lie lass gleam in.
> Whosebrods tripen sand bye ¿Star?
> True de perro los ¡Hay!
> Order am parts we wash,
> Wha soga lang tree streem in.

No tenía la más mínima idea de lo que decía o significaba la canción y a nadie se le ocurrió explicármelo. Era una de esas cosas que se suponía que supiera y que, al igual que el juramento diario a la bandera, tenía que hacerse con entusiasmo o las maestras nos daban deméritos. El juramento a la bandera, escrito en una letra muy ornamentada, estaba en un cartel que colgaba debajo de la bandera de cada salón. En cambio, durante años "The Star-Spangled Banner" continuó siendo un misterio para mí, su letra disparatada, la única canción en inglés que podía cantar de principio a fin.

Una tarde fría de octubre, Mami, Don Julio y yo fuimos al aeropuerto a recoger al resto de mis hermanas y hermanos que se habían quedado en Puerto Rico con nuestro padre en lo que Mami reunía el dinero para sus pasajes. Delsa, Norma, Héctor y Alicia eran más chiquitos, más oscuros de lo que los recordaba, más foráneos. Se acurrucaban unos contra otros cogidos de la mano. Sus miradas, como dardos, volaban de esquina a esquina del enorme terminal, a las cientos de personas que decían adiós, que se abrazaban y se besaban, al equipaje que tropezaba con ellos. Como pajaritos, alzaban las cabezas, boquiabiertos, hacia las voces incorpóreas y amplificadas que berreaban órdenes desde el techo. Me pregunté si me habría visto así de asustada y vulnerable dos meses atrás.

Nos habíamos mudado a un apartamento más nuevo y más grande en la Calle Varet. Tata y Tío Chico habían estado cocinando toda la mañana y al entrar al apartamento la fragancia del achiote, el ajo y el orégano y la risa de la familia reunida y charlando, nos dio la impresión de que era Navidad.

Teníamos muchos parientes en Brooklyn. Paco, el hijo de Tío Chico, era bajito y musculoso. Siempre tenía la cara y los brazos magullados, los ojos hinchados e inyectados de sangre y la nariz vendada como resultado de su trabajo como luchador. Su nombre profesional era El Santo. En el cuadrilátero usaba un leotardo blanco, una correa de piel blanca, una máscara blanca, una capa de satín de un blanco leche con un cuello alto salpicado con *rhinestones*. Era de los buenos, y aunque generalmente ganaba las peleas, cogía siempre una pela de los tipos vestidos de negro.

Jalisco, el hermano de Paco, trabajaba en una fábrica. Era alto y delgado como el papá. Se acicalaba el bigote en forma de una pelusa negra y recta sobre los labios, a lo Jorge Negrete, el cantante y actor mexicano. Cuantas veces venía Jalisco, yo lo rodeaba como mariposa febril, ofreciéndole algo de tomar o de comer o recordándole que me había prometido que cantaría "Cielito Lindo" después de la comida. Mami nunca me dejaba sola con él.

Las dos hermanas de Tata vivían a unos pocos bloques de nuestro apartamento. Tía Chía y sus hijas —Margot, Gury y La Muda— eran muy cercanas a mi mamá. Llegaban arrastrando bolsas llenas de ropa y zapatos que ya no usaban. Gury, la menor, era esbelta y de hablar suave. Su ropa me servía, aunque Mami dijo que las faldas estrechas, las blusas transparentes y los tacones altos que prefería Gury no eran apropiados para las nenas de mi edad.

Su hermana La Muda era sorda y muda. Según Mami, La Muda había nacido con una audición perfecta, pero de chiquita se enfermó y cuando se recuperó estaba sorda.

"¿Entonces, por qué no le dicen mejor La Sorda...?" empecé, pero Mami me advirtió que estaba siendo irrespetuosa.

La Muda leía los labios. Si no hablábamos con la cara hacia ella, nos sacudía por los hombros y nos hacía repetirle lo que habíamos dicho mientras sus ojos se enfocaban en nuestras bocas. Muy pronto aprendimos a interpretar su lenguaje, una danza de gestos realizados con murmullos, gorjeos y gruñidos que no parecían venir de su garganta, sino de una fuente más profunda dentro de su vientre. Sus manos eran grandes, bien cuidadas, adornadas con numerosas sortijas de oro y piedras que relucían según sus manos volaban aquí y allá.

A La Muda le gustaba que le leyéramos el periódico, mejor dicho, Mami o Don Julio lo leían en voz alta mientras la muchachería le actuaba las noticias. Los ojos de La Muda volaban de los labios de Mami a nuestra representación de los crímenes del día, los accidentes de carro, los resultados del hipódromo, dramatizados carrera a carrera, alrededor de la mesa de la cocina. Su risa, frecuente y contagiosa, era profunda pero desentonada, como si por no poder oírse a sí misma no lograra coger el tono.

Su novio era alguien que habíamos conocido en Puerto Rico. Era un hombre de pelo oscuro, flaco, lacónico, que usaba siempre un traje crema. Cuando lo conocimos, mis seis hermanos y hermanas y yo le cogimos miedo, pero él se sacó unas barajas del bolsillo, nos hizo unos trucos y desde ese día le llamamos Luigi, que nos sonaba como el nombre perfecto para un mago.

Titi Ana, la otra hermana de Tata, tenía dos hijas que estaban más cerca de mi edad que La Muda, Margot o Gury. Alma era un año mayor que yo y Corazón, uno menor. Entre ellas hablaban inglés y, cuando hablaban con nosotras o con su mamá, su español era vacilante y tenía acento. Mami decía que estaban *americanizadas*. El modo en que pronunciaba *americanizadas* hacía sonar la palabra como algo terrible que tenía que evitarse a toda costa; otro "algo" para añadirse a la lista de "algos" que acechaban detrás de la puerta de la calle.

Cuando entraron al apartamento, mis hermanas y hermanos se sometieron a los besos y abrazos de unas personas que eran extrañas para ellos, pero que se presentaron como el primo tal o la tía mascuál. Delsa estaba al borde de las lágrimas. Norma agarraba a Alicia, asustada de que se fueran a perder en el revolú. Héctor se paseaba entre los hombres, seguido por Raymond que chachareaba sobre las hazañas de Paco en el cuadrilátero, o sobre lo generoso que era Don Julio con el menudo que le sobraba.

Con su rostro, habitualmente sombrío, iluminado por un asomo de sonrisa, Luigi nos hacía trucos nuevos y los nenes se tranquilizaron un poco como si este recuerdo de nuestra vida en Puerto Rico hubiera bastado para disolverles el miedo. Margot había traído su tocadiscos portátil y unos discos que se oían a todo volumen en la cocina, mientras que en el cuarto de al frente, el televisor estaba prendido en la película de terror que daban por las tardes. Los nenes vagaban de cuarto en cuarto, aturdidos, con una sobredosis de Twinkies, Yodels y papitas fritas que Don Julio nos había traído.

La fiesta de bienvenida duró hasta entrada la noche. Don Julio y Jalisco fueron a la bodega varias veces a buscar más cervezas. Tío Chico encontró un *liquor store* y regresó con una pipota de vino Gallo. Mami corría de un lado a otro, de los adultos a la muchachería, recordándoles a los hombres que había menores en la casa y que debían dejar de beber.

Uno a uno los parientes se fueron yendo y una vez más los nenes se entregaron a los besos y abrazos. Los bolsillos nos sonaban con los chavitos que las tías, los tíos y los primos nos habían repartido como para agradecernos la fiesta. Luigi acompañó a La Muda de regreso desde el apartamento. Sus dedos pálidos le apretaban la cintura, su traje, demasiado grande, le bailaba alrededor de su desgarbado cuerpo de espantapájaros. Cuando salieron, los adultos intercambiaron sonrisas misteriosas.

Tío Chico y sus hijos fueron los últimos en marcharse. Tata y Don Julio se metieron al cuarto de ella y corrieron la cortina que separaba su lado del apartamento del nuestro. "Hora de dormir," nos recordó Mami. Nos preparamos; Delsa y yo en la litera de arriba, Norma y Alicia en la de abajo, Héctor en el sofá, Raymond en dos butacones que se juntaron, Edna y Mami en la cama grande. Mami apagó la luz y los suaves crujidos de mis hermanos y hermanas, acomodándose para pasar su primera noche en Brooklyn, me llenaron de un gozo secreto que nunca admití, pero que me reconfortaron y me serenaron como nada lo había hecho desde que nos fuimos de Puerto Rico.

"A mí no me importa lo que hagan esas americanas."

~~~

Como todas las demás mamás puertorriqueñas que yo conocía, Mami era estricta. Su razón para traerme a Nueva York con los nenes más chiquitos fue que yo era "casi señorita" y ella no quería dejarme sola en Puerto Rico durante lo que ella llamaba "una etapa crítica en mi vida." Mami le decía a su amiga Minga que las muchachitas de mi edad tenían que ser vigiladas por sus madres y protegidas de los hombres que siempre buscaban aprovecharse de una niña en cuerpo de mujer. Si bien mi cuerpo no era exactamente el de una mujer, yo entendía lo que Mami quería decir. Los años que me pasé escuchando disimuladamente sus conversaciones me habían enseñado que en los hombres no se podía confiar. Todos engañaban con sus pocavergüenzas, esos actos vergonzosos que incluían beber, jugar y botar dinero en mujeres —que no eran sus esposas— mientras sus hijos pasaban hambre. Para tapar las pocavergüenzas, los hombres decían embustes. Un hombre podía estarle diciendo "mi amor" a su esposa mientras con el rabo del ojo estaba mirando a cualquier otra mujer que le pasara por el lado.

"Una muchacha hace bien en dudar de cualquier hombre que le hable bonito," declaraba Minga. "Para ella, esas palabras son la cosa más bella que ha oído, ni se imagina que él las ha dicho ya mil veces antes... y las va a seguir diciendo mientras haya alguna pendeja que le haga caso."

Según Mami y sus amigas, las mujeres hacían pocavergüenzas también. Coqueteaban con hombres que ya estaban cogidos por mujeres más dignas que ellas y sonsacaban a esos hombres inútiles e irresponsables.

Después de oír innumerables historias de hombres embusteros y mujeres listas, decidí que no me convertiría nunca en una de esas putas calculadoras, pero tampoco iba a ser una pendeja que creyera todo lo que un hombre me dijera o que me haría de la vista larga mientras me estuviera engañando. Había un punto medio entre puta y pendeja que yo estaba tratando de descifrar, un espacio seguro donde las mujeres decentes vivían, progresaban y criaban a sus familias. Mami pertenecía a ese grupo, así como sus amigas y las mujeres de su familia. Sus sermones y las conversaciones que tenían, con toda la intención de que yo las escuchara, eran para ayudarme a distinguir entre una puta y una pendeja. Pero había siempre una advertencia. Un paso en falso y corría el riesgo de convertirme en una o de ser percibida como la otra.

En la escuela, me hice amiga de Yolanda, una nena que hablaba bien el inglés pero que conmigo hablaba español. Yolanda era la única puertorriqueña que yo conocía que fuera hija única. A ella le daba curiosidad saber cómo era eso de tener seis hermanos y hermanas y yo a ella le preguntaba qué hacía todo el día sin tener a nadie con quién jugar o pelear.

"Ahí, tú sabes, ver televisión, leer y también tengo mis álbumes."

Ella coleccionaba retratos en libretas de tres argollas, y los organizaba por temas. "Estas son flores," me dijo, mientras bajaba una libreta gruesa de una tablilla que había encima de su cama. La abrió en una página llena de flores de las que venían en las etiquetas de los potes de leche evaporada Carnation. "Y éstos son labios." Páginas y páginas de labios de hombre y de mujer, algunos tenían bigotes, otros eran sólo las sonrisas incorpóreas de artistas de cine. "Este otro es de letras." Organizadas en orden alfabético había cientos de letras pegadas en las páginas, las mayúsculas esparcidas a la izquierda, las minúsculas a la derecha. Otros álbumes tenían etiquetas de productos de lata, de cajas de toallas sanitarias, de marcas de ropa. Uno tenía anuncios de productos para el pelo y de belleza, sacados de periódicos y revistas. El álbum más grande tenía retratos de diferentes medios de transportación: carros, trenes, barcos cruceros, lanchas, bicicletas de dos sillines. Llegué a la conclusión de que, definitivamente, Yolanda pasaba demasiado tiempo sola.

"¿Te gustaría venir a mi casa?" la invité un día. Tenía que pedirle permiso a su mamá, pero ella estaba segura de que no habría problemas. Al día siguiente me dijo que su mamá no le había dado permiso. "Le rogué," me explicaba Yolanda con los ojos llorosos, "pero es que ella es tan estricta conmigo." Me dio pena, pero entendí, porque Mami también era estricta. Pero cuando le conté a Mami que la mamá de Yolanda no la dejaba venir a casa, se puso furiosa.

"¿Y qué es lo de esa mujer? Tú puedes ir pa' llá pero la princesa de ella no puede entrar aquí?" Después de eso, ya no me dejaron ir más al apartamento de Yolanda.

Un día Yolanda me pidió que la acompañara a la biblioteca. Le dije que no podía porque Mami nos tenía prohibido que nos quedáramos en ningún sitio, sin permiso, de regreso a casa. "Pídele permiso y vamos mañana. Si traes un papel que diga dónde vives, te pueden dar una tarjeta," me sugirió Yolanda, "y puedes sacar libros prestados. Gratis," añadió cuando titubeé.

Yo había pasado por la Biblioteca Pública de Bushwick muchas veces y me habían llamado la atención sus pesadas puertas de entrada enmarcadas por columnas y las anchas ventanas que miraban desde lo alto al vecindario. Alejada de la calle, detrás de un cantito de grama seca, la estructura de ladrillos rojos parecía estar fuera de lugar en una calle de edificios de apartamentos en ruinas, y enormes e intimidantes proyectos de viviendas. Adentro, los techos eran altos con aditamentos y lámparas colgantes sobre largas mesas marrón, colocadas en el centro del salón y cerca de las ventanas. Los estantes alrededor del área estaban repletos de libros cubiertos de plástico. Cogí uno, de una de las tablillas de arriba, lo hojeé y lo devolví a su sitio. Caminé todos los pasillos de arriba a abajo. Todos los libros eran en inglés. Frustrada, busqué a Yolanda, me despedí en voz baja y me dirigí a la salida. Cuando iba saliendo, pasé por el Salón de los Niños, en donde una bibliotecaria estaba leyéndole a un grupo de niños y niñas. Leía despacio y con expresividad, y después de leer cada página viraba el libro hacia nosotros para que pudiéramos verla. Cada página tenía sólo unas pocas palabras y una ilustración que clarificaba su sentido. Si los americanitos podían aprender inglés con esos libros, yo también podría.

Después de la sesión de lectura, busqué en los anaqueles los libros ilustrados que contenían las palabras que necesitaría para mi nueva vida en Brooklyn. Escogí libros del alfabeto, de páginas coloridas donde encontré: *car, dog, house, mailman*. No podía admitirle a la bibliotecaria que esos libros tan elementales eran para mí. *"For leettle seesters,"* le dije, y ella asintió, me sonrió y estampó la fecha de entrega en la parte de atrás del libro.

Paraba en la biblioteca todos los días después de clase y en casa me memorizaba las palabras que iban con las ilustraciones en las enormes páginas. Algunos conceptos eran difíciles. La nieve era representada como inmensos copos multifacéticos. Hasta que vi la nieve de verdad, me la imaginaba como una cortina elaborada, tiesa y plana que podría capturar con la punta de los dedos.

Mis hermanas y hermanos también estudiaban los libros y nos leíamos en voz alta las palabras tratando de adivinar la pronunciación. *"Ehr-rahs-ser,"* decíamos en lugar de *"eraser."* *"Keh-neef-eh,"* por *"knife."* *"Dees,"* por *"this"* y *"dem"* por *"them"* y *"dunt"* por *"don't."*

En la escuela, escuchaba con cuidado y trataba de reconocer aquellas palabras que sonaban como las que habíamos leído la noche anterior. Pero el inglés hablado, a diferencia del español, no se pronuncia como se escribe. *"Water"* se convertía en *"waddah"*, *"work"* en *"woik"* y las palabraschocabanunasconotras en un torrente de sonidos confusos que no guardaban ninguna relación con las letras cuidadosamente organizadas en las páginas de los libros. En clase, casi nunca levantaba la mano porque mi acento provocaba burlas en el salón cada vez que abría la boca.

Delsa, que tenía el mismo problema, sugirió que habláramos inglés en casa. Al principio nos destornillábamos de la risa cada vez que nos hablábamos en inglés. Las caras se nos contorsionaban en muecas, nuestras voces cambiaban y las lenguas se nos trababan al tratar de reproducir torpemente los sonidos. Pero, según los demás se nos fueron uniendo y practicábamos entre nosotros, se nos fue haciendo más fácil y ya no nos reíamos tanto. Si no sabíamos la traducción para lo que estábamos tratando de decir, nos inventábamos la palabra, hasta que formábamos nuestro propio idioma, ni español ni inglés, sino ambos en la misma oración, y a veces, en la misma palabra.

"Pasa mí esa sabaneichon," le decía Héctor a Edna para pedirle que le pasara una sábana.

"No molestándomi," le soplaba Edna a Norma cuando ésta la molestaba.

Veíamos la televisión con el volumen bien alto aunque Tata se quejaba de que oír tanto inglés le daba dolor de cabeza. Poco a poco, según aumentaba nuestro vocabulario, se fue convirtiendo en un vínculo entre nosotras, uno que nos separaba de Tata y de Mami que nos observaba perpleja, mientras su expresión pasaba del orgullo, a la envidia, a la preocupación.

Una mañana, Mami me dijo que no podía ir a la escuela ese día porque tenía que acompañarla a hacer una diligencia. "No empieces con tus preguntas," me advirtió tan pronto abrí la boca.

Cogimos dos guaguas y caminamos dos cuadras hasta que llegamos a un cansado edificio de bloques con tela metálica en las ventanas. Adentro, el área de espera estaba repleta de mujeres, sentadas en unas sillas plásticas anaranjadas, todas con un montón de papeles en la mano. Un mostrador dividía el salón y en la parte de atrás había tres filas de escritorios de metal gris, llenos de estibas de cartapacios, folletos, formularios y otros papeles.

SOLICITUD PARA ASISTENCIA PÚBLICA, aparecía en la parte superior del formulario, DEPARTAMENTO DE BIENESTAR PÚBLICO: AYUDA A FAMILIAS CON HIJOS DEPENDIENTES (AFHD). "Toma," Mami me entregó una pluma, "llénalos con tu mejor letra."

"¿Pero, pa' qué es esto?"

"Pa' poder conseguir ayuda hasta que yo encuentre otro trabajo." Hablaba bajito y miraba de un lado a otro, pendiente de que alguien la fuera a oir.

Llené los formularios lo mejor que pude, dejando en blanco los espacios donde no entendía las preguntas.

Según fue pasando la mañana, entraron más mujeres, unas solas, otras cargando muchachos. Era fácil distinguir a las que ya conocían la oficina del mantengo. Ésas escudriñaban el salón para tener una idea de cuántas habían llegado antes, iban donde la recepcionista, tomaban los formularios, los llenaban en un momentito, como si tuvieran ya memorizadas las preguntas y las respuestas. Las primerizas en el *welfare* titubeaban en la puerta, miraban de derecha a izquierda hasta que localizaban el escritorio de la recepcionista y entraban como si las estuvieran pinchando. Miraban suplicantes a la recepcionista, trataban de contarle sus historias. Con un gesto displicente, ella las interrumpía, les pasaba los formularios, les daba las instrucciones de cómo llenarlos, "siéntate, espera", siempre las mismas palabras como si no quisiera molestarse siquiera en pensar formas nuevas para decir la misma cosa.

Yo no me había traído un libro, así es que me entretuve mirándolo todo. Mami me dio un codazo y me dijo que dejara de estar mirando a la gente. Bajé la mirada enseguida. Cuando estaba a punto de quejarme de que tenía hambre, unos hombres y unas mujeres entraron desperdigados por la puerta de atrás y se sentaron en los escritorios detrás del mostrador.

Cuando nos llegó el turno, el trabajador social nos llevó hasta una esquina del salón. Era un hombre corpulento, de pelo negro que tenía cara de ser sido pintado o de ser una peluca. Tomó los formularios que yo había llenado, hizo unas marcas de cotejo en algunos de los cuadritos y con el bolígrafo, dio unos golpecitos en los espacios en blanco. Le habló a Mami, que enseguida se volvió hacia mí como si yo hubiera entendido lo que él había dicho. Repitió la pregunta; esta vez a mí. Me concentré en el movimiento de sus labios, en su expresión, en el tono de su voz, pero no tenía ni idea de lo que me estaba preguntando.

"Yo no sé," le dije a Mami.

Mami chasqueó la lengua.

"Plis, no spik inglis," le dijo con una linda sonrisa al trabajador social. Él volvió a hacer la pregunta y nos señaló los espacios en blanco.

"Me parece que quiere el nombre y las fechas de nacimiento de los nenes," le interpreté. Mami sacó los certificados de nacimiento de su cartera y se los estiró con la mano, uno por uno, mientras el hombre anotaba la información.

"Dile," me dijo Mami, "que me dieron *leyof.*"

"*My mother* leyof," le traduje.

"Dile que la fábrica cerró. Que se mudaron a otro Estado. Que no tengo dinero ni para la renta ni para comida." Se ruborizaba, hablaba rápido, bajito. "Yo quiero trabajar. Dile eso," me dijo en una voz más fuerte. "Cerraron la fábrica," repetía.

"*Fabric no,*" le dije. "*She work wants.*" Los ojos del hombre se fruncían y los carrillos le temblaban según me animaba a seguir con el movimiento de su cabeza. Pero yo no tenía más palabras para él. Escribió algo en los papeles, miró a Mami. Ella me miró a mí.

"Dile que no quiero que mis hijos sufran. Dile que necesito ayuda hasta que la fábrica abra de nuevo o yo encuentre otro trabajo. ¿Ya le dijiste que yo quiero trabajar?"

Le dije que sí, pero en realidad no estaba segura de que el trabajador social me hubiese entendido. "*My mother, she work want. Fabric close,*" le explicaba al trabajador social, moviendo las manos como La Muda. "*She no can work fabric no. Babies suffer. She little help, she no lay off no more.*" Estaba exhausta, me sudaban las manos y me dolía la cabeza según seguía hurgándomela para encontrar palabras. Tenía la quijada tensa por el esfuerzo de pronunciarlas. Frenética, buscaba la combinación de palabras adecuadas, las que dijeran lo que Mami quería decir para convencer a ese hombre de que ella no estaba pidiendo ayuda porque fuera una vaga, sino porque las circunstancias la obligaban. Mami era una mujer orgullosa y yo sabía lo difícil que era para ella pedirle ayuda a alguien, especialmente a un extraño. Yo le quería hacer saber que ella tenía que estar desesperada para haber venido a un sitio como éste.

Batallé durante el resto de la entrevista, llevando hasta los límites mi escaso vocabulario en inglés. Cuando terminó, el trabajador social se levantó, le dio la mano a Mami, me la dio a mí y dijo, lo que a mí me sonó como: yo me comunico con ustedes.

Salimos de la oficina en silencio, la espalda de Mami, tan tiesa y estirada que parecía que le habían puesto una faja. Yo por mi parte, iba como una bola de tensión, en pánico de pensar que había fracasado como intérprete y que por mi culpa no conseguiríamos ayuda y no tendríamos ni dónde vivir ni qué comer.

"Lo hiciste muy bien," me aseguró Mami esa noche frente a Tata y a Don Julio, "ya sabes bastante inglés."

"Es más fácil pa' los muchachos," murmuró Don Julio entre sorbos de cerveza. "Cogen el idioma, así." Y sonó los dedos.

Me sentía agradecida de la fe que Mami tenía en mí, pero no pude estar tranquila hasta que nos contestaron del *welfare*. Unos días más tarde nos aprobaron la solicitud. Para entonces ya había decidido que aun cuando me pareciera que mi cabeza no podría contener tantas palabras nuevas, tenía que aprender el inglés suficiente para nunca más volver a quedar atrapada entre dos idiomas.

Desperté a mitad de noche con algo caminándome por el cuello. Lo espanté, pero se me enredó en el pelo cerca del lóbulo de la oreja. Desperté en la oscuridad buscando frenética lo que se me había enredado en el pelo. Para cuando llegué al interruptor de la luz al lado de la puerta, había pinchado entre el pulgar y el índice una cucaracha tostada, crujiente, de muchas patas, antes de que se me metiera en el oído.

"Apaga esa luz," protestó Delsa desde su lado de la cama. Tiré la cucaracha al piso y la espacharré con un zapato antes de que se me escapara.

"¿Qué haces?" Mami se sentó en la cama.

"Una cucaracha por poco se me mete en el cerebro." Me sentía sucia y me picaban los dedos, como si todavía la tuviera entre ellos.

"Mañana fumigo," dijo con un gesto agobiado y se acomodó de nuevo en la cama. Sacudí la sábana para asegurarme que no había ninguna otra cucaracha escondida entre los pliegues.

"Deja eso," Delsa agarró molesta su lado de la frisa. Norma y Alicia gimieron en el sueño y se viraron.

Yo sabía que donde había una cucaracha, había cientos. Imaginaba hordas de cucarachas marrón oscuro, colocadas en las grietas de los zócalos de los pisos, esperando que yo apagara la luz para empezar a marchar alrededor del cuarto. Las había visto escabulléndose para esconderse, cuando entraba a la cocina de noche a tomar agua. Las cucarachas andaregueaban por el *counter* dentro de las tazas y los vasos, alrededor de los cuchillos de pelar frutas, en el espacio que quedaba entre la azucarera y la tapa. Mami traía un veneno cada vez más poderoso para fumigar por las esquinas del apartamento. El veneno nos hacía toser y nos irritaba los ojos. Después que fumigaba, la ropa se quedaba con la peste del Black Flag o del Flit durante un montón de días. Pero las cucarachas no se morían. Se iban un tiempito en lo que se disipaba el gas acre y venenoso y volvían otra vez más envalentonadas y en mayor cantidad.

Antes de tomar agua, lavábamos el vaso ya lavado. Antes de cocinar, enjuagábamos las ollas y los utensilios que ya habían sido fregados. Antes de servir, pasábamos por agua cada plato, envase, tasa o cuchara y lo secábamos con una toallita de cocina limpia. Guardábamos la comida en envases bien sellados, metíamos en la nevera lo que no cabía en los gabinetes, barríamos y mapeábamos el piso todas las noches antes de acostarnos. Pero, no importaba cuánto laváramos, estregáramos, limpiáramos y enjuagáramos, las cucarachas volvían siempre a desfilar por el piso, el *counter*, los gaveteros y los marcos de las ventanas.

Acostada en la cama, me imaginaba un ejército de cucarachas marchando en filas muy ordenadas hacia la cama que compartía con Delsa halaba las sábanas tratando de taparme las orejas, pero según yo halaba para mi lado, Delsa halaba para el suyo. Trataba de cubrirme la cabeza con la almohada, pero la guata se balanceaba sobre mi frente y no se amoldaba a la forma que yo trataba de imponerle alrededor del cráneo, por el lado de la cabeza, pasando por el lóbulo de la oreja. No me atrevía a quedarme dormida porque me imaginaba que las cucarachas estaban a punto de metérseme por dentro. Tenía miedo de salir de la cama. ¿Y si la legión de cucarachas andaba marchando por el piso? Antes de que pudiera llegar a encender la luz, las pisaría con los pies descalzos. Me retorcía tratando de borrar esa imagen de mi mente. Con la punta de la sábana, me estrujaba el sitio donde me había tocado la cucaracha, pero no importaba cuánto me frotara, la seguía sintiendo. De hecho, sentía montones de insectos caminándome por encima, pero según yo los espantaba por un lado, se movían a otro. Me viraba hacia la derecha, luego hacia la izquierda, pensando que si no me quedaba en una sola posición mucho rato, las cucarachas no tendrían tiempo de metérseme por los diferentes orificios que, yo suponía, eran su meta.

Cuando sonó el despertador, me escurrí de la cama exhausta. Caminé en puntillas para pisar las menos posibles, si era que todavía quedaban cucarachas en el piso. El linóleo estaba desnudo, brillante, limpio, excepto por la porquería amarillenta de la cucaracha que estaba cerca del zapato que había usado para espacharrarla a mitad de noche. No se veía ninguna cucaracha viva, pero eso no era ningún consuelo. Yo sabía que estaban escondidas en las fisuras de los zócalos, dentro de las grietas del marco de la puerta, debajo de la cama.

Según el otoño fue haciéndose invierno y los días refrescaron, descubrimos que nuestro apartamento no tenía calefacción. Mami fue hasta la bodega a llamar al casero. A veces se escuchaban unos golpes secos y metálicos y los radiadores se ponían tibios, pero nunca lo suficiente para calentar todos los rincones del apartamento. Tata prendía la estufa y nos pasábamos la mayor parte del tiempo sentados alrededor de la mesa de formica frente al horno abierto. Inevitablemente, uno de nosotros cayó enfermo con catarro y, en lo que el diablo se pela un ojo, todos nos contagiamos y nos pasamos la mitad de la noche tosiendo y con un pitito asmático en el pecho.

Mami y Tata corrían de un lado a otro con una palangana llena de agua caliente donde habían derretido una cucharadita de Vick's Vaporub. Mientras Mami nos sostenía la palangana debajo de la nariz, Tata nos hacía una casita de campaña con una toalla que nos puso por encima de la cabeza. Después que cada uno había inhalado todo el vapor que pudo, Tata nos emplastó el pecho y la espalda con más Vick's Vaporub y unas hojitas medicinales y nos hizo poner el abrigo más calientito que teníamos. Al día siguiente, Mami preparó una pócima con jarabe Breacol de base, ligado con unos ingredientes de su propia fórmula, cuyos sabores no desaparecían ni aun con las porciones tan generosas de miel que le añadía al pote. El sirop, negro y amargo, olía a alcanfor y clavos quemados. Nos obligó a tomarlo y a las pocas horas ya se nos había pasado el moquillo y se nos había quitado la tos. A partir de entonces, tan pronto uno de nosotros estornudaba o se ponía moquilloso, Mami sacaba la botella pegajosa y eso bastaba para que nos curáramos en el acto. Nosotros le decíamos Tutumá, un misterioso nombre para esa extraña y poderosa medicina que no nos teníamos que tomar para que nos curara.

Tata sostenía que el primer invierno en Nueva York era siempre el más difícil porque, como veníamos del trópico, nuestra sangre no estaba lo suficientemente espesa. Para espesarse la suya, tomaba cerveza o vino diariamente, lo que también contribuía a aliviarle los dolores de hueso que ella juraba no le cedían ante nada más. Para espesarnos la nuestra, Tata nos cocinaba sopones, asopaos y guisos sustanciosos con ñames, yautía y otras viandas puertorriqueñas.

"Pero, si comemos la misma comida que comíamos en Puerto Rico, no se nos va a espesar la sangre," argumenté yo un día. "Si no se nos espesó cuando vivíamos allá."

"Tiene un punto," rió Don Julio.

"Vamos a seguir teniendo la misma sangre aguá de siempre," insistí.

"Lo que esos muchachos necesitan," sugirió Don Julio, "es comida americana."

Tata no se dejó convencer. "La comida americana no alimenta."

"Pero mira lo grandes y saludables que son los muchachos americanos," concedió Mami. "Su comida debe de estarles haciendo algo."

"Parecen papas sancochás," afirmó Tata.

"Pero tienen la sangre espesa," argumentó Delsa, "y nunca se enferman."

A pesar de la desconfianza de Tata en la comida americana, Mami estaba dispuesta a probar cualquier cosa con tal de espesarnos la sangre. Ante nuestra insistencia, compró un par de latas de los productos que habíamos visto anunciados por televisión: espagueti Franco-American, ravioli Chef Boyardee, sopa de pollo con fideos Campbell.

"Fo, qué baboso," Tata miraba con recelo la olla de ravioli de lata que Mami nos estaba calentando. "Yo no sé cómo se pueden comer eso," decía, haciendo muecas, mientras nosotros limpiábamos el último chispito de salsa de tomate del plato.

Mami nos dio comida americana de lata durante una semana, pero los catarros no se nos quitaban nada más que con Tutumá. Así es que perdió la fe en la comida americana y sólo nos la daba como algún antojo especial, pero nunca para sustituir la nutritiva comida puertorriqueña que ella y Tata seguían preparando. Cuando Tata le preguntaba por qué nos dejaba comerla, Mami le explicaba: "Tienen que aprender a comer como americanos por si alguna vez los invitan a una casa americana, no se vayan a portar como jíbaros a la hora de comer."

Eso calló a Tata y me dio a mi una idea. "Mami, todas las nenas se maquillan para ir a la escuela."

"A mí no me importa lo que hagan esas americanas. Tú eres puertorriqueña y muy nena pa' pintorretearte."

Era bueno ser saludable, grande y fuerte como Dick, Jane y Sally. Era bueno aprender inglés y saber cómo comportarse entre los americanos, pero no era bueno actuar como ellos. Mami nos hacía ver claro que a pesar de que vivíamos en los Estados Unidos, nosotros seguiríamos siendo cien por ciento puertorriqueños. El problema era que se hacía difícil saber dónde terminaba lo puertorriqueño y empezaba lo americanizado. ¿Estaba yo americanizada si me gustaba más la pizza que el pastelillo? ¿Sería más puertorriqueña sí la falda me cubría las rodillas? Si yo recortaba un retrato de Paul Anka de una de las revistas y la pegaba en la pared, ¿era menos puertorriqueña que cuando recortaba los retratos de Gilberto Monroig? ¿Quién podría decírmelo?

Alma y Corazón, las primas de Mami, nacieron en Puerto Rico, pero su mamá, Titi Ana, se las trajo a Brooklyn, cuando eran chiquitas. Vivían en la esquina de la Calle Varet y la Avenida Bushwick, en el último piso de un edifico de seis, que tenía unas amplias ventanas al frente. Los pasillos y las áreas comunes tenían los pisos en mosaicos negros y blancos. Por una ventana enorme entraba la luz hacia una escalera cuyos peldaños y el pasamanos eran de un mármol fresquito, fresquito, gastado en el centro de tantos años de sube y baja. Había cuatro apartamentos en cada piso; dos que daban a la Calle Varet y dos al fondo. Siempre que subía al sexto piso, paraba a coger aliento en cada descanso, a escuchar los sonidos detrás de las puertas o a disfrutar de los sabrosos olores de lo que se estaba cocinando. Detrás de una puerta, alguien estaba viendo una novela; se oían unas voces apagadas, como en sordina, acentuadas por una música de órgano. En el apartamento de al frente me olió a café cola'o y un poco más arriba, alguien cocinaba bacalao con berenjena.

En el próximo nivel, el sofrito se doraba en aceite caliente y en el apartamento de al lado, las habichuelas se estaban ahumando. Detrás de otra
puerta, se oía un merengue a todo volumen, pero frente a ese apartamento, en los apartamentos del fondo, no se oía nada ni salían olores por
debajo de la puerta. Cuando llegué arriba y toqué a la puerta de Titi
Ana, tenía hambre y los oídos me chillaban.

Corazón abrió los tres cerrojos y la cadena de la puerta para dejarme entrar. Tenía una botella de Coca-Cola en la mano. "Sírvete," me
dijo y me señaló la nevera. "Alma está por ahí," me señalo la puerta al
lado de la cocina y se metió en su cuarto. En la nevera de Titi Ana había
siempre un paquete de Coca-Cola, helado en el congelador y bizcochos
Hostess en el gabinete encima del fregadero. Agarré un refresco y le
toqué en la puerta a Alma.

Estaba sentada en su cama leyendo un pesado libro de hombres
con bigotes grandes. "Tengo examen mañana," me dijo mirándome, "de
historia." El cuarto de Alma me era familiar, no sólo por el tiempo que
había pasado allí desde que llegué a Brooklyn, sino por lo mucho que se
parecía a los cuartos de todas las muchachas que había conocido, cuyos
papás tenían chavos para gastar en algo más que en las necesidades bási-
cas. Su cama era blanca y estaba cubierta con una colcha de vuelos, con
florecitas, en combinación con las cortinas y con la falda de la coqueta.
El piso de linóleo tenía también un motivo floreado, lo que producía el
efecto de que Alma vivía en una esplendorosa, llana y eterna primavera.
La ventana daba a los techos de los edificios de dos o tres pisos.

"Ahí está el Archie nuevo." Me indicó la tablilla donde guardaba
los paquines con los más recientes puestos encima del paquete.

Archie, Verónica, Betty, Reggie, Jughead eran los únicos adolescentes americanos que conocía. En el vecindario puertorriqueño donde
vivíamos no había americanos y los pocos que iban a la misma escuela
que yo, se apartaban en un impenetrable grupito de muchachas habla-
doras con rabos de caballo y suéteres cardigan y de muchachos de piernas largas y caras llenas de espinillas. Al igual que Archie y sus amigos,
no eran italianos, ni judíos ni negros ni puertorriqueños. Tenían nombres cortos, fáciles de recordar como Sue, Matt, Fred, Lynn. Eran los
presidentes de los clubes, los organizadores de los bailes, los editores del
periódico de la escuela y del anuario. Parecían actores de televisión:

blancos, vestidos con ropa que nunca se arrugaba ni se ensuciaba, con cada pelo en su sitio y un aire de superioridad que los hacía clase aparte.

Mis vecinos, en su mayoría de tez oscura o identificados por su país de origen, vivían en edificios maltrechos y casi en ruinas. A través de Archie había conocido otro Estados Unidos —los suburbios horizontales y bien acicalados de los americanos blancos. A través de él descubrí que la vida de los jóvenes americanos era muy diferente a la mía, sus preocupaciones, tan extrañas para mí como serían las mías para ellos.

Archie y sus amigos vivían en un mundo sin adultos, tomaban sus propias decisiones sobre dónde ir y cómo llegar sin consultar con nadie, excepto con ellos mismos. Mi mundo estaba dominado por adultos, sus reglas estaban escritas en piedra, en español, en Puerto Rico. En mi mundo no había concesiones por el hecho de que estuviéramos viviendo en los Estados Unidos, de que el inglés, poco a poco, se iba convirtiendo en nuestra lengua, de que éramos extranjeros inmersos en la cultura americana.

Archie nunca comía en su casa. Él y sus amigos comían en la fuente de soda de Pop y su dieta consistía en sándwiches, hamburgers, papas fritas, batidas —alimentos que se podían comer sin cubiertos. En nuestro apartamento, Mami y Tata se pasaban en la cocina preparando asopaos espesos, arroz y habichuelas, fricasé de pollo, comidas abundantes que exigían tiempo para saborearse y una conexión estrecha con la cocinera que no se alejaba, pendiente de que comiéramos lo suficiente y preguntándonos si estaba buena.

A Betty y a Verónica les preocupaba mucho salir con muchachos. A mí no me dejaban salir a ninguna parte con un muchacho que no fuera mi hermano. No teníamos teléfono, así es que, a diferencia de Betty y Verónica, no podía sentarme con unas piernas bien formadas colgando sobre el brazo de una butaca tapizada, charlando con amigas invisibles sobre muchachos. No teníamos una butaca tapizada. Yo no tenía amigas.

Archie y sus amigos a veces cargaban libros, pero nunca se les veía en clase, tomando exámenes o estudiando. Su existencia giraba en torno a su vida social, mientras que la mía estaba definida por mis obligaciones como estudiante y como hermana mayor. Ni a Betty ni a Verónica se les pedía que sirvieran de ejemplo para sus hermanas o hermanos menores.

Existían sólo para sí mismas, sus únicas responsabilidades eran verse bonitas y mantener contentos a los novios.

Desde la cocina de Titi Ana, me zambullía en el mundo brillante y sin sombras de Archie, celosa de esa vida tan simple, de diversiones y problemas triviales, tan distante de la mía. Nadie nacía ni moría nunca en el mundo de Archie, nadie compartía la cama con una hermana o se bañaba en la cocina o sufría por un papá ausente. Yo quería vivir en esos espacios y paisajes horizontales, pintados en colores primarios, donde "algo" nunca pasaba, donde los adolescentes como yo vivían dichosos, ignorantes de la violencia y la suciedad, donde las cucarachas no acechaban en la noche, donde nadie tenía siete hermanos y hermanas, donde las abuelas no bebían cervezas hasta quedarse dormidas y donde las mamás no necesitaban que una les sirviera de intérprete en la oficina del *welfare*.

Un día, Mami se apareció de sorpresa en la escuela. Empecé a temblar cuando vi el gesto que hizo al ver mi falda que estaba a media pierna cuando salí de casa por la mañana y ahora andaba por encima de la rodilla. Me escudriñó las líneas borrosas alrededor de los ojos y los residuos de colorete en los cachetes. Todas las mañanas, camino a la escuela, Yolanda y yo nos metíamos en la entrada de un edificio de apartamentos en la Avenida Bushwick y nos enrollábamos las faldas hasta el largo donde las usaban las otras muchachas. Nos hacíamos la línea alrededor de los ojos con un lápiz de cejas que Yolanda le había cogido a su mamá. En la escuela, las muchachas que se compadecían de las que teníamos mamás anticuadas, con frecuencia compartían con nosotras el lápiz de labios y el colorete y nos ayudaban a hacernos "tisin" y a arreglarnos el pelo en grandes moños, tiesos por el "esprei". De regreso a casa, nos desenrollábamos la falda a su largo normal, nos quitábamos con saliva lo que nos quedaba del maquillaje, nos cepillábamos el pelo y nos hacíamos de nuevo el rabo de caballo liso y decente.

Tan pronto como Yolanda divisó a mi mamá, bajó la cabeza para que Mami no le viera la cara. Mami me agarró del brazo, cruzó la calle arrastrándome hasta que finalmente me pude zafar de su apretón. Yo evité mirar a los muchachos que se reían y chocaban cinco y levantaban el pulgar para agitar a Mami mientras le gritaban *"Go mamma,"* según íbamos pasando. Mami los fulminaba con una mirada que los callaba y les borraba de los labios la sonrisita descarada. "Títeres," murmuraba, "no respetan a nadie."

"¿Por qué tú siempre me estás velando?" gritaba, según íbamos subiendo la escalera del edificio. Sabía que me esperaba una paliza, y hubiera podido atenuarla si hubiese mostrado una dosis mayor de humildad. Pero a mi no me importaba que Mami me matara cuando llegáramos a casa. Me había humillado delante de todo el mundo en la escuela, y yo jamás volvería allí.

"Yo no te estaba velando. Fui pa' llevarte de compras," dijo en voz baja, consciente de que los vecinos podían estar mirándonos por debajo de las cadenas de sus puertas entreabiertas, pendientes de la gritería.

"¿Por qué no esperaste que llegara a casa?" chillaba, dándole a la puerta de la cual no tenía llave. Héctor la abrió y la mantuvo abierta hasta que entramos al cuarto lleno de gente y yo tiré mis libros al piso.

Mami me agarró por el pelo. "¿Quién te crees tú que eres," gritaba, "pa' contestarme a mi de esa manera?" Levanté los brazos tratando de soltarme y me aguanté el pelo contra el cráneo, mientras ella me lo halaba hacia afuera. "No te creas que porque estamos aquí te vas a portar como esas americanas frescas," gritaba Mami con la cara roja, los ojos achinados, los labios tirantes. Me tiró en la litera de abajo donde estaban Norma y Alicia con los ojos inmensos del susto. Tata salió de la parte de atrás del apartamento y se interpuso entre nosotras, pero Mami ya había acabado. Me acosté boca abajo en la cama, asfixiada de rabia, ahogándome en los sollozos que venían después de sus pelas. Me sobé el cuero cabelludo que me ardía, gemí sin llorar, me di con la frente contra el colchón, hasta que Norma me empujó con los pies. "Muévete," me dijo, "nos estás aplastando las muñequitas de papel." Levanté la cabeza y me topé con la mirada vacua de unas muchachitas rubias de ojos azules y labios rojos, con vestidos cortos, ajustados y reveladores. De un manotazo, las barrí de la cama y las pisé cuando me levanté para subirme a la litera de arriba. Los gritos de Norma y de Alicia apagaron los míos.

Esa noche, acostada al lado de Delsa, me alejé de ella y de mí misma y del apartamento en la Calle Varet, de Brooklyn, de Nueva York. Volé hacia la tibia brisa de una tarde puertorriqueña, hacia el aire oloroso a jazmines, hacia el coquí cantando en la hierba. Me acerqué al lado de mi papá que estaba mezclando cemento, moviendo la pala rapidito en el fango gris, raspando las orillas, juntándolo con la mezcla en el centro. Mientras trabajaba, cantaba un chachachá de Bobby Capó. La carretilla llena de cemento chirriaba según Papi la empujaba y la acercaba al muro que estaba construyendo. Las venas de sus brazos morenos se le marcaban por el esfuerzo, los músculos de la espalda se le abultaban hasta la cintura. Me quedé dormida contándole de mi día, del trayecto a la escuela por las anchas aceras, de los salones repletos, de las gangas en las que se metían los muchachos para protegerse de otras gangas, de cómo en los Estados Unidos no éramos puertorriqueños, sino hispanos. Le dije que Mami estaba desencantada conmigo y me acusaba de haberme americanizado cuando yo lo único que quería era ser como las otras muchachas de mi edad. Hablé con él como lo hacía cuando vivíamos juntos y Mami y él se contentaban después de alguna pelea. Le pedí que viniera a buscarnos y nos sacara de Brooklyn, como nos rescataba de los sitios donde nos llevaba Mami cada vez que se peleaban. Uno de estos días se iba a aparecer en el umbral de la puerta como hacía en Puerto Rico, y convencería a Mami de que había cambiado, de que todavía la quería. Le escribiría largos poemas románticos sobre hogares felices y el amor que siente un hombre por la madre de sus hijos. La ablandaría con regalos, una flor en un vaso de papel, un helado de coco medio derretido. Le había resultado antes; le resultaría otra vez. Mami cedería y aceptaría volver con él y todos regresaríamos a Puerto Rico, donde nunca tendríamos frío, donde reiniciaríamos nuestras vidas en nuestra lengua, en nuestra patria, donde volveríamos a ser una familia.

Papi escribió para anunciarnos que se había casado con una mujer a quien ninguno de nosotros había oído mencionar y que se había mudado a un pueblo que nunca habíamos visitado.

Sentada en la orilla de la cama de Mami, leí la carta una y otra vez, miré su letra clara y pareja, los márgenes amplios, tan familiar todo y tan doloroso.

La nueva esposa de Papi me cayó mal enseguida y juré que nunca la aceptaría, ni los visitaría. Mis cartas para él, hasta entonces, llenas de noticias, de temores y confusión, se volvieron saludos breves, lista de notas e informes médicos sobre el progreso de los tratamientos de Raymond, a quien, con mucho éxito, le estaban salvando el pie.

Por las mañanas, camino a la JHS 49, añoraba mi vida en Macún. Extrañaba el aire húmedo de rocío, el crujir del cascajo en la carretera de tierra, el canto del gallo, el zumbido de las abejas, el brillante sol amarillo del amanecer puertorriqueño. Me resistía a la cuadrada uniformidad de las calles de Brooklyn, los edificios imponentes de esquinas angulosas, las aceras manchadas con costras de flema y gomas de mascar pegajosa. Cada día que pasábamos en Brooklyn, era como un telón que caía entre mi otra vida y yo, la vida en la que yo sabía quién era, en la que yo no sabía qué era ser pobre, ni sabía que mi papá y mi mamá no se querían, ni sabía lo que era perder a un padre.

Con el matrimonio de Papi, se deshicieron nuestros lazos con Puerto Rico. Él era nuestro vínculo más fuerte con la Isla, puesto que la mayor parte de la familia de Mami estaba en Brooklyn y los hermanos y las hermanas de Papi no habían sido nunca una presencia significativa en nuestro hogar.

Cuando traté de averiguar si Mami se sentía tan desencantada como yo, no me hizo caso y contestó que Papi tenía derecho a hacer su vida y que nunca debíamos culparlo, ni faltarle el respeto. Pero yo no podía quitarme de encima la sensación de que vagaba a la deriva. Al no tomarnos en cuenta a la hora de casarse, Papi nos había excluido a todos del resto de su vida.

"Negi, ¿tú vas a ser famosa?"

Nos dimos cuenta de que Mami estaba enamorada porque tarareaba y cantaba boleros mientras limpiaba o planchaba. Estaba enamorada, porque tan pronto encontró otro empleo se compró ropa nueva, algo que no había hecho desde que nos mudamos a Brooklyn. Definitivamente, estaba enamorada; lo sabíamos porque sus ojos castaños brillaban, tenía la sonrisa a flor de labios y parecía que iba a reventar de orgullo cada vez que nos miraba como si hubiéramos sido los hijos más perfectos que madre alguna pudiera desear. Estábamos seguros de que Mami estaba enamorada porque Tata discutía con ella por cualquier tontería y se paraba en la ventana cuando Mami salía, a velar para dónde cogía. Dos o tres veces por semana, Mami cruzaba al frente después del trabajo, se quedaba como una hora y regresaba de lo más contenta. No se quedaba nunca hasta más tarde de las nueve, pero el que oía a Tata, pensaba que Mami se pasaba por la calle hasta las tantas de la madrugada.

Cuando finalmente conocimos a Francisco, quien vivía con sus padres frente a casa, confirmamos que Mami estaba enamorada porque lucía tranquila cerca de él y la mirada inquieta había desaparecido de su cara. Tenía treinta años y Francisco, veintiocho; pero los dos años de diferencia a nosotros no nos molestaban tanto como parecían molestarle a Tata.

Un brillante día, de finales de invierno, húmedo por la nieve que aún se estaba derritiendo, salimos en fila india de nuestro edificio, cada uno cargando una caja o una maleta. La gente que pasaba nos miraba perpleja. Teníamos miedo de irritar a Tata, así es que salíamos y entrábamos del apartamento en puntillas, cargando nuestras pertenencias hasta que mudamos todo, menos las cosas más pesadas, a un apartamento que quedaba un poco más abajo del nuestro. Paco y Jalisco llegaron por la tardecita para ayudarnos a mudar los muebles y antes del anochecer estábamos acomodados en un apartamento de dos cuartos.

Dos o tres días después de la mudanza, Francicso vino a comer. Después, él y Mami se quedaron en la cocina hablando, mientras nosotros veíamos *Candid Camera* en el cuarto de al frente. Se fue temprano, pero volvió al día siguiente y así, todos los días durante una semana, cada vez se requedaba hasta un poquito más tarde, hasta que una mañana amaneció allí.

"¿Como le decimos?" le pregunté a Mami, cuando ya era obvio que se había mudado con nosotros. "No le podemos decir Papi..."

Frunció el ceño, como hacía siempre que me ponía irrespetuosa. "No, no es tu papá," dijo por fin, mientras casaba unas medias.

"Y es demasiado joven para ser Don Francisco."

"Si, lo es." Cogió unos panties y los estiró con la mano. Me daba cuenta de que estaba abochornada, y de que debía suspender las preguntas y dejarla en paz.

"¿Entonces, cómo le decimos?"

"Franky, así le dice su familia," dijo seca, pasándome los panties y un par de camisas dobladas. "Pon esto en la gaveta de Edna." Las cejas se le juntaron sobre los ojos, lo que significaba que no estaba dispuesta a contestar ni una pregunta más.

Guardé la ropa pero no podía dejar de pensar en el asunto. Franky no sonaba lo suficientemente oficial para quien era nuestro padrastro. Bueno, no exactamente. Puesto que no estaba casado con Mami, técnicamente no era su esposo. Pero ella no había estado casada con Papi y él había sido su esposo. ¿O no? Oficialmente no. Papi era nuestro padre, así lo decían nuestros certificados de nacimiento. ¿Pero qué quedaba él de ella? Y ahora que Francisco era parte de nuestra familia, ¿qué quedaba de nosotros?

No le podía preguntar a Mami. Era una falta de respeto meterme en su vida personal. Pero yo sabía que las mujeres casadas miraban por encima del hombro a las que no lo eran. "Ah, ésa vive con él," decían con un gesto despectivo de la mano y una expresión de repugnancia.

También sabía que el matrimonio con traje blanco, velo y corona, con un desfile por la nave central de la iglesia, con cura, damas en trajes vistosos y ujieres en etiqueta era el sueño de Mami para mí y para mis hermanas.

"¡Qué felicidad!" decía anhelante, "ver a una hija camino al altar, de blanco, con velo y corona."

Mami no se había casado por la iglesia, pero se suponía que nosotras sí lo hiciéramos. Nunca íbamos a la iglesia, pero algún día nos pararíamos frente a un sacerdote y haríamos los votos que ella nunca hizo.

"Yo me sacrifico por cada una de ustedes," nos decía una y otra vez. Una boda bonita, por la iglesia, era una de las recompensas que esperaba de cada una por su sacrificio.

Poco tiempo después de que la barriga de Mami empezara a crecer con el bebé de Francisco, lo llevaron a él a la sala de emergencia con dolor de estómago. Cuando Mami regresó del hospital, nos dijo que Francisco tenía cáncer.

"Pero no se preocupen," nos dijo, "se va a mejorar pronto."

Por su rostro tenso, los labios apretados y la mirada asustada, nos dimos cuenta de que sólo estaba tratando de tranquilizarnos.

Nos mudamos a un apartamento que quedaba un poco más abajo en la misma calle, para que Tata pudiera vivir con nosotros. Don Julio trajo el catre y el gaveterito de Tata, su radio, su ropa, algunas fotos de cuando era joven, su altar. Ahora que Francisco estaba enfermo, Tata no se quejaba tanto de que fuera tan joven o de que Mami nos estuviera dando un mal ejemplo al vivir con él. Ahora, en vez de quejarse, cocinaba y nos atendía para que Mami, al salir del trabajo, pudiera irse directamente al hospital a estar un rato con Francisco.

Unas semanas más tarde, el casero nos pidió que nos fuéramos porque había demasiada gente viviendo en el apartamento de tres cuartos que él le había alquilado a una mujer con dos niños. Nos mudamos por quinta vez en un año. En el apartamento nuevo de la Calle Ellery, la bañera estaba otra vez en la cocina, cubierta por una plancha de metal esmaltado que servía de mesa durante el día y que se removía de noche para podernos bañar. Cuando bajaba la temperatura, los radiadores permanecían fríos y el viento silbaba a través de las grietas de los marcos de las ventanas.

Tuvimos que transferirnos de escuela. La Escuela Intermedia 33, donde estudié mi noveno grado, ocupaba la mayor parte de un bloque de la ciudad. El patio de cemento y la cancha de balonmano estaban cercados por una verja. En la parte de adentro, las paredes estaban forradas con los mismos bloques color ámbar que cubrían la parte exterior. Los pisos eran de un *vinyl* lustroso que chirreaba cuando me ponía los tenis que sólo estaban permitidos los días de Educación Física.

Obtuve puntuaciones altas en una batería de exámenes que me administró Míster Barone, el consejero académico. Yo no tenía idea de para qué eran los exámenes, ni por qué tenía que tomarlos, pero Míster Barone me explicó que mostraban aptitud y potencial y que en lugar de pedir ingreso a una escuela vocacional, debería solicitar a una escuela que me preparara para seguir estudios universitarios. A pesar de que se me hacía cada vez más fácil entender el inglés escrito, el inglés oral todavía me confundía, por lo tanto, accedí a aspirar a una educación académica sin entender bien de qué se trataba y demasiado avergonzada para preguntar. Fue idea de Míster Barone que solicitara a Performing Arts High School en Manhattan.

"¿Por qué tan lejos?' preguntó Mami, "¿no hay escuelas en Brooklyn?"

"Es una escuela especial."

Frunció el ceño. "¿Especial?"

"Tengo que solicitar..."

"Escuela privada. No tenemos chavos."

Le expliqué que era una escuela pública para muchachos y muchachas que quisieran ser actores, bailarines, músicos.

Se me quedó mirando. "¿Desde cuándo tú quieres ser artista?"

"Yo no sé. Es sólo una escuela."

"Vas a salir bien allí," interrumpió Tata, "con lo dramática que tú eres."

"No hay actores puertorriqueños en televisión," nos recordó Delsa.

"¿Ricky Ricardo?" preguntó Raymond.

"¡Babalú!" Edna le dio a un tambor imaginario que tenía al lado y Alicia y Héctor se le unieron formando una línea de conga y cantando "¡Babalú, Babalú Oyé!"

"¡Estecen quietos!" dijo Mami, "que la gente de abajo se va a creer que hay salvajes acá arriba."

"Ricky Ricardo es cubano y es cantante, no actor," continuó Delsa tan pronto los nenes se tranquilizaron, "y todos sabemos que Negi no sabe cantar."

"Y aunque supieras," advirtió Norma, "Mami nunca te va a dejar poner esos vestidos que usan las *vedettes*, que se les ve to'. ¿Verdad, Mami?"

"Déjensen de boberías," contestó Mami, volviendo a la ropa que estaba remendando.

"Te lo dije," rió Norma.

Mami sonrió, pero no dijo nada más.

A mí nunca se me había ocurrido escoger la actuación como futura profesión, pero cuando Míster Barone me sugirió Performing Arts y yo accedí, me hizo tanta fiesta que me gustó. No le dije que a lo mejor Mami no me dejaría ir aunque me aceptaran. Me ayudó a prepararme para la audición que era requisito, seleccionó un monólogo, reclutó a Míster Gatti, el maestro de inglés para que me practicara la pronunciación de las palabras que yo me memorizaba fonéticamente sin entender su significado. Misis Johnson, la maestra de Economía Doméstica, me enseñó cómo entrar a un salón como una dama y cómo sentarme con las piernas juntas.

No perdía oportunidad de dejarle saber a Mami que me estaba preparando para mi audición. Me paraba frente al espejo de su tocador a practicar mi monólogo, tratando de vencer mi eterno hábito de hablar con las manos, algo que según Misis Johnson, distraía muchísimo. Me sentía como una muñeca de papel, tiesa y plana con una sonrisa pegada al rostro.

"Usted pertenece a un tipo muy común en este país, Sra. Phelps," empecé. Mis hermanas y hermanos se reían ante mis intentos de ser dramática y repetían algunos pasajes de mi monólogo, trincando la cara por el esfuerzo de mantenerse serios.

"Stop molestationing me," gritaba y Mami o Tata los espantaban para el otro cuarto, donde yo los oía riéndose.

Durante semanas, mis hermanas y hermanos me relajaron con mi falta de talento, mientras en la escuela, Míster Barone, Míster Gatti y Misis Johnson me ayudaban a prepararme. Nadie de la JHS 33 había pasado nunca a Performing Arts High School, y Míster Barone hizo lo que estaba a su alcance para que todo el mundo se enterara de que yo había solicitado. Ahora, además de mi familia, todo el noveno grado cuestionaba mis habilidades artísticas.

"Mira, spic!" me dijo con sarcasmo Lulú, un día cuando entraba yo al baño de las muchachas. "¿Qué es lo que tú te crees? ¿Que eres mejor que nosotras? Pues tú no eres más que una spic, y que no se te olvide." Me empujó dentro de uno de los cubículos y por un momento pensé que me iba a dar un puño en la cara, pero se contentó con escupirme, reírse y dejarme sentada en el inodoro, tan asustada que por poco me meo encima.

Me limpié la cara con papel de inodoro, me bajé los panties y oriné aguantándome las lágrimas. No me iba a ver llorar. Tampoco me vería pelear porque yo no podría ganarle. Lulú y sus amigas eran fuertes, una ganga de muchachas que se sentaban en la parte de atrás del salón a pasarse papelitos unas a las otras, fumaban en la escalera y buscaban bulla con todo el que no les cayera bien. Ellas sabían que yo les tenía miedo y hacían todo lo posible para que yo siguiera asustada. Me hacían tropezar en la clase de Educación Física; me empujaban en las escaleras; me cogían comida de la bandeja del almuerzo. Por culpa de Lulú y sus amigas, yo iba al baño en la escuela solamente cuando no podía aguantar más. Por culpa de ellas, regresaba a casa por el camino más largo para evitar las esquinas por donde ellas se pasaban, las mañanas y las tardes, fumando, riéndose y acosando a todo el que pasaba.

Durante meses, Lulú y su ganga me habían pasado por alto. Yo era una más de las muchachas con las que ellas tropezaban en los cambios de clases. Pero, tan pronto oyeron que yo estaba solicitando a Performing Arts, Lulú y sus amigas empezaron una campaña para ponerme de nuevo en mi sitio.

"Ahí va la actriz," decía con sorna Luz Mari cuando le pasaba por el lado en el pasillo.

"Se cree blanca," murmuraba Violeta cuando me excusaban de la clase de Estudios Sociales para que practicara mi monólogo con Míster Gatti.

"¿Qué es, mi'jita?" me retaba Denise mientras esperaba mi turno para subir la soga en la clase de Educación Física, "Eli Whitney no es lo suficientemente buena para ti?" Casi todos los estudiantes de la JHS 33 iban a parar a la escuela vocacional más cercana que adiestraba secretarias, enfermeras, mecánicos de automóvil y técnicos de refrigeración.

"Es sólo una escuela," me defendía, pero de nada valió. Lulú y su ganga, para quienes yo había sido invisible, me consideraban una traidora por haber aceptado la sugerencia de mis maestros.

"Es que están celosas," sugirió mi amiga Natalia de regreso a casa un día. "Ellas van a estar preñás y cogiendo *welfare* antes de que terminemos la *High.*"

Natalia vivía con su mamá y sus hermanas en un edificio que quedaba a unas puertas del nuestro. Había nacido en Nueva York, su inglés era perfecto y hablaba español lo suficientemente bien como para que yo pudiera hablarle una mezcla de los dos sin confundirla demasiado. La mamá de Natalia, como la mía, trabajaba en una fábrica de ropa en Manhattan, aunque la mía cosía brasieres y fajas y la de ella hacía ropa deportiva.

Los sábados nos saludábamos a la distancia mientras ayudábamos a nuestras mamás a subir por la escalera, los carritos llenos de compra. Durante la semana, Natalia les preparaba el desayuno a sus hermanas y las acompañaba a la escuela antes de irse ella para la nuestra. Su mamá recogía a las nenas por la tarde, así es que Natalia y yo nos regresábamos juntas casi todos los días. Al principio, cuando la conocí, pensé que era cristiana porque nunca usaba maquillaje, ni faldas cortas ni colores brillantes. Entonces descubrí que se veía así porque su mamá, como la mía, era bien anticuada.

Cuando nuestras mamás se dieron cuenta de que las dos eran igual de estrictas con nosotras, Natalia y yo pudimos ser amigas sin problemas porque ninguna de las dos podría convertirse en una mala influencia para la otra. Las dos éramos nenas "buenas" de quienes se esperaba que hiciéramos lo que se nos mandaba, que le sirviéramos de ejemplo a nuestras hermanas y hermanos, y que asumiéramos esa responsabilidad con seriedad. Sin embargo, Natalia era mejor que yo en eso de servir de modelo. Era buena por naturaleza. En cambio, a mi me irritaba la idea de que todo lo que hiciera fuese observado por seis hermanas y hermanos que, a su vez, pudieran hacer lo mismo. Me preocupaba que si yo tropezaba, Delsa, Norma, Héctor Alicia, Edna y Raymond, caerían detrás de mí, como una fila de dóminos, para no pararse jamás.

Natalia y yo hablábamos mucho de nuestro futuro. Ella solicitó a la Bronx High School of Science porque soñaba con convertirse en doctora de un hospital importante, como el Mount Sinai.

"Voy a tener un apartamento en Park Avenue, con portero y ascensor," fantaseaba apretando las manos contra su pecho como para contener toda la felicidad que sentiría.

"Cuando yo sea una actriz famosa, voy a regresar a Puerto Rico a una finca en el campo," le dije, "y voy a tener pollitos y un gallo y a lo mejor, un perro."

"Pero, ¿por qué tú quieres hacer eso?"

"Porque..." ¿Me atrevería a decirle que añoraba regresar a Macún? ¿Que extrañaba el ritmo pausado del campo puertorriqueño, los apacibles y silvestres montes verdes, la variedad en la textura de los caminos de tierra, de polvo a gravilla, a arena, a fango? Yo me reía y le decía que las riquezas que soñábamos alcanzar estaban destinadas a regresarme a mi lugar de origen, mientras que ella soñaba con algo completamente diferente a lo que había conocido antes. Ella reía por compromiso y yo sufría pensando que la había ofendido al implicar que mi niñez había sido más feliz que la suya.

"Negi, ¿tú vas a ser famosa?" me preguntó Raymond, dos o tres días antes de la audición.

"*Leaf me alone,*" le dije molesta y preocupada de que quizás me había metido en camisa de once varas. Había memorizado el monólogo que había escogido Míster Barone y había practicado cómo entrar a un salón como una dama, cómo sentarme en vez de tirarme en la silla, cómo mantener las manos en la falda en vez de usarlas para darle énfasis a mis palabras. Me parecía que ya estaba actuando y todavía ni había visto la escuela.

"Mami, la audición es la semana que viene, ¿me puedes llevar?" Le enseñé el papelito donde Míster Barone había apuntado la dirección de la escuela: 120 West 46th Street. Lo estudió como si hubiese tenido escrito mucho más que dos números y dos palabritas.

"¿Cuándo tienes que ir?" preguntó después de un rato y yo me derretí del alivio. Le dí los detalles y de paso le mencioné que Misis Johnson me había dicho que no tenía que vestirme formalmente, pero que sería bueno que fuera bien arregladita. "Yo vi un traje que te quedaría bien lindo," me ofreció Mami, y yo no le dije que si me iba a comprar algo, prefería escogerlo yo misma.

Unos días después, Mami me trajo un *jumper* en tela escocesa roja y un par de zapatos nuevos. "Esta es una fajita para medias," me dijo, desempacando una pieza de ropa interior blanca adornada con encaje que tenía unas ligas que terminaban en unos botones de goma que encajaban en unos aritos de metal. "Esto es lo que estamos haciendo ahora en la fábrica. Ésta, la hice yo misma."

Había visto a Mami ponerse las medias, alisárselas con los dedos y abrochárselas. La había visto de espaldas al espejo, asegurándose de que las costuras estuvieran derechas y ajustándoselas con cuidado. Hasta ahora no me había dejado usar medias, por eso yo sabía que la fajita y el paquete plano que contenía unas medias sin costura era una concesión especial de parte de Mami, un reconocimiento de que ya no era una niña, aunque ninguna de las dos estaba lista para considerarme una mujer.

"Gracias, Mami," la abracé emocionada.

"Para ocasiones especiales," me dijo y me besó en la cabeza. "Se te van a ver bien con tu traje y tus zapatos nuevos."

Durante el resto de la semana, Tata me servía grandes porciones de comida como para engordarme para lo que venía. Conscientes de toda la atención que estaba recibiendo, mis hermanas y hermanos me seguían con enormes ojos de incredulidad, en busca de aquello que todo el mundo parecía ver, menos ellos.

Yo me sentía más o menos igual. Tanta gente grande mimándome por un lado, mientras que por el otro, Lulú y su rebaño intensificaban las amenazas y los insultos como para evitar que se me subieran los humos a la cabeza. Percibía que ser aceptada en Performing Arts sería importante, no solo para mí, sino para Míster Barone, que se pavoneaba por la escuela diciéndole a todo el que quisiera escuchar que yo iba para esa escuela. Esto, a pesar de que faltaban muchos días para la audición y yo podría no impresionar a la gente de la escuela con mis talentos dramáticos. Y era importante para Mami, que se las echaba muchísimo diciéndole a los parientes que yo iba a ser artista, lo que traía a mi mente las mismas imágenes que le traía a Norma: mujeres curvilíneas en escasos y provocativos vestuarios y plumas en el pelo.

El día de la audición Mami me llevó a Manhattan. Era la primera vez que había salido de Brooklyn desde que llegamos a Nueva York. El tren elevado viajaba al mismo nivel que las ventanas de arriba de los almacenes y de los edificios de apartamentos que quedaban a escasos pies de los rieles. Traté de asomarme para ver qué había detrás de esas ventanas, dentro de los apartamentos que parecían poder tocarse con la mano. Pero, el tren se movía con demasiada rapidez y yo sólo alcanzaba a ver unas imágenes borrosas que podían o no ser de gente en habitaciones sombrías.

La escuela quedaba a un bloque del brillo y la conmoción de Broadway. Era un día frío y ventoso y Mami y yo íbamos encogidas dentro de los abrigos, con los ojos lagrimeando por los vientos helados. Las dos o tres cuadras entre la estación de Times Square y la escuela estaban repletas de gente que parecían no notar el frío, y que admiraban las enormes pizarras eléctricas en los lados de los edificios, o se embelesaban con unos carteles que cubrían los frentes de muchas tiendas, de mujeres con las partes privadas cubiertas por unas franjas negras, pero que aun así revelaban que estaban desnudas.

En la esquina de la 46th Street y Broadway había un Howard Johnson's y entramos un momento a calentarnos. Las mesas que bordeaban las ventanas estaban ocupadas por gente que parecía llevar años allí.

Mami y yo nos sentamos en el counter donde nos atendió una mujer de pelo plateado espumoso, con sombra turquesa, pestañas postizas, lápiz de labio rosa brillante y una cara más arrugada que una pasa. Nos decía "*honey*" o "*darling*" y después que nos sirvió el dulce y el café, volvió varias veces para preguntarnos si queríamos algo más y para servirnos más café.

Yo estaba nerviosa, pero eso no me impidió comerme mi *danish* de piña y la mitad del de Mami y tomarme dos tazas de café cargado, con crema y mucha azúcar.

"Para ser tan flaca, *come*," le dijo la mesera a Mami, que asintió y sonrió como si hubiese entendido.

Caminamos la media cuadra que nos faltaba hasta llegar a la escuela y tan pronto me llamaron al salón me arrepentí de tener tanta comida en el estómago. Las entrañas me daban vueltas y más vueltas, y si la entrevista no acababa pronto, iba a vomitar frente a las tres señoras que tenían en sus manos mi futuro como "artista." Pero, logré decir el monólogo, hacer una pantomima y salir por las pesadas puertas rojas de la escuela antes de vomitar, entre dos carros estacionados, mientras Mami me aguantaba el pelo hacia atrás y me preguntaba: "¿Estás bien? ¿Te sientes mejor?"

De regreso a casa me preguntó qué había pasado en la audición. "Na'," le dije, "contesté unas preguntas y dije mi monólogo."

No le podía decir que estaba tan nerviosa que se me había olvidado todo lo que aprendí con Míster Barone, Míster Gatti y Misis Johnson. Dije el monólogo volando, tumbé una silla, contesté preguntas sin entender exactamente qué me estaban preguntando. No le podía decir a Mami lo mal que lo había hecho después que ella había gastado un dinero que necesitábamos tanto en comprarme un ajuar nuevo con todo y zapatos. Me daba vergüenza regresar a JHS 33 y decirle a Míster Barone que había echado a perder la audición. Todo el mundo se reiría de mí por creída, por creerme que podía entrar a Performing Arts y por fracasar, a pesar de toda la ayuda que recibí. Me ví en la escuela con Lulú y Violeta, con Luz Mari y Denise, quienes no me dejarían olvidar nunca que yo me creía mejor que ellas. Por las mañanas, mientras yo viajara en la guagua hacia Eli Whitney, Natalia estaría en el tren camino al Bronx High School of Science. Ya no tendríamos nada de qué hablar porque ella estaría ocupada, preparándose para la Universidad, mientras yo estaría cosiendo ropa interior, en una fábrica, al lado de Mami.

El tren salía como un bólido de los túneles, traqueteando sobre el puente de Williamsburg camino a Brooklyn. El horizonte de Manhattan retrocedía como una enorme pared entre nosotras y el resto de los Estados Unidos. Viré la cara para que Mami no me viera, y lloré. Al principio las lágrimas eran de vergüenza por lo que yo creía había sido una audición espantosa. Pero según nos acercábamos a nuestra parada en Brooklyn, lloraba porque las semanas de intensa preparación me habían dejado añorando una vida que, ahora estaba segura, no tendría nunca.

"Pero siguen siendo ilegítimos..."

～～～

Según le iba creciendo la barriga a Mami, más le costaba moverse porque le dolían la espalda y las piernas. Dejó el trabajo y yo la acompañé de nuevo a la oficina del *welfare*.

"Necesito ayuda hasta que nazca el bebé y el papá salga del hospital," me hizo traducir.

"¿Y cuánto tiempo llevan de casados usted y el señor Cortez?" preguntó la trabajadora social.

"No estamos casados," contestó Mami. "Vivimos juntos hace diez meses."

La trabajadora social frunció la boca. "¿Su primer esposo le pasa pensión a los hijos?"

"No."

"¿Cuánto tiempo llevan divorciados?"

"Dile," me pidió Mami, "que tu papá y yo no estuvimos casados."

La trabajadora social agarró la pluma y su letra zurda y sesgada se deslizó lentamente por el papel rayado, como filas de alambre de púa.

"Entonces los siete hijos mayores también son ilegítimos," dijo y Mami se puso colorada, aunque todavía yo no había traducido.

"Su padre los reconoció a todos," me hizo traducir, sacando los certificados de su cartera.

"Pero siguen siendo ilegítimos," insistió la trabajadora social, sin hacerle ningún caso a los documentos.

"¿Y eso qué tiene que ver?" preguntó Mami en español y yo traduje, encendida también de la vergüenza porque había subido la voz y yo sabía que estaba a punto de formar un revolú.

La trabajadora social no contestó y siguió escribiendo en su libreta. "Eso es todo," dijo finalmente. "Le dejaremos saber."

Al regresar a casa, la busqué. "Ilegítimo" significaba nacer de padres que no estaban casados. Por la manera en que los labios de la trabajadora social se fruncieron, ilegítimo me había sonado a algo peor. Tenía un sinónimo, "bastardo," que yo había escuchado usar como insulto. Sin yo percatarme, la trabajadora social nos había ofendido a Mami y a mí. Ojalá me hubiera dado cuenta, para poderle contestar algo. ¿Pero qué le iba a decir? Tenía razón. Éramos ilegítimos. Ahora me preocupaba que Mami no fuera a conseguir la ayuda que necesitábamos del *welfare* porque ella y Papi no se hubieran casado pero, unos días más tarde, nos aprobaron el caso.

La palabra, sin embargo, permaneció en mi conciencia mucho tiempo.

Dos meses después de que nació su hijo, murió Francisco. La mirada de Mami, generalmente viva y curiosa, se volvió opaca, se volcó hacia adentro, donde no podíamos alcanzarla con nuestros besos y abrazos. Sobre su tocador había velas encendidas de día y de noche, su calor rondaba el aire como si hubiera sido el espíritu de Francisco el que anduviera rondando, vigilante, para ver si, cómo y por cuánto tiempo, le guardaríamos luto.

No podia llorar la desilusión de que nuestra familia se hubiera roto de nuevo. Papi se había negado a seguir a Mami a Nueva York, renuente a ayudarnos a enfrentar una ciudad tan injusta y fría. Francisco nos había dejado tan rápido como llegó, llevándose consigo la promesa que le había hecho a Mami de amarla para siempre, de ser el hombre de la casa, de formar con nosotros una familia completa, con una mamá, un papá y unos hijos. Cada vez que pasaba por el altar, me detenía a ver las llamas anaranjadas que flotaban sobre la cera derretida. Ponía mi mano sobre ellas y sentía su calor, una tibieza fuerte, como un abrazo, una promesa.

Traté de imaginarme la vida de Papi. Se había mudado y yo me preguntaba, cómo sería su nueva casa. ¿Sería en el campo o en un pueblo? Su nueva esposa, ¿sería más bonita que Mami? ¿Sería tan buena cocinera? ¿Se sentarían las hijas de ella cerca de Papi mientras él leía algún poema que acababa de escribir, como hacía yo? Le escribía cartas sosas, sin atreverme a preguntarle nada sobre su vida, temerosa de que fuera a contarme lo feliz que era.

Si Papi se hubiera venido con nosotros, Mami nunca se hubiera enamorado de Francisco, él nunca se hubiera muerto y nosotros no estaríamos cogiendo *welfare* otra vez. Mami y Papi peleaban, sí, pero siempre se contentaban. Igual que yo cuando me peleaba con mis hermanas y hermanos; eventualmente, seguíamos como si nada. Si nosotros podíamos hacerlo, ¿por qué ellos no?

Resentía a los hombres que se pasaban parados en las esquinas o sentados en las entradas de los edificios, los codos en las rodillas, la mano sosteniendo una lata de cerveza o acunando un cigarrillo humeante entre las piernas. Podrían haber sido el papá de alguien, pero no encontraban nada mejor que hacer que estar ligando a las muchachas y a las mujeres que pasaban para mascullarles promesas entre dientes.

Una mañana, al llegar a la escuela, Míster Barone se me acercó corriendo. "¿No es maravilloso? ¡Felicitaciones!" Mi cara debe haberle dicho que no tenía idea de lo que estaba hablando, así es que, se detuvo, cogió aire y me habló despacio. "Llegó una carta. Te aceptaron en Performing Arts."

"¡Dios mío!" Míster Barone me llevó a la oficina donde la secretaria, las demás consejeras académicas y el principal me dieron la mano. "No lo puedo creer," repetía una y otra vez. "No puede ser verdad."

"Trabajaste duro," me dijo Míster Barone, "te lo mereces."

Camino a mi salón hogar, me encontré con Natalia. "Adivina qué. ¡Me aceptaron!"

Natalia pegó un grito, dejó caer los libros, me abrazó. "¡Ay, Dios mío! ¡Estoy tan orgullosa de ti!" Se recogió enseguida, un poco cortada, por su despliegue de entusiasmo. Yo me bajé para ayudarle a recoger sus libros.

"Estoy loca por decírselo a Mami," dije. "Ella necesita buenas noticias."

"Me encantaría verle la cara cuando lo sepa," Natalia metió unos papeles sueltos dentro de una libreta. Parecía estar a punto de abrazarme otra vez, pero se apretó los libros contra el pecho. "Me alegro tanto por ti," dijo y se fue de prisa por el pasillo.

No me di cuenta de que estaba sonriendo hasta que Lulú me pasó por el lado frente a los laboratorios de Ciencia, me agarró por el brazo y me dijo, "¿De qué te ríes?"

"De nada," le contesté poniéndome seria, "de nada me río." Lulú tenía unos ojos hermosos, redondos, verdes, de pestañas espesas. Parpadeó, estuvo a punto de decirme algo, pero se detuvo cuando se asomó una maestra.

"Chicas, muévanse, sonó el timbre," nos advirtió.

Lulú chasqueó la lengua, me empujó con la fuerza suficiente para dejarme saber que me podía hacer daño. "Quítate esa sonrisa de comemierda de la cara," dijo amenazante y se fue por el otro lado.

Cuando llegué por fin a mi salón hogar, Míster Gatti estaba escribiendo en la pizarra, unas preguntas para un *quiz* sin avisar. Me sonrió y me guiñó el ojo cuando me senté. El chirrido delator del altoparlante que había en la parte de al frente del salón nos avisó que venía un anuncio. Metimos la cabeza en los libros con la intención de no hacerle caso al anuncio y de aprovechar esos minutos para repasar.

"Ahem," empezó la voz. "Jóvenes, damas y caballeros," la voz áspera de Míster Barone competía con la estridencia de la estática que acompañaba siempre los mensajes. "Ahem. Es para mí un placer anunciarles que una de nuestras estudiantes de noveno grado, Esmeralda Santiago, ha sido aceptada al Performing Arts High School."

Cortada y complacida a la vez, no escuché el resto de lo que dijo. Míster Gatti me dio la mano. Andrea, la muchacha que se sentaba al lado mío me dio una palmada en el hombro. Alguien aplaudió y los demás compañeros se le unieron excepto, naturalmente, los muy *cool*. El resto del período lo pasé en las nubes, consciente de que algo muy bueno me había pasado por fin, temerosa de que fuera demasiado bueno y desapareciera antes de que terminara el día.

Llegué volando a casa, irrumpí en nuestro apartamento sombrío y encontré a Mami organizando unos papeles en su cama.

"Me aceptaron, Mami. Entré a Performing Arts." Me miró sorprendida. "La escuela especial, ¿te acuerdas? En Manhattan."

Se le agrandaron los ojos. "¡Ay, mi'ja, qué bueno!" dijo, halándome para abrazarme. Yo me le pegué. Los abrazos de Mami andaban escasos en esos días y quería quedarme en sus brazos, oler el perfume floral de su jabón, tan tenue que tuve que arrebujar la cara en su cuello para encontrado.

"¿Qué hizo Negi?" Aparenció Alicia y con ella Edna y Raymond. Como siempre, cuando alguno de nosotros recibía la atención de Mami, los demás se le arrimaban para ver cómo podían recibir su parte también.

Mami me sentó al otro lado de sus papeles. "A tu hermana la aceptaron en la escuela para artistas en Manhattan," les dijo y me sentí orgullosa porque sentí el orgullo en su voz.

"¿Tú, una artista?" preguntó Héctor desde el otro cuarto.

"Va a aprender a ser artista para llegar a ser rica y famosa algún día," sonrió Mami.

Entré en pánico. ¿Eso era? "Es sólo una escuela superior, Mami, para poder ir a la Universidad."

"¿Tú no dijiste que era para estudiar arte dramático y baile?" dijo molesta.

"Pues, sí…"

"¿Y vas a salir por televisión con Ricky Ricardo?" preguntó Raymond.

"No sé…"

"Esa es demasia'o fea pa' salir por televisión," desde su esquina, Héctor metió la cuchara.

Todos se rieron. Mami me abrazó y me dio un beso en la cabeza. "Voy a preparar la comida," dijo. En ese apartamento, nunca más se volvió a mencionar Performing Arts.

Una semana más tarde, Natalia faltó a la escuela. Como estuvo ausente varios días, fui a saber de ella. A pesar de que vivíamos a sólo dos o tres puertas de por medio, no nos visitábamos nunca y me sentía rara en aquel pasillo extraño, tocando a una puerta que no estaba siquiera segura que fuera la de ella. Nadie contestó, volví a tocar, acerqué el oído para ver si oía un televisor o un radio que impidiera que me escucharan. Todo estaba en silencio, pero la puerta del apartamento de al frente se entreabrió.

"¿Quién es?" preguntó en español una voz frágil y cuando me viré, un ojo y media cara arrugada se asomaron por debajo de la cadena de seguridad.

"Estoy buscando a Natalia Pons. Creo que vive aquí."

"Se mudaron."

"Imposible, si yo la vi hace poco y no me dijo na'."

"Se fueron, eso es to' lo que sé. Todavía no se ha muda'o nadie al apartamento, pero ya vendrá alguien." Cerró la puerta, puso varios seguros y se encuevó de nuevo en su apartamento.

No le creí. Natalia no me había dicho que se mudaba. Cuando le pregunté a Míster Barone por qué Natalia no estaba viniendo a la escuela, me dijo que su familia se había regresado a Puerto Rico.

"But she never bean there," le dije.

Alzó los hombros. "Su mamá está enferma."

Mami averiguó que la mamá de Natalia había tenido un accidente de trabajo y que el tío de Natalia había venido a buscarlas para llevárselas a Puerto Rico. No tenía ningún sentido, pero así se hacían las cosas en nuestro vecindario. La gente iba y venía sin avisar, sin despedidas. Mi propia familia se mudó cinco veces en un año y nunca hubo un adiós, ni siquiera una mirada atrás. Se suponía que cada mudanza fuera para mejorar y yo quería pensar que para Natalia, el regreso a Puerto Rico sería bueno. Pero yo sabía que el español de Natalia era en realidad espanglés, una mezcla de español e inglés que servía sus propósitos, pero que sólo entendían las personas que hablaban los dos idiomas. ¿Cómo le iría en Puerto Rico? ¿Podría estudiar medicina todavía? Si la aceptaban en el Bronx High School of Science, ¿iría?

Me dio pena con ella y conmigo. Mi mayor deseo, regresar a Puerto Rico, se hizo realidad para ella. Pero su sueño era el opuesto al mío. Quería quedarse en Nueva York, tener éxito al estilo americano, rodeada de todas esas cosas que pensábamos que nos traerían la felicidad: el apartamento en Park Avenue, el carro de lujo, la ropa, las cenas elegantes, las noches de teatro. Me encogí como hacía Mami, asustada de soñar; no, más bien, temerosa de decir mi sueño en voz alta porque, mira lo que le pasó al de Natalia.

La tienda de dulces que quedaba frente a la JHS 33 era de una pareja de viejitos. Vivían en la parte de atrás de la tienda, en un cuarto que quedaba detrás de una puerta holandesa que se dividía en dos, para que la esposa del dueño pudiera hablarle desde la mesa redonda donde se sentaba frente a un montón de retazos de tela que iba convirtiendo en alegres edredones. Las manos del señor estaban manchadas e hinchadas; sus dedos, redondos y lisos como salchichones. La muchachería decía que lo del viejito era contagioso, así es que nunca lo tocábamos cuando nos daba el cambio. Echaba las monedas en un envase de plástico que había encima del mostrador y yo las cogía, las dejaba caer en el bolsillo y me limpiaba las manos en la falda para quitarme los gérmenes.

En la acera, frente a la tiendita, había una especie de atril de metal para los periódicos. El viejito cobraba el dinero del periódico a través de una ventanilla al frente de la tienda. Por las mañanas se sentaba junto a esa ventana para velar a los muchachos que entraban a la escuela, y para estar pendiente de los títeres que eran locos con agarrar los periódicos y salir corriendo.

Cuando las gangas estaban revueltas, con frecuencia me metía en la tiendita, me entretenía hojeando una revista o me tomaba mi tiempo en comprar algún dulce, mientras velaba desde el mostrador para ver si los muchachos se habían ido. El hombre detrás del mostrador sabía que su tienda era un refugio para los que no éramos lo suficientemente fuertes ni valientes para enfrentarnos a los bravucones. Si alguno de nosotros se requedaba mucho en la tienda sin comprar nada, el viejito se asomaba por la ventana, por encima del atril de periódicos y miraba la acera de arriba a abajo. Con un áspero "¿qué estás esperando?" nos hacía una seña, nos ladraba el precio del artículo y se enfurecía cuando lo volvíamos a poner en su sitio porque no teníamos los chavos. "Fuera de aquí," nos gruñía, pero nosotros sabíamos que en realidad nos estaba avisando que no había moros en la costa.

Los insultos y las amenazas de Lulú se volvieron más frecuentes después de que Míster Barone anunció que yo había sido aceptada en Performing Arts. Ahora que Natalia no estaba, yo iba y venía sola, por eso salía de la escuela tan pronto sonaba el timbre, porque sabía que Lulú y su ganga eran demasiado *cool* para salir corriendo como si alguien las estuviera persiguiendo. Una tarde cuando ya había cruzado la calle, tranquila porque una vez más había logrado evitarlas, salió Lulú de la puerta de uno de los edificios abandonados que quedaba en la cuadra cerca de la tiendita de dulces. Detrás de ella estaban Luz Mari y Denise. Me rodearon y me empujaron dentro de un frío y oscuro pasillo que apestaba a orines y a madera podrida. Me patearon, me dieron puños; con voces estridentes me lanzaron un coro de obscenidades, mientras los puños agudos y certeros me golpeaban el pecho, la barriga, la parte baja de la espalda. Yo me defendía con patadas, arañazos y puños como los que usaba cuando peleaba con mis hermanas y hermanos, sólo que más duros. Las muchachas me enterraban las uñas en los brazos, la cara, la nuca. Yo lanzaba golpes contra los seis puños que me golpeaban las costillas, las seis piernas que me pateaban las espinillas y la genitalia, las tres bocas dientúas que aullaban, chillaban y escupían, los seis ojos que relucían en la húmeda oscuridad con un feroz odio verde. Me defendí, pero estaba en desventaja y perdí. Quedé con la ropa destrozada y sucia, los brazos raspados, arañados, las piernas llenas de golpes, el pecho y la espalda que me latían del dolor. Mientras peleábamos, ellas me habían gritado en inglés y yo les contestaba en español, las malas palabras que no me permitían decir en casa, pero que ahora me fluían de la boca como el ácido.

Me dejaron tirada contra un montón de cartones húmedos, me gritaron lo que me imagino fueron más insultos, aunque no estaba muy segura. No lograba entender qué era lo que querían de mí, ni qué podía hacer para que dejaran de hacerme caso, como antes. No me requedé en el pasillo apestoso. Podía oír las alimañas corriendo por el fondo del edificio abandonado. Me limpié y busqué mis cosas. Cuando salí a la calle, el viejito de la tienda de dulces estaba en la acera. Me llamó para que entrara y me dio un Yoo-Hoo helado. De la parte de atrás apareció su esposa con un paño húmedo, murmurando en un idioma que no era ni inglés ni español y me limpió el sucio y las lágrimas de la cara, sus ojos fríos buscando alguna herida abierta en mis brazos o en mis cachetes.

"Esas muchachas," dijo el viejito y golpeó el mostrador con su mano hinchada. No me miró mientras su esposa me pasaba alcohol en los golpes, lo que hacía que los arañazos y los verdugones me ardieran y me dolieran más. Miraba por la ventana hacia la calle frente a la escuela, alicaído y con una expresión triste en el rostro.

"Vete a casa, cuéntale a mamá," dijo la señora, acompañándome hasta la salida de la tienda. Les di las gracias, traté de mirarlos a los ojos, pero no me miraron. Me hicieron un gesto con la mano, renuentes a aceptar mi agradecimiento. Me arrastré hasta casa, sentía cada paso como agujas en las costillas y las caderas. Mami estaba en el baño cuando llegué, así que me escurrí al cuarto de al frente, me cambié y me puse una ropa que me cubriera los golpes en los brazos y en las piernas, y me pasé el resto de la noche inclinada sobre un libro para que Mami no fuera a ver los arañazos en los cachetes y el labio hinchado. Después de comer, me di un largo baño caliente y ahogué mis sollozos con el chapaleteo del agua y cantando a todo pulmón, corridos mexicanos sobre amores traicioneros y la revolución. Si Mami notó algo, no dijo nada, ni tampoco mis hermanos o hermanas, cuyas propias luchas con los bravucones habían tenido resultados similares.

Durante el resto del año, evité volver a la tiendita de dulces, avergonzada sin saber por qué; la amabilidad de la dueña sin nombre, todavía un peso que no lo aliviaba ni siquiera el hecho de que Lulú no había vuelto a molestarme.

Un día llegué de la escuela y encontré a Mami en rolos. "¿Tienes muchas asignaciones?" me preguntó y me puso una tasa de café al frente.

"Tengo que estudiar para los exámenes finales."

"Hay que comprarte el traje de graduación."

Ya había perdido la esperanza de que alguien se diera cuentra de que en menos de un mes me graduaría de escuela intermedia. Mis quince años habían pasado sin pena ni gloria durante los tiempos tristes y, como pintaba la cosa, parecía que el último día de clases sería igual.

"¿Podemos ir?" preguntó Edna.

"No, ustedes se quedan con Tata. No nos vamos a tardar mucho." Antes de la muerte de Francisco, Edna y Raymond hubieran llorado, discutido y hubieran prometido ser los mejores nenes del mundo si Mami aceptaba llevarlos. Pero ahora, sólo pusieron carita triste.

"Me voy a cambiar." Corrí hasta el cuarto de al frente donde estaban las camas literas, la cuna de Franky y el catre de Tata, colocados en fila. Las ventanas que daban a la calle estaban abiertas y Delsa, Norma y Alicia estaban en la acera brincando cuica.

Tata estaba recostada en su cama arrullando a Franky y cuando entré, me miró y sonrió. Agarré un vestido de uno de los ganchos que Mami había atornillado en la pared porque el apartamento no tenía closets. Con dos toallas pilladas con la litera de arriba, creé un espacio privado en el que me cambié el uniforme y me puse el vestido de algodón.

Mami estaba en su cuarto que servía también de pasadizo entre el cuarto de al frente y la cocina. Su cama estaba pegada a la pared, contra un rincón, debajo de una ventana que daba a un oscuro respiradero. Cuatro gaveteros que no hacían juego con nada y tenían una gaveta para cada uno de nosotros y dos para Mami, estaban alineados contra la pared. Mami estaba de pie frente al que tenía un espejo, peinándose los rizos.

"Volvemos en un par de horas," le dijo a Tata cuando salimos. Edna y Raymond se quedaron medio tristones.

"Tráenos dulces," pidió Raymond, cuando Mami fue a cerrar la puerta.

Delsa, Norma y Alicia soltaron la cuica cuando nos vieron salir. Antes de que pudieran preguntar para dónde íbamos, Mami examinó la calle.

"¿Dónde está tu hermano?"

"Fue a la esquina," contestó Alicia.

"¿A qué esquina? ¿Quién le dijo a él que se podía ir a andareguear así?"

"Héctor siempre hace eso, Mami. Se va cuando le da la gana..." Norma le dio un codazo a Delsa para que no siguiera. "Él vuelve enseguida," continuo Delsa en voz baja. "No es pa' tanto."

"No se queden afuera mucho rato," les advirtió Mami y tomó el camino hacia Broadway.

"¿Adónde van?" preguntó Alicia.

"A comprar mi traje de graduación," les grité, feliz de ver las caras de envidia de mis hermanas. Corrí detrás de Mami, que con paso decidido, había llegado ya hasta la esquina.

Estábamos a principios de mes, que era cuando llegaban por correo los cheques del *welfare* y del seguro social. Broadway estaba lleno de gente comprando, saliendo y entrando de las tiendas o esperando en las paradas de guaguas, cargada de bolsas repletas de cosas. Por encima, el tren elevado pasaba traqueteando a cada rato y frenaba con un chirrido en la estación de Flushing Avenue. Las vigas que sostenían las vías del tren dividían la calle en cuatro carriles: los dos del centro, en los que el tránsito se movía en ambas direcciones y los dos de los extremos que se usaban para el tráfico local y que siempre estaban congestionados con carros que se parqueaban en doble fila, con guaguas lentas y camiones de entrega.

Seguí a Mami hasta la oficina donde cambiaban cheques, una tienda con un enorme letrero sobre la puerta y un montón de hombres vegetando al frente. Para esta época del mes estaban siempre allí, esperando a sus mujeres para que les entregaran el dinero del cheque que habían cambiado. Uno besó y abrazó a la mujer cuando ella le entregó el dinero. Otro, ni la miró; se metió los chavos en el bolsillo y no le dio ni las gracias. Un tercero, empezó a pelear con la mujer tan pronto ella salió. Ella le decía que necesitaba el dinero para alimentar a los muchachos y pagar la renta y la electricidad. Pero, él se lo arrebató, lo contó y siguió andando y la dejó allí, llorando y maldiciendo en voz baja, mientras la gente que pasaba, abría un amplio círculo alrededor de ella para no acercársele demasiado.

Adentro había dos filas largas frente a dos hombres parados detrás de un cristal grueso. Los cajeros vestían camisas blancas, pantalones negros, tirantes y un casquete. Tenían un tirabuzon a cada lado de la cara, como los vendedores de la marketa y las tiendas de muebles usados de la Avenida Graham.

Nos paramos en fila detrás de una señora flaquita que tenía una lucha con una nena. La nena gritaba y pataleteaba y arañaba la mano que la tenía fuertemente agarrada por la muñeca. La gente que estaba esperando las miraba y se retiraba un poco de ellas, pero sin dejar su sitio en la fila. La mujer le gritaba a la nena que basta, basta, basta y la halaba por la mano y la abofeteaba, lo que la hacía llorar aún más y luchar con más fuerza. La mujer levantó la vista, como retándonos a decirle algo y todos miramos para otro lado. En su jaula, los cajeros eran los únicos que se atrevían a mirarla, con un desprecio, dirigido a ella, a la niña, a todos nosotros.

Cuando nos llegó el turno, Mami sacó un bolígrafo de su cartera y firmó el cheque del *welfare* frente al cajero. No miró al hombre, aislado detrás de la lámina de cristal, ni él la miró a ella. La transacción se hizo en silencio; la atmósfera estaba cargada con la vergüenza de ella y con el desdén de él hacia gente como nosotras: mujeres de piel oscura en *welfare*.

Antes de salir, Mami metió el dinero en su monedero y lo guardó con cuidado en la cartera que llevaba bien pillada con el brazo. Los hombres nos miraron a la expectativa, y nos dieron la espalda molestos cuando se dieron cuenta de que no éramos las mujeres que ellos esperaban.

"¿A cuál tienda vamos?" le pregunté a Mami que me iba mostrando el camino.

"A aquélla." Miró hacia Dolores's Ladies Shoppé, que estaba al cruzar la avenida y donde, de regreso de la escuela unos días antes, había visto en la vitrina algo perfecto para mí; un traje amarillo, sin mangas, de falda amplia y una banda ancha en la cintura.

"¿Mi traje tiene que ser negro o puede ser de cualquier color?"

Me miró extrañada al cruzar la calle y no me contestó hasta que llegamos al otro lado. "Puedes usar el color que tú quieras."

Mi suspiro de alivio la hizo sonreír y me puso una mano en el hombro cuando entramos a Dolores's Ladies Shoppé, donde esperaba mi vestido, amarillo como la cáscara de limón; el corpiño y la falda de encaje, la banda de organza formando un lazo en la espalda.

"Te hace ver amarillenta," me dijo Mami cuando me lo probé.

Me miré en el espejo de cuerpo entero, vi el reflejo dorado en mis brazos y en mis piernas morenas y la luz que el traje reflejaba en mi cara. "Yo creo que se me ve bien."

"A lo mejor le gustaría más este azul celeste," buscó Dolores entre las bolsas de plástico transparente que cubrían cada pieza de ropa que colgaba en las paredes de su tienda.

"A ella no le gusta ese color," dijo Mami, mientras buscaba con Dolores entre las bolsas plásticas.

Entrecerré los ojos para lograr una perspectiva diferente en el espejo, traté de verme como me vería un extraño y vi a una jovencita, con el pelo castaño peinado en *flip*, los ojos oscuros, maquillados con sombra azul y bordeados con una línea negra que terminaba con un rabito en la esquina. En la boca, un beso rosado tan pálido que los labios se me veían casi blancos. En los pies, altos tacones puntiagudos. Me parecía a una de las Chiffons, las cantantes de "He's So Fine." Cuando volví a abrir los ojos, me vi como era de verdad, con mi melena recogida en un rabo de caballo suelto, sin maquillaje, con mocasines y medias a la rodilla.

"Aquí hay uno," dijo Mami. "Éste es más tu color." Me mostró un vestido azul marino, con cuello cuadrado, mangas tres cuarto y talle a la cadera. Era como los vestidos que siempre me compraba, sencillo, modesto, no como los trajes atrevidos que usaban las americanas.

Me miré en el espejo de nuevo. "Éste es el que me gusta." Sentí que nos estábamos preparando para una discusión. "Es mi graduación, tengo que ponerme algo bien lindo." Le di la espalda.

Mami se puso tensa pero no iba a formar un lío delante de Dolores, que se había quedado cerca de nosotras sosteniendo en su mano dos vestidos tan aburridos y conservadores como el que me había enseñado Mami. El traje amarillo era luminoso, me hacía sentir linda y especial.

"Tú me dijiste que podía usar cualquier color," le recordé a Mami, cuyo traje negro y suelto le colgaba de sus hombros sin adorno, apenas tocando su busto y sus caderas sin acentuar su redondez. La ropa negra, el vientre todavía hinchado después del parto y las piernas marcadas de venas varicosas, la hacían lucir sólida, pesada, pegada a la tierra.

El escote de mi vestido amarillo me llegaba un poco más arriba de mis coquetitas recién estrenadas. La banda apretaba una cintura pequeña y la falda ancha, más amplia aún por la enagua can-can parecía elevarme del piso, de la alfombra sucia y áspera frente al espejo estrecho de Dolores's Ladies Shoppé. Parada una al lado de la otra, Mami y yo parecíamos la noche más oscura junto a la mañana más luminosa, cada una resuelta a hacer su voluntad, sabiendo que una tendría que ceder frente a la otra, esperando hasta el último momento posible de incertidumbre antes de rendirse.

"Está bien, llévate el vestido amarillo," suspiró con voz quebrada, exhausta, triste.

"Yo no sé qué te ha pasa'o ti," murmuró Mami de regreso a la Calle Ellery, "has cambiado."

Abracé el plástico con mi vestido amarillo. "Me estoy poniendo grande, Mami." Me reí para que no me fuera a acusar de malcriada.

"Grande, sí," continuó implacable, "y terca e irrespetuosa." Me miró con el rabo del ojo. "No te creas que porque vas pa' esa escuela de blanquitos te voy a estar aguantando pocavergüenzas." Dobló en la esquina y yo seguí detrás, indolente, atrapada entre mis pensamientos.

Cuando Mami y yo íbamos a la oficina del *welfare* o del Desempleo, uno de los blancos de los formularios que teníamos que llenar pedía que indicáramos nuestra raza: Blanca, Negra, Otra. Técnicamente, Mami era blanca. Su piel era de un blanco cremoso, sin los cálidos tonos marrón que sus hijos con Papi habíamos heredado. Mi recuerdo de mis abuelos paternos era que eran blancos, pero Papi y algunos de sus hermanos y hermanas eran de un marrón oscuro que evocaba un ancestro africano no tan lejano. Franky, el hijo de Mami y Francisco, era de tez más clara que el resto de los siete hermanos y hermanas. Tenía piel blanquita y el pelo y los ojos oscuros del padre.

Cuando me tocaba indicar mi raza, siempre marcaba "otra" porque ni negra ni blanca eran apropiadas. Pretender ser blanca cuando claramente no lo era hubiera estado mal. Si hubiera podido "pasar", que no era el caso, me hubiera asaltado la pregunta que hacían los puertorriqueños cuando alguien se las echaba demasiado por su piel blanca: "¿Y tu abuela dónde está?" Preguntar por la abuela implicaba que en Puerto Rico, nadie tenía nunca su cuadro racial completo y los reclamos de pureza de raza eran medio sospechosos.

Yo no estaba ajena al asunto racial en Puerto Rico. Había notado que la gente que no tenía la piel blanca, la evidiaba y los que la tenían, despreciaban a quienes no la tenían. Los bebés de tez blanca eran más mimados por la familia que los más oscuritos. El pelo "bueno" era el lacio, no el "kinky," y era más deseable que el pelo "malo" que en su forma más extrema se llamaba pasitas, pasurín o sereta. Los ojos azules o verdes proclamaban blancura, aunque estuvieran rodeados de piel oscura.

Yo no era ni negra ni blanca; era trigueña, color del trigo. Tenía el pelo bueno y mis facciones no eran ni africanas ni europeas, sino una combinación de ambas. Estando en la escuela en Puerto Rico no había sobresalido por el color de mi piel, ni por mis facciones. Nunca fui ni la más blanca ni la más oscura de mi salón. Pero, cuando vivíamos en la ciudad me relajaban por ser una jíbara del campo. En el campo, mi experiencia en la ciudad, levantaba sospechas.

En las Escuelas Intermedias 49 y 33 de Brooklyn yo era una puertorriqueña recién llegada a una escuela en que la mayoría de los estudiantes eran puertorriqueños, italianos y negros. Me distinguía, como los demás recién llegados, por mi afán de hablar inglés. Los pocos americanos que había en nuestra escuela, todos blancos, vivían y se movían en sus propios vecindarios y grupos, cerrados al resto de nosotros.

Cuando Mami me acusó de querer ir a una escuela para "blanquitos", intuyó que la mayoría de la gente en Performing Arts sería blanca y por lo tanto, más rica que nosotros. En Puerto Rico, al igual que en los Estados Unidos, ser blanco significaba privilegio económico y cuando Mami hablaba de "los blanquitos," se refería a la gente de un alto nivel social, más que a un color de piel. La implicación de que al asistir a Performing Arts estaba aspirando a más de lo que me correspondía me dolió, pero yo no estaba en las de defenderme de Mami. Cualquier respuesta al juicio que tenía formado sobre mí y sobre lo que quería hacer con mi vida le hubiera confirmado sus sospechas de que, desde que llegamos a los Estados Unidos, yo había cambiado. Me había vuelto, demasiado independiente, insistía; demasiado aferrada a mis propias ideas, demasiado exigente. Toda la atención que había recibido cuando solicité a Performing Arts, se me había subido a la cabeza. Me había vuelto ambiciosa, difícil de complacer, siempre queriendo más de lo que tenía o me merecía.

Tenía razón, había cambiado. Algunas noches, acostada al lado de mi hermana, me preguntaba si ella también estaría cambiando. Si la Delsa de Brooklyn sería diferente a la Delsa de Puerto Rico. Más allá de la fluidez que iba logrando en inglés, Delsa seguía siendo la misma muchacha nerviosa, responsable y trabajadora de siempre. Ella no iba a solicitar a Performing Arts en Manhattan. Ella iba para Eli Whitney a estudiar enfermería, una profesión de verdad, que le daría un buen salario y un trabajo permanente. Pensándolo bien, ninguna de mis hermanas ni hermanos parecía sentir la insatisfacción con la vida que sentía yo.

Yo quería un vida diferente a la que tenía. Quería mi propia cama, en mi propio cuarto. Quería poder bañarme sin tener que botar de la cocina a la familia entera. Quería libros sin fechas de devolución. Quería ropa bonita, escogida por mí. Quería maquillarme, arreglarme el pelo, caminar en tacos altos. Quería mi propio radio para poder escuchar a La Lupe en la estación hispana, o los 40 Éxitos de Cousin Brucie en la americana. Quería poder comprarme una Pepsi o un Baby Ruth siempre que se me antojara. En Puerto Rico no había deseado ninguna de esas cosas. En Puerto Rico no sabía siquiera que estaban a mi alcance. Pero en Brooklyn, cada día estaba lleno de deseos, a pesar de que Mami estaba siempre pendiente de que tuviéramos todo lo que necesitábamos. Sí, había cambiado. Y no para mejorar. Cada vez que Mami decía que yo había cambiado, era porque había hecho algo malo. La había desafiado, o le había faltado el respeto, o ya no me gustaba lo que me gustaba antes. Cuando ella me decía que había cambiado, lo que quería decir era que me estaba americanizado, que me creía que me merecía más, que era mejor que nadie, que era mejor que ella. Me miraba con resentimiento, como si la hubiera traicionado, como si yo hubiera podido evitar convertirme en quien me estaba convirtiendo, como si yo hubiera sabido.

"¿Qué es un traje de Cleopatra?"

~~~

En el verano de 1963, nos mudamos de nuevo, esta vez a un apartamento que quedaba en los altos de una farmacia, en el tercer piso de un edificio de la congestionada Pitkin Avenue. Delsa y yo compartíamos un cuarto que daba hacía la calle y hacia un Woolworth's y una tienda Thom McAnn que quedaban al cruzar.

A diferencia de otros lugares donde habíamos vivido en Brooklyn, en Pitkin Avenue no había niños que salieran a jugar después de clases. Era un bloque comercial atiborrado de tiendas, unas encima de las otras, que tenían las vitrinas emplastadas con anuncios de ventas especiales y adornadas con las mismas decoraciones alusivas a diferentes festividades y que, año tras año, eran exhibidas por los dueños, que observaban con desconfianza y resentimiento a sus clientes puertorriqueños y negros. Una vez cerraban las tiendas, la calle se dormía, el tránsito se hacía más liviano, y las guaguas que subían y bajaban por la Pitkin y Rockaway Boulevard, transitaban calmosas como para conservar su energía para los días frenéticos.

El trabajador social del *welfare* que atendía nuestro caso le dijo a Mami que ella cualificaba para recibir beneficios como sobreviviente. Debido a que Mami y Francisco no habían estado casados legalmente, hubo que arreglar un montón de papelería que me tocó a mí interpretar y llenar. Ya había mejorado bastante en contar la historia de Mami, en transmitir su frustración por estar en *leyof* cuando ella lo que quería en realidad era trabajar; pero todavía era un reto mantenerme tranquila para que el inglés no me abandonara justo en el momento en que tuviera que hablar. Tras muchas visitas y entrevistas, nos aprobaron la reclamación. Sin embargo, una vez fue confirmada, el *welfare* le redujo a

Mami su pago de AFND, así es que el seguro social no nos ayudó demasiado.

Después de semanas de estar buscando, Mami encontró trabajo en Manhattan. La tristeza no se le quitó cuando empezó a trabajar. Su dolor era como una caja transparente que le permitía coser brasieres en la fábrica, hablar con nosotros, cocinar, ir de compras; pero que la mantenía contenida en sí misma, intocable. Por las mañanas me despertaban sus movimientos silenciosos por el apartamento, mientras se preparaba para irse a trabajar. Se levantaba temprano, se daba una ducha y se ponía un saquito negro sencillo o una falda y una blusa negra. Se cepillaba el pelo, se lo recogía en un moño tirante, y se empolvaba la nariz y la frente. Nunca desayunaba, ni siquiera una taza de café. Bajaba en puntillas por la escalera de madera que crujía a pesar de su cuidado.

Saqué la cabeza por la ventana. Las aceras estaban vacías, la oscuridad apenas rota por los aros de luz que formaban las lámparas de la calle. Mami miró para la izquierda y para la derecha antes de tirarse. Enderezó la espalda, alzó la barbilla, agarró bien la cartera y caminó hasta la esquina donde dobló a la derecha hacia la estación del tren. Su figura indefinida se abrió paso a través de la oscuridad, sin mirar para atrás ni para el lado; su mirada fija en algún punto frente a ella. Se veía tan triste y sola que me asustó que fuera a desaparecer en la ciudad y no regresara jamás. Al doblar la esquina, sus pisadas se esfumaron entre los ruidos de Brooklyn. Traté de tranquilizar el miedo que me hacía latir la cabeza con mil pensamientos aterradores. Ella nos recordaba constantemente todas las cosas que nos podían pasar. Pero, ¿y si "algo" le pasara a ella? ¿Temía ella tanto por sí misma como por nosotros?

Sobre un horizonte serrado el sol aguijoneaba unos tenues jirones de nubes que se tornaban rosados para después derretirse en amarillo. Un rugido suave acompañaba al alba, un gruñido bajo que se volvía más fuerte según se despertaba la ciudad. En pocos minutos, la gente andaba apurada, subiendo y bajando por la calle, cruzando la avenida, entrando y saliendo de las tiendas, sus pasos en *staccato* atenuados por los primeros bocinazos, las sirenas distantes y el ruido amortiguado de los radios.

Las clases no empezarían hasta dentro de algunas semanas. Los días se estiraban largos y húmedos; el siguiente, igual que el anterior, excepto los fines de semana cuando Mami estaba en casa y hacíamos diligencias o visitábamos a la familia.

La actividad cumbre de la semana era hacer la compra del sábado. Cuando estábamos cogiendo *welfare*, la compra se hacía en menos de una hora y se arrastraba a casa en un carrito lleno de los alimentos básicos de nuestra dieta: grandes fardos de arroz, habichuelas, latas de salsa de tomate, cebolla, ajo, pimientos verdes, orégano fresco y recao para el sofrito. Mami compraba también, un par de latas de Bustelo, el único café al estilo puertorriqueño que se conseguía en Nueva York, aunque no era tan dulzón como el que se conseguía en la Isla, un paquete de azúcar de cinco libras y leche en polvo para cuando no hubiera chavos para comprarla fresca.

Pero, cuando Mami estaba trabajando, mis hermanos y yo nos pelábamos por ayudarle a hacer la compra, porque entonces habría Corn Flakes de Kellogs y leche fresca, espagueti Franco-American, *ravioli* Chef Boyardee y otras latas de comida americana. Cuando Mami tenía trabajo, había Quick de Nestlé, pasta de guayaba con queso blanco del país, chuletas, salchichón con galletitas Ritz, Cheez Whiz con Export Sodas, carne guisada con pedazos de calabaza y yautía, y a lo mejor, un pernil. Mami estaba orgullosa de que aun en las malas rachas, nunca pasábamos hambre. "En esta casa siempre hay pan y leche," decía, "y hay siempre una taza de arroz y un puñado de habichuelas."

Pero nosotros no queríamos arroz y habichuelas, pan y leche. Queríamos Ring Dings, Yodels, *pizza*, Coca-Cola, Frosted Flakes, Jell-O, alimentos que nunca tuvimos en Puerto Rico y que sólo conseguíamos en Brooklyn cuando había suficiente dinero o cuando nuestros parientes, cuando venían de visita, nos regalaban algún menudo por habernos portado bien. Cuando estábamos en *welfare*, hablábamos de lo que compraríamos cuando fuéramos grandes y tuviéramos trabajo, y pudiéramos gastar el dinero como nos diera gusto y gana.

"Yo voy a comprar la fábrica donde hacen los Sno-Balls," decía Alicia y nosotros nos lamíamos los labios, anticipando el sabor dulce del chocolate y el coco rayado de los bizcochitos rellenos de crema que parecían tetitas nevadas envueltas en celofán.

"Yo voy a abrir una dulcería para poder comer Baby Ruths y

Almond Joys todas las veces que me dé la gana," replicaba Raymond y nosotros le decíamos que sí, que una tienda con dulces variados era mucho mejor que una fábrica de una sola clase.

Cuando Mami estaba trabajando y nosotros la ayudábamos con la compra, zigzagueábamos de arriba a abajo por los pasillos del colmado, buscando un dulce nuevo y sabroso para convencerla de que nos lo comprara. En casa saboreábamos cada bocado, nos chupábamos los dedos para aprovechar el último chispito de dulce que nos quedara en la punta, escurríamos la botella de refresco, hasta que no le quedaba ni una gota del líquido burbujeante y espumoso hasta que el vidrio liso y duro nos agarraba con fuerza la lengua.

Ahora que Tata estaba viviendo con nosotros otra vez, Tío Chico se buscó un cuarto por la Bowery. Habíamos oído decir que allí era que vivían los *"bones,"* pero Mami insistía en que Tío Chico no era un *"bon."* "A veces bebe demasiado," decía, "pero trabaja y se cuida a sí mismo."

No, Tío Chico no olía como los borrachos que nos encontrábamos por las calles laterales que daban a la Avenida Pitkin. Estaba limpio, aunque tuviera la ropa estrujada, deshilachados los cuellos de la camisa y gastadas las suelas de los zapatos. Se afeitaba un día sí y un día no. Cuando no lo hacía, unos tuquitos negros y blancos le crecían por entre los pliegues profundos que le salían de la nariz hasta la comisura de los labios. Tenía los ojos marrón, como los de Tata, y una nariz bien formada, larga pero no grotesca; bien delineada. Tenía también unas manos de dedos largos, hermosas y elegantes.

Una vez me tocó el seno izquierdo con esos dedos largos, me agarró el pezón y me lo pinchó. Había estado observándome mientras me peinaba y cuando Tata lo llamó para que fuera a la cocina, yo no me moví cuando me pasó por el lado y él estiró la mano y me apretó el seno. "No se lo digas a nadie," me murmuró al oído. Cuando regresó, dejó caer un dólar frente a mí.

Pude haberle dicho a Mami lo que había hecho y pude haber usado el dólar como evidencia, pero no lo hice. Lo gasté en un *sundae* y me dije que era que él estaba borracho. Desde ese momento, lo evitaba siempre que se aparecía por casa; me iba a otro cuarto, me escondía en el baño, o me sentaba lo más lejos posible de él cuando venía de visita. Sus ojos caramelos y rojovenosos me seguían según yo caminaba por el apartamento. Yo evitaba su mirada, consciente de que compartíamos un secreto vergonzoso, tratando de decidir si la culpa mayor era de él, que me tocó, o mía que se lo permití.

Ahora que Mami estaba trabajando de nuevo, mandó a instalar un teléfono. "Contigo yendo para la ciudad todos los días," razonaba, "necesitamos un teléfono por si te pierdes o algo."

Por las noches nos sentábamos alrededor de la mesa de la cocina a discutir los "algos" que podían pasar. Los informes de los crímenes que se cometían en la ciudad aparecían en los periódicos, ilustrados con fotografías, en un blanco y negro veteado, que electrificaban. Nosotros dramatizábamos los eventos más llamativos del día y les añadíamos detalles que no habían sido reportados, pero que nosotros estábamos seguros que habían ocurrido. El día que un sospechoso de traficar drogas fue encontrado colgado en su celda, Héctor se quitó la correa, se la enlazó sueltecita por el cuello, la haló hacia arriba, sacó la lengua, se puso bizco, tosió, carraspeó y tembló con unos espasmo que nos hicieron reír hasta que se nos salieron las lágrimas. Cuando nos divertíamos demasiado a costa de los muertos, mutilados o victimizados, Mami ponía fin a nuestras parodias. "Ay, bendito, la mamá de ese pobre hombre," suspiraba o "cómo habrá sufrido esa pobre mujer antes de que la mataran." Sus comentarios nos avergonzaban por un ratito, pero no impedían que al día siguiente volviéramos a hacer lo mismo.

Cuando el crimen nos tocó de cerca, cuando asaltaron a Don Julio o cuando a nuestra vecina Minga la empujaron hacia el tráfico de la avenida y le arrebataron la cartera, no nos reímos. Nos acurrucamos alrededor de Mami en un miedo mudo, visualizando los peligros que acechaban detrás de la puerta de la calle, convencidos de que el único lugar seguro en el mundo estaba entre las cuatro paredes que nos cobijaban, tan pequeños y vulnerables, a la sombra de nuestra madre.

Performing Arts High School estaba organizada por departamentos: Baile, Drama y Música. Se podía identificar el área de especialidad de los estudiantes con sólo mirarlos. Los bailarines tenían las pantorrillas musculosas y apenas tocaban el piso al andar; sus pies se abrían desde la cadera, como las manecillas de un reloj marcando las 8:20. Los músicos cargaban con sus estuches negros de formas variadas, tamborileaban con los dedos durante las clases y escuchaban con muchísimo interés cualquier cháchara boba. Los estudiantes de Drama eran los que peor escuchaban, pero los que mejor hablaban. Cuando hablaba con otros estudiantes de Drama, me daba la impresión de que, durante sus breves momentos de silencio, sólo estaban haciendo turno para volverse a escuchar de nuevo.

Nos asignaron salones hogares, cada uno dividido, más o menos equitativamente, entre estudiantes de Música, de Baile y de Drama. Nuestro día se dividía entre las clases de concentración y las materias académicas. Teníamos que mantener un promedio alto en ambas o nos harían transferir. Misis Schein, mi maestra de salón hogar, nos felicitó por haber superado con éxito un proceso que ella catalogó de altamente competitivo. "Ustedes demuestran tener potencial artístico al igual que académico. Al admitirlos a Performing Arts High School estamos afirmando nuestra fe en ustedes como artistas y como intelectuales."

Me complacieron e inspiraron sus palabras, que pude entender gracias a que hablaba en una voz profunda y bien modulada, enunciando claramente cada palabra.

"Tenemos un código de vestimenta," nos informó, "los varones no podrán usar mahones para venir a clases y las muchachas no podrán usar pantalones."

"¿Y si es un día bien frío?" preguntó una muchacha, con el pelo como un nido de ratones y más maquillada que la maestra.

"Pueden usar pantalones debajo de la falda, pero en la escuela se los tienen que quitar y usar un vestido o una falda." Por lo bajo, se oyeron algunas voces de protesta, que se apagaron cuando Misis Schein continuó, "No se puede salir de la escuela en maquillaje de teatro. Es poco profesional."

El profesionalismo era un concepto importante en Performing Arts. La facultad se componía mayormente de actores, bailarines y músicos, activos en sus carreras, que se tomaban muy en serio como artistas, y esperaban que los estudiantes hiciéramos lo mismo. "Ustedes tienen un don," nos dijo cada uno de ellos en su momento, "y nuestro trabajo es ayudarles a desarrollar sus talentos, pero es también nuestra responsabilidad prepararlos para el mundo real."

Ninguno de nosotros, subrayaban, debía esperar convertirse en un éxito de la noche a la mañana. Después de salir de la escuela superior, nos tomaría un promedio de diez años desarrollar al máximo nuestros talentos y ser reconocidos en "el ambiente," antes de poder vivir del arte.

Los diez años de espera me deprimieron. ¿Cómo decirle a Mami que me esperaban tres años de escuela superior y diez años de lucha antes de que pudiera mantenerme yo misma? Había pensado que tan pronto me graduara de Performing Arts, conseguiría un trabajo de actriz y ganaría lo suficiente para ayudarla, pero según la maestra, graduarse de Performing Arts era sólo el principio. "Los únicos que llegan," no nos permitían olvidarlo nunca, "son aquéllos que están comprometidos con su arte, los que están dispuestos a sacrificarse por el privilegio de actuar frente a un público. Vayan haciéndose la idea de que serán artistas muertos de hambre durante un tiempo, antes de ser descubiertos."

Cuando le conté lo que nos habían dicho los maestros, Mami se horrorizó. "Yo no me estoy sacrificando tanto para mandarte a una buena escuela para que después te mueras de hambre," me advirtió. Las dos imaginábamos legiones de actores, músicos y bailarines llenando los formularios del *welfare* como tantas veces habíamos hecho nosotras.

"A mi no me importan las monerías que te enseñen en esa escuela," aclaraba Mami, "tan pronto te gradúes, te me vas a trabajar."

A los estudiantes de Drama se nos requería estudiar baile, para que desarrolláramos un sentido de cómo se movía nuestro cuerpo en el espacio, y nos preparáramos, por si —a pesar de nuestras aspiraciones dramáticas— conseguíamos trabajo en un musical. A pesar de que la escuela tenía estudios de baile espaciosos, de techos altos, pisos de madera, espejos y buena iluminación, éstos estaban reservados para los estudiantes de concentración. Los actores bailaban en el comedor. Los bancos se acomodaban sobre los topes de las mesas, y las mesas se empujaban hacia una esquina del salón, para dejar libre el piso de losetas. Si bailábamos después de almuerzo, a veces teníamos que barrer las migajas del piso.

Era una suerte que el comedor no tuviera espejos, porque la mayoría de nosotros no estaba acostumbrada a usar la ropa de baile requerida para la clase. Las muchachas usaban unas *tights* negras sin pie, un leotardo negro de cuello tipo sobre y una falda de baile hasta mitad de muslo. Bailábamos descalzas, como los varones, que vestían *tights* negros y una camiseta blanca. El primer día entramos al salón tratando de taparnos, los muchachos con las manos cruzadas sobre el bulto aumentado por la requerida correa de baile, y las muchachas encorvadas, abrazándonos los senos.

Miss Lang, nuestra maestra de baile, nos guió por lo que para muchos de nosotros era nuestra primera clase formal de baile. Desgarbados y sin coordinación alguna, nos reíamos mientras ella nos demostraba cómo saltar a través del salón, los pies en punta, la cabeza erecta, la espalda recta. "Pie derecho afuera, brazo derecho arriba," cantaba, mientras marcaba con su tamborcillo de mano el ritmo que la mayoría de nosotros desafiaba con torpes saltos y vueltas. En la primera clase quedó claro que teníamos que desarrollar unos músculos que ni siquiera sabíamos que existían, antes de poder ejecutar los saltos y las piruetas gráciles que nos dejaban espatarrados en el piso. La semana siguiente y durante muchas semanas más, la clase de Miss Lang se dio en el piso, donde ella nos dirigía a través de unos ejercicios de estiramiento rigurosos que nos dejaban sudados y adoloridos. Los otros estudiantes se quejaban de que eran actores y no tenían porqué tomar esa clase tan estúpida, pero a mí me encantaba. Me encantaba el espacio abierto frente a mí en el estudio-comedor. Me encantaba la sensación de ingravidez cuando daba saltos a través del salón, recibía con beneplácito los dolores después de clases, los músculos estirados que después vibraban por horas, el golpe de sangre que me llegaba a la cara, a los brazos y a las piernas. Era cuando sentía este calor único, la única vez durante los inviernos de Brooklyn en que mi cuerpo se movía como yo lo recordaba moviéndose en Puerto Rico —libre, abierto a posibilidades, sin miedo.

La mayor parte de mis compañeros de clase eran nacidos y criados en Nueva York y hablaban con los acentos distintivos de los vecindarios donde habían crecido. Nuestros maestros aseguraban que con sólo oírnos hablar podían reconocer de qué distrito veníamos. En Brooklyn, por ejemplo, *"I am"* sonaba a *"Oyem,"* *"here"* sonaba a *"hiah,"* *"bathroom"* era *"batrum"* y *"in there"* era *"inner."* Yo hablaba inglés de Brooklyn con acento puertorriqueño, una variante en un lugar cuya meta era que habláramos el inglés estándar del este de los Estados Unidos.

Erradicar los acentos, nos decían, era importante para abrir el abanico de posibilidades de los papeles que pudiéramos representar. Un actor tenía que ser lo suficientemente polifacético para poder ajustar su manera de hablar a las necesidades del personaje que estuviera representando. El habla estándar sentaba las bases para otros acentos, incluyendo, si fuera necesario, el que traíamos cuando entramos por primera vez por las puertas de Performing Arts.

Mi maestro de Voz y Dicción era King Wehrle, de Kansas.

"Necesitan un nombre que llame la atención," nos dijo cuando le preguntamos si él había nacido Rey, "yo me cambié el mío cuando vine a Nueva York."

Nos dio una lista de los actores famosos que habían cambiado unos nombres comunes y corrientes por nombres que todo el mundo recordaba: Archibald Leish/Cary Grant; Eunice Quedens/Eve Arden; Betty Joane Perske/Lauren Bacall; Frances Gumm/Judy Garland.

"¿Ustedes creen que a un tipo con un nombre como Marion Morrison le iban a dar un papel de vaquero en el cine?" preguntó Mister Wehrle. "No. ¡Se tuvo que convertir en John Wayne!"

Mister Wehrle nos sugería que cuando fuéramos a hacer el cambio, seleccionáramos nombres con pocas letras, fácil de acomodar en la marquesina del teatro, fácil de recordar y norteamericano, no extranjero. "Ann Bancroft," decía, "no Ana María Italiano, Tony Curtis, no Bernard Schwartz. Kirk Douglas," entonaba en su distinguida voz de locutor, "no Issur Danielovich."

Así es que, además de tener que esperar diez años después de graduarme para empezar a ganarme la vida con mi arte, tenía también que buscarme un nombre nuevo porque Esmeralda Santiago era a todas luces demasiado largo para la marquesina del teatro, difícil de recordar, y definitivamente, extranjero.

Si analizaba a Performing Arts con criterios estrictamente raciales, Mami tenía razón; era una escuela donde casi toda la facultad y el estudiantado eran blancos. En mi clase de décimo grado había 126 estudiantes: catorce negros, tres puertorriqueños y dos asiáticos. Dos de los veinticuatro maestros en los cursos de especialidad, y dos de los veintitrés de los cursos académicos, eran negros.

Pero cuando caminaba por los anchos pasillos de Performing Arts High School, lo que veía no era una escuela para blanquitos. A pesar de que las pieles oscuras estábamos en minoría, las jerarquías basadas en criterios raciales no eran tan marcadas como lo eran cuando estaba en escuela intermedia. En Performing Arts, el estatus lo determinaba el talento. La elite de la escuela consistía de los estudiantes que lograban el papel protagónico de alguna escena o que tocaban un solo instrumental en un concierto de cámara o que bailaban un solo en un virtuoso *pas de deux*. Los demás, cuyos talentos estaban por desarrollarse, mirábamos a las estrellas de la escuela con una mezcla de admiración y envidia. Ellos sí que no tendrían que esperar diez años para "llegar" y "triunfar" en el ambiente.

Reconocía y podía aceptar la jerarquía basada en el talento. A diferencia de la que se establecía por razones raciales, era justa. Pero, entre el estudiantado se daba otra diferencia —más sutil, pero no invisible. Tenía claro, que yo era una estudiante pobre donde muchos eran ricos. En Brooklyn, la mayoría de mis compañeros de clase habían sido de mi mismo vecindario y vivían en condiciones parecidas a las mías; pero Performing Arts se nutría de estudiantes de toda la ciudad. Mi falta de recursos se hacía más evidente cuando hablaba con mis compañeros de clase. Sabía que mi familia era "desventajada"; lo decían las solicitudes del *welfare*. Pero fue en Performing Arts que entendí de primera mano lo que significaba ser "aventajada."

Significaba viajar a Europa durante las vacaciones, tomar clases los fines de semana con maestros de baile y de voz y dicción; significaba hacerse cirugía plástica para reducirse una nariz grande o para afinar una muy chata. Significaba lecciones de tenis, encuentros de natación, prácticas de coro, clubes, tutoría académica, citas con chicos. Significaba tener dinero para almorzar en el Deli frente a la escuela o para regresar a casa en taxi.

Ser "desventajada" significaba que yo sacaba mis leotardos y mis *tights* de baile de un cajón en la Oficina de Consejería. Significaba tener que lavarlos y ponerlos a secar en los radiadores tibios de nuestro apartamento y ponérmelos húmedos cuando no había dinero para pagar la calefacción. Significaba un boleto para que me dieran un plato de sopa y medio sándwich gratis para el almuerzo. Significaba que si me invitaban a una fiesta a casa de alguna compañera decía que no, porque no teníamos chavos para comprarle regalos a gente rica. Significaba que no invitaba a nadie a casa porque no quería que viera los pañales mojados tendidos en los cordeles que cruzaban de un lado a otro del apartamento o la cantidad de camas que impedía que pudiéramos tener una sala como Dios manda.

Ser "aventajado" significaba poder quejarse de tener tantas cosas que hacer, todas divertidas, y no poder decidir entre quedarse a dormir en casa de Joanie o tomar una clase de baile adicional en el estudio de Madame. Significaba que los trabajos que se le entregaban a la maestra iban pasados a maquinilla en un papel blanco y nítido y no escritos a mano con un bolígrafo barato, en papel de rayas azules de una libreta comprada en Woolworth's. La ventaja no la decidía el talento ni el color de la piel, sino el dinero y los "desventajados" teníamos poco o ninguno.

No era la única estudiante pobre en Performing Arts —ni en mi clase. Éramos muchos. Nos buscábamos unos a otros y revoloteábamos alrededor de los afortunados, cuyos cuentos los lunes sobre sus fines de semana divertidos intensificaban en nosotros el sentido de que nuestro talento nos iba a tener que llevar lejos, bien, bien lejos de donde estábamos.

Aprendimos a actuar haciendo improvisaciones y escenas de obras conocidas. Para las improvisaciones, la maestra nos presentaba una situación y nos permitía que la desarrolláramos frente a la clase o en pequeños grupos; la maestra podía entonces incorporar en medio de nuestra improvisación a otro actor que trajera una motivación diferente o una situación conflictiva. Un ruido estruendoso, también podía interrumpir la escena o la situación podía cambiar con naturalidad, según fuera evolucionando. Además de desarrollar nuestra capacidad de concentración y nuestra rapidez al pensar, la improvisación nos ayudaba a ir descubriendo la composición de una escena, según íbamos comprendiendo las motivaciones del personaje o los subtextos del diálogo.

Montábamos las escenas en pareja. Los maestros nos asignaban obras y escenas apropiadas para nuestros talentos y personalidades, pero evitaban el *"typecasting,"* para no encasillarnos en el mismo tipo de papel, lo que hubiera sido poco retante para un actor. Para cada escena preparábamos el libreto en lo que se conoce como *"sides"*. Dividíamos cada página por la mitad y a un lado aparecían, en letras mayúsculas, nuestras líneas y nuestros apuntes y al otro, las notas sobre las interpretaciones del subtexto, instrucciones escénicas o motivaciones del personaje.

No teníamos escenografía. Unas cajas de madera con esquinas ásperas y llenas de astillas, lo mismo creaban la ilusión de que estábamos en una cocina sureña que en el Senado Romano, dependiendo de si la escena era de *Member of the Wedding* o de *Julio César*. Ensayábamos en el sótano, que era de hecho, la planta baja de la escuela, donde estaban los *lockers* en un extremo del salón y, en el otro, las puertas de entrada y las escaleras que conducían hacia el primer piso. Delimitábamos un área del sótano, acumulábamos cajas para crear nuestra escenografía y trabajábamos independientemente mientras la maestra iba de un grupo a otro, observándonos, cuestionando la motivación, sugiriéndonos otras formas de marcar la escena. Al finalizar la clase la maestra podía pedirnos que representáramos nuestro trabajo-en-progreso frente al grupo. Colocábamos los pupitres en un semicírculo para que todo el mundo quedara en primera fila. A veces se nos pedía que hiciéramos nuestra presentación en jerigonza, para demostrarnos que actuar es mucho más que repetir palabras como el papagayo; que la actuación transmite una experiencia humana que trasciende el lenguaje.

Mi primera asignación fue preparar la primera escena del primer acto del *César* y *Cleopatra* de George Bernard Shaw. Mi pareja Harvey, de nariz romana, representaría el Julio César de mi Cleopatra.

¡Estaba fascinada! Durante el verano había leído muchas biografías. Cleopatra era uno de mis personajes históricos preferidos y tenía mucha información sobre quién era ella, cuáles podían haber sido sus motivaciones, cómo era físicamente. Como actores, teníamos que investigar todo lo que pudiéramos sobre los personajes que representábamos, tanto los de ficción, como los históricos, basándonos en la teoría de que mientras más supiéramos sobre ellos, mejor lograríamos darles vida en el escenario.

Me encantaban los preparativos antes de la actuación. Me encantaba leer la obra completa aunque sólo fuera a representar una escena corta. Me encantaba estirar el personaje más allá de lo que había escrito el dramaturgo. Me encantaba diseñar el vestuario y rebuscar en casa hasta encontrar los materiales con qué hacerlo, ya que la escuela no proveía el vestuario excepto para la representación de fin de curso.

Encontré un mantel amarillo que Mami había conseguido en una tienda de baratillos.

"¿Puedo coger esto?"

"¿Para qué?"

"Para hacer un traje de Cleopatra."

"¿Y qué es un traje de Cleopatra?" Frunció los labios en señal de que sospechaba que quería ponerme una moda que ella no me permitía usar.

"Cleopatra era una reina egipcia," le expliqué. "Vivió hace miles de años y usaba trajes apretados."

"¿Y por qué tú te tienes que vestir como ella?" Me cogió el mantel de las manos y lo examinó.

"Es una asignación. Tengo que vestirme como la gente en las obras."

"¿Con un mantel?"

"Ya te lo dije, voy a hacerme un traje con él."

"Tiene una mancha de achiote," me dijo.

"Por eso se me ocurrió que ya tú no lo vas a usar."

"Yo te lo hago," se ofreció, con dudas todavía. Podía imaginarme la idea de Mami de lo que era un traje de Cleopatra; no era nada parecida a la mía.

"Se supone que lo hagamos nosotras mismas," mentí.

"Está bien," aceptó, "pero me dejas verlo antes de que lo termines por si necesitas que te ayude." Quería estar segura de que no fuera muy revelador.

Corté y cosí un vestido tubo tan estrecho que tenía que caminar de lado, como un jeroglífico egipcio.

"Ay, mi Dios," Mami quedó sin aliento cuando lo vio.

"Pareces un guineo," añadió Edna sin que nadie le preguntara.

"Cállate," grité.

"¿Tú te vas a poner eso en frente de la gente?" dijo Mami.

"Es sólo en la escuela, Mami, para una escena en una obra, te voy a enseñar un retrato." A paso de hormiga, caminé hacia el cuarto acompañada por las risas de mis hermanas y hermanos. Para recoger el libro de vestuario que había dejado en el piso, tuve que doblarme con cuidado desde las rodillas. Volví dando pasitos y abrí el libro. "Mira, esta gente es egipcia. ¿Ves qué pegada usaban la ropa?"

Edna, Delsa y Norma miraron el retrato por encima del hombro de Mami y volvieron a mirar mi traje.

"Esa gente no caminaba muy lejos, ¿verdad?" rió Norma. Le mandé una mirada envenenada y ella me sacó la lengua.

Mami estudió la ilustración en la que los trajes se veían transparentes, cosa que el damasco no era. "Se supone que sean lo más parecido posible a los que ellos usaban." Traté de no sonar muy desesperada. "Solamente lo voy a usar en el salón, frente a otros estudiantes y a la maestra."

"¿Y *ellos*, qué se van a poner?"

No le hice caso a su sarcasmo. "Mi pareja se hizo el traje con una sábana y otra muchacha se hizo el de ella con unas cortinas." Si me concentraba en los materiales, a lo mejor Mami no se fijaba tanto en el entalle. "Nos van a dar nota por el parecido de nuestro traje con el original," volví a mentir.

"Por lo menos no se ve a través," dijo Edna.

"Como si tuviera algo que enseñar," se burló Delsa y chocó cinco con Edna.

"Tienes que soltarle," dijo Mami. "Las costuras te tiran demasiado."

"Okei." No lo tocaría, no había tela de dónde soltarle y, de todos modos, Mami no me iba a ver nunca en él porque yo sólo lo usaría en la escuela como Cleopatra. Me miré en el espejo ovalado encima del tocador que había en el cuarto que compartía con Delsa. Tenía razón, yo no tenía mucho que enseñar. Pero aún así, tampoco parecía un guineo. Aunque mis nalgas fueran planas y no tuviera caderas, los guineos no tenían busto y yo sí. Coloqué las manos en una posición parecida a la que tenían los retratos de jeroglíficos que había visto y me dio la impresión de que me parecía bastante a como debió haber sido Cleopatra. A los quince años, Cleopatra estaba a punto de ser Reina de Egipto, mientras yo tenía que discutir cada cosita con mi mamá. Pensé cómo sería no tener mamá y me dio escalofríos. Tuve que asomarme para asegurarme de que Mami estaba todavía allí, antes de que me volviera el calor al cuerpo.

El Departamento de Drama utilizaba el Método desarrollado por Stanislavsky en su libro *Un actor se prepara*. El actor Método exploraba lo más profundo de su ser para buscar la verdad emocional que le daría base al momento que más tarde tendría que vivir en escena.

Yo me negaba a aventurarme en lo más profundo de mi ser, a revelar mis sentimientos, a examinar mis verdaderas emociones públicamente. Si lo hacía, todo el mundo se enteraría de que era ilegítima, de que compartía una cama con mi hermana y de que estábamos en *welfare*. El resultado era que mis pares me acusaban de estar "indicando," el peor pecado que puede cometer en escena un actor Método. Indicar era fingir el momento a través de ademanes y gestos en lugar de vivirlo.

Era humillante no ser una actriz lo suficientemente buena como para convencer a mis maestros y compañeros, pero sencillamente, no podía entregarme al oficio. No tenía destrezas para actuar dentro de la actuación. Porque el mismo instante que salía del oscuro y abarrotado apartamento donde vivía, entraba en papel, fingía ser alguien que no era. Rechazaba la importancia que le daba el Método a la verdad, puesto que yo la usaba para crear una realidad simulada. Una en la que hablaba un inglés fluido, en la que me sentía como en casa en las duras calles de Nueva York, en la que absorbía la cultura norteamericana sin reparos, mientras lamentaba silenciosamente la disolución de mi otro yo, el de la muchacha puertorriqueña que hablaba español, que se sentía tan a gusto en una polvorienta carretera de tierra tropical. Creé un personaje que evolucionaba según se desarrollaban las múltiples improvisaciones de mi vida. Una protagonista tan alegre y despreocupada como mis amigos de los paquines, Verónica, Archie, Reggie y Jughead.

"¿Tú no quieres sonar puertorriqueña?"

~~~~~

Un día al regreso de la biblioteca, me encontré a mis hermanas y hermanos alrededor de una señora y una muchacha como de mi edad que estaban tomando café y comiendo bizcocho en la mesa de la cocina.

"¿Adivina quién es ésta?" sonrió Mami.

La muchacha se me quedó mirando por entre las pestañas llenas de mascara y la señora, pequeña, prensada en su faja y cuidadosamente maquillada, me miró de arriba a abajo y me encontró poca cosa. No tenía idea de quiénes eran, ni me importaba. "¿Amigas de la fábrica?" tanteé y Mami se rió.

"Esta es tu hermana Margie."

Quedé boquiabierta de la sorpresa, aunque enseguida la cerré porque todos se rieron. Margie; su mamá, Provi; mis hermanas y hermanos que estaban agrupados al lado de la mesa, más cerca de Margie, todos parecían encontrar comiquísimo el que yo no reconociera a alguien a quien no recordaba haber conocido nunca.

"Qué cara tan expresiva tiene," dijo Provi con una risita falsa mientras yo sentía que los cachetes me ardían. Mami entrecerró los ojos e inclinó la cabeza hacia Margie y Provi. Les toqué levemente los hombros con la punta de los dedos, dejando mucho espacio entre nosotras y les besé ligeramente el cachete derecho.

Provi había sido la "esposa" de mi papá, antes de que conociera a mi Mamá. Yo hubiera esperado que Margie se pareciera a él, que tuviera su frente alta, sus pómulos prominentes, su nariz ancha y sus labios llenos. Hubiera esperado que tuviera su color, pero ella era más clara y se parecía más a mi hermana Norma, con el mismo pelo castaño de rizo apretado, los ojos marrón y achinados y su porte distinguido.

Mami me sirvió café y bizcocho. "Provi lo trajo de una repostería cerca de su apartamento en Manhattan." Sonó como una advertencia, pero cuando levanté la vista, Mami se estaba sirviendo café y me estaba dando la espalda.

De espalda a la pared, Margie estaba incómoda en nuestra mesa, mientras mis hermanas y hermanos se empujaban uno al otro para ver quién quedaba más cerca de ella. Héctor sacó su colección completa de tapas de botellas y Edna dibujó flores y pajaritos y se los mostró a Margie en espera de su aprobación. De vez en cuando, Margie me sonreía y yo hubiera querido que nos hubiéramos podido ir a algún sitio a hablar. Pero no había otro sitio, ni sala, ni patio, ni cuarto, que no estuviera lleno de camas o de gente. Me sentía avergonzada y traté de adivinar cómo se sentiría Mami. Pero ella estaba serena, no parecía notar que los ojos de Provi volaban como flechas del fregadero repleto de ollas y cacharros limpios pero estropeados, al cuarto de al lado donde había un cordel enganchado desde la ventana hasta el marco de la puerta. Debajo del cordel, en el piso de linóleo opaco goteaba el agua de los pañales que se estaban secando. A cada rato, Delsa agarraba el mapo, secaba los charcos y se acomodaba otra vez al lado de Margie.

Estaba molesta con la compostura de Mami. Tendría que haber estado tan avergonzada como me sentía yo. Tan pronto me vino esa idea a la mente, la descarté. Mami trabajaba duro para todos nosotros, y si bien yo tenía menos de lo que deseaba, como hija mayor me tocaba más que a mis hermanas y hermanos menores. Cuando ellos se quejaban de que Mami me prefería, yo les porfiaba que no era verdad, pero en el fondo, sabía que sí, lo mismo Tata. Me eché hacia atrás en la silla, hirviendo, alternando la vergüenza con la culpa, envidiosa de la ropa de moda de Margie, el pelo arreglado con rolos, "tisin" y "esprei," su maquillaje impecable, la pulsera de *charms* que tintineaba en su muñeca derecha y su *Timex* en la izquierda. A la vez, anhelaba hablar con ella, averiguar si se mantenía en contacto con Papi, si le había dolido que él volviera a casarse, si recordaba a nuestra abuela, a quien, según Provi, yo me parecía.

Mami hablaba con orgullo del mucho inglés que habíamos aprendido en apenas dos años, de la escuela a la cual yo asistía; de lo dulce que era Franky, el bebé; de su trabajo como operaria de la máquina de coser Merrow en una fábrica Maidenform. Las dos hablaban como si hubieran sido amigas de toda la vida que se habían encontrado después de mucho tiempo cuando, en realidad, durante años, Mami se había referido a Provi como "esa mujer" y Provi también debe haberle tenido un par de nombres a Mami, para cuando no estaba sentada en nuestra mesa de comedor tomando café y masticando delicadamente un pedazo del bizcocho demasiado dulce que había traído.

Provi se las echó de su apartamento en Manhattan donde, según señaló, Margie tenía su propio cuarto, de cómo Margie era una de las mejores alumnas de su escuela, de cómo habían vivido tanto tiempo en los Estados Unidos que ya se les estaba olvidando el español cuando todavía estaban aprendiendo inglés.

"Y después, ¿qué haremos?" decía con risa entrecortada. "¡Nos vamos a quedar mudas, sin nada que decir!" Mami y yo intercambiamos una mirada al recordar a La Muda que era todo menos una mujer sin palabras.

Yo interpreté la cordialidad de Provi como una actuación. Acostumbrada a la obsesión de los estudiantes de Drama de encontrar el subtexto en los diálogos, yo oía la cháchara de Provi, pero escuchaba lo que no decía: "No fuiste suficiente mujer para que Pablo se quedara contigo," mientras que lo que Mami no decía, "Yo lo tuve catorce años, cuatro veces más tiempo que tú," caldeaba el ambiente.

Suponía que Provi se alegraba de que Mami hubiera enviudado, que veía la muerte de Francisco como un castigo por el daño que supongo que le habría causado. Mami, más joven y más bonita que Provi, era, me sospechaba, la razón por la cual Papi había dejado a Provi.

Malhumorada en mi esquina de la mesa, escuchaba a nuestras madres chacharear, consciente de que todavía estaban compitiendo por mi padre, que ni siquiera estaba allí, que estaba casado con otra mujer que ninguna de las dos conocía. No oía nada, excepto crítica en los comentarios de Provi, sólo defensa en los de Mami. Me daba pena con Margie, que con los hombros hundidos en la silla, parecía también avergonzada por el comportamiento de su mamá. Me resistí a las sonrisas tensas de Provi y a los frecuentes intentos de Margie de hacer contacto visual conmigo. Cada segundo de su visita era una prueba que teníamos que pasar antes de poder subir al siguiente nivel, pero no estaba segura qué nivel era ése, en qué consistía, o si realmente existía. Margie había llegado demasiado tarde, pero yo no estaba segura de para qué; ni siquiera sabía si había estado esperando por ella.

Cuando cerró la puerta tras ellas, Mami dio un suspiro profundo. Mis hermanas y hermanos se regaron por el apartamento. Tata, que se había quedado en su cuarto durante toda la visita, entró tambaleándose a la cocina y empezó a picar cebollas para la comida.

"Qué linda es Margie, ¿verdá'?" preguntó Mami, sin esperar en realidad una respuesta. Tata refunfuñaba acerca de "esa mujer" y yo estuve tentada a hacer un comentario sarcástico, pero me contuve.

"Tiene un pelo lindo," concedí. "Me gusta como se hace la línea de los ojos con el rabito en la esquina," añadí para decir algo agradable y Mami se me quedó mirando como si hubiera estado viendo lo que antes no era tan obvio.

"Tú tienes mejor pelo," dijo, pasándome los dedos por el pelo. "Es ondulado, no tan rizo como el de ella, puedes hacer más con él." Me tomó la cara y me la inclinó hacia la luz. "En cuanto a su maquillaje, esa línea no te quedaría bien a tí. Tus ojos tienen una forma completamente diferente." Me movió la cara hacia la izquierda, hacia la derecha. "Quizá, el rabito un poquito más corto... ¿Por qué no pruebas a ver?"

Volé hasta el gavetero donde Mami guardaba los cosméticos que no había usado desde la muerte de Francisco. Sin aliento, abrí el *zipper* de la bolsita. Adentro había un compacto plástico con su espejo y un fino círculo de polvo comprimido alrededor del fondo de metal. La mota de algodón, que una vez fue suave y esponjosa, ahora estaba deshilachada por los bordes. Una cajita de cartón redonda, más pequeña, contenía el colorete en polvo que había regado un fino polvillo rojo sobre dos lápices de labio y el cabo de un lápiz de cejas. Le quité la tapa, afilé la punta con una "yen" y me dibujé una línea en la mano. Cuando traté de hacérmelo en el párpado, la punta dura se rodó y me dejó una pálida línea ceniza que yo me limpié con saliva y papel de inodoro. Cuando finalmente conseguí delinearme la línea oscura en el párpado superior, la extendí hasta formar un ángulo como una sonrisa.

"¿Qué tú crees?" Traté de calmar los latidos que revelaban mi excitación. Mami se apoyó contra el *counter* y entrecerró los ojos como si estuviera evaluando un objeto costoso.

"Se ve bien," dijo, "pero la próxima vez, hazte los rabitos más cortos."

"Okei." Había dicho la próxima vez. ¡La próxima vez! Corrí hasta el baño, me borré las esquinas de la línea para que no me sobresalieran de los párpados.

"¿Así?"

"Perfecto," sonrió, "se te ve bien."

Tata nos miraba desde su puesto junto a la estufa. "Está creciendo," dijo bajito y yo, con los ojos, le pedí silencio. Se viró con una amplia sonrisa. Mami también sonrió y siguió lavando el arroz.

En mi cuarto, me miré en el espejo, me toqué las gruesas y oscuras líneas que me hacían ver mayor, sofisticada. Delsa estaba acostada, enrollada en una frisa, con los rizos negros asomándose por la parte de arriba.

"Deja," protestó, aunque yo no había hecho ruido. Salí del cuarto y me acurruqué contra la pared en la cama de Norma y Alicia y me puse a ver televisión. Sentía los ojos pesados, como si la línea negra les añadiera peso. Durante un comercial, Alicia se me quedó mirando fijamente y salió disparada para la cocina gritado: "Mami, Negi se pintó."

"Cállate," corrí tras ella y la agarré.

"¿Qué es esa gritería?"

"Negi se pintó," repitió Alicia mientras luchaba por zafarse de mí.

"Deja a tu hermana quieta," gritó Mami y yo no estaba segura si era conmigo o con Alicia.

"La próxima vez que vaya a la farmacia," dijo, rumbo a la cocina de nuevo, "te compro tu propio lápiz."

Yo solté a Alicia, que nos miraba a Mami y a mi con expresión confundida. Tenía nueve años, yo quince y aunque Mami se ponía de mi parte en muchas de las discusiones entre mis hermanas, mis hermanos y yo, las dos sabíamos que algo importante había pasado. Dejé de ser una nena porque Mami no se iba a dejar ganar como mamá, de Provi.

Estaba todavía oscuro cuando salía del apartamento a las cinco y media de la mañana, llevando mis libros y la ropa de baile en el bolso negro de piel que me había dado La Muda. La caminata de quince minutos hasta la estación del elevado era como un túnel de sombras bajo las lámparas fundidas de la calle que alargaban la distancia entre los edificios abandonados y los carros estacionados. Yo caminaba por el medio de la acera con los ojos fijos hacia el frente, pero alerta, anticipando el peligro que podía salir de cualquier sitio, en cualquier momento. Una vez, una rata me pasó corriendo por delante. No sabía qué hacer, tenía miedo de seguir andando y miedo de quedarme quieta. Después de unos segundos, le pasé corriendo por el lado al montón de basura por donde había desaparecido la rata y añadí "mordida de rata rabiosa" a la lista de "algos" que me podían pasar fuera de casa.

Ya a las seis de la mañana los trenes iban repletos, y con frecuencia, tenía que ir de pie todo el camino hasta Manhattan. Aquella mañana tuve suerte. Cuando llegó el tren divisé un espacio en un banquillo de dos asientos frente a la cabina del chofer. Me senté, teniendo cuidado de no molestar a la señora que dormía en el asiento más cercano a la puerta, con sus manos enguantadas apoyadas contra la cartera que llevaba en la falda. Los pasajeros que ya iban en el tren eran negros o puertorriqueños, pero según nos fuimos acercando a East New York, Brownsville, Crown Heights, Prospect Heights y Brooklyn Heights, la gente que estaba esperando en el andén era blanca y mayor que los pasajeros que ya veníamos en el tren. Se abrían paso en el vagón y los demás nos apretujábamos para hacerles espacio.

Un hombre se fue haciendo camino a codazos hasta alcanzar la correa que colgaba sobre el asiento donde yo estaba sentada contra la pared. Colocó el bulto en el piso entre sus piernas, agarró la correa con la mano izquierda y con la mano derecha se desabotonó y se abrió el abrigo. Mantuve los ojos en el libro, apenas consciente del movimiento que había frente a mí, hasta que me di cuenta de que el hombre estaba tan cerca de mí, que no dejaba entrar la luz. Cuando levanté los ojos para pedirle que se moviera, vi que tenía el *zipper* abierto y el pene colgando fuera del pantalón, a apenas dos pies de mi cara. Bajé la vista enseguida, demasiado avergonzada para decir o hacer algo. De un lado, su abrigo formaba una cortina y del otro, me atrapaba la pared del tren.

Yo me hice la que estaba leyendo mientras trataba de decidir qué debía hacer. Podía levantarme y cambiarme de sitio, pero mi bulto estaba debajo de mis pies y si me bajaba a alcanzarlo, quedaría peligrosamente cerca de su arrugado y lánguido pene. Consideré mirar al hombre fijamente a los ojos y decirle que se lo metiera en su sitio, pero no me atreví. Según nos acercábamos a alguna estación y el tren reducía la velocidad, el hombre dejaba caer el brazo de la correa, se tapaba, esperaba que el tren empezara a moverse de nuevo, volvía a levantar el brazo y yo volvía a tener el pene en la cara. Sentía su mirada sobre mí, mientras me debatía tratando de decidir qué hacer. Podría agarrarle el pene y halárselo con fuerza, podría darle un mordisco. Sin tocárselo, podría cerrar de golpe mi libro de biología y pillárselo entre las páginas, pero me quedé sentada, callada, la cara de piedra, fingiendo leer, molesta conmigo misma por ser tan pendeja, y preguntándome qué había hecho para provocarlo.

La clase de Maquillaje para Teatro se daba en un salón frente a la entrada de los camerinos del auditorio. La maestra, Misis Bank, una mujer que no se andaba con cuentos, con una reputación de ser exigente y difícil de complacer, era sin embargo amada por aquellos estudiantes que lograban impresionarla con sus talentos. Yo no estaba entre sus predilectos. Tenía muy poco registro como actriz, para satisfacer sus altas expectativas.

En la primera clase, nos dio una lista de materiales y yo tuve que convencer a Mami de que el gasto era necesario, de que Maquillaje era una clase de verdad en la que me darían nota. Mami protestó por las brochas, lápices, esponjas, motas, cremas y polvos que costaban más que los que usaba ella. Pero, nunca me dijo que no me los compraría.

Misis Bank nos fue llevando rápidamente por los fundamentos del maquillaje teatral. Empezamos por las técnicas para realzar nuestras facciones naturales. Los muchachos, al igual que las muchachas, aprendieron a aplicarse base, delineador de labios, colorete y máscara. Se nos estimulaba a que estudiáramos nuestro rostro; a que conociéramos sus contornos y examináramos las formas que configuraban nuestra apariencia; a que nos viéramos, no tanto como éramos, sino como podríamos ser.

Con este fin, se nos enseñaba a alterar nuestras facciones. A través del uso diestro de la luz y la sombra, aprendimos a afinarnos una nariz ancha, a redondear una demasiado puntiaguda. Los ojos podían verse más grande, los labios más llenos, los pómulos lisos más altos y redondeados, una frente muy ancha, más estrecha. Me encantaba la clase porque podía ponerme todo el maquillaje que quisiera y Mami no podía protestar porque yo le decía que practicar era mi asignación. Me pasaba las horas muertas frente el espejo, maquillándome para verme inocente, sensual, elegante, asiática. Una de las asignaciones fue traer el retrato de un animal y recrear sus facciones en nuestro propio rostro. En casa me maquillaba para parecer un tigre, un camello, un orangután y después corría a mis hermanas y hermanos por el apartamento, haciendo los ruidos propios del animal hasta que Mami o Tata ponían fin a mis rugidos y a sus gritos.

Una de las últimas tareas de ese semestre fue maquillarnos para parecer ancianos.

"Sigan el contorno natural de sus rostros," nos instruyó Misis Bank. "Oscurezcan las líneas que van desde la ventana de la nariz hasta los labios. Aplíquense luz en las orillas para hacerlos parecer más profundos."

La mayoría de nosotros tenía quince o dieciséis años y se nos hacía difícil encontrarnos arrugas, no porque no las tuviéramos, sino porque no las queríamos ver.

"Si fruncen los labios así y después se pintan unas líneas donde quedaron las marcas, lograrán unas líneas muy interesantes."

Seguimos sus intrucciones, riéndonos según iban envejeciendo nuestras caras bajo las motas y las brochas.

"La mayor parte de la gente tiene líneas alrededor de los ojos," señaló. "No olviden el cuello y las manos, también envejecen."

Nos pintamos manchas oscuras en el dorso de la mano. Nos empolvamos el pelo para hacerlo ver canoso. Jay se puso una verruga en la mejilla. Elaine le añadió un temblor a la voz para que le hiciera juego con su frágil carita de vieja.

Al final de la clase, cuando la maestra nos pidió que evaluáramos el trabajo que habíamos hecho, miré con cuidado mis mejillas arrugadas, mis ojos curiosos dentro de dos grandes ojeras y estallé en llanto.

"¿Qué te pasa?" me preguntó alarmada Misis Bank.

"Soy una viejita," gimoteé, en lo que me pareció un modo gracioso de disimular mi vergüenza.

Misis Bank se sonrió. "Ni tanto, todavía no. Tú tienes suerte, que a ti se te va con crema Albolene."

"Qué bueno," reí sin muchas ganas, "soy demasiado joven para ser vieja."

La maestra siguió en lo suyo. Yo me enfrenté al espejo otra vez y vi a Abuela, a quien no veía desde hacía tres años. Si viraba la cara hacia la izquierda, aparecía Tata, la abuela con quien vivía. Me impresionaba verlas observándome desde mi propio rostro. Los ojos tristes de Abuela, la boca sensual de Tata, la nariz pequeña de Abuela, la mirada inteligente de Tata. Pero yo no le iba a admitir eso a Misis Bank ni a los demás estudiantes que se rieron de mis temores a envejecer. Que creyeran lo que quisieran. Nunca sabrían, nunca podrían entender, quién era en realidad.

Tenía una vida secreta, una que no compartía con mi hermana, con quien compartía una cama, ni con mis compañeros de clase, con quienes compartía el sueño de lograr fama y fortuna, ni con mi mamá, cuyos sueños habían quedado en suspenso desde la muerte de Francisco. Mi vida secreta estaba en mi cabeza y la vivía de noche, antes de quedarme dormida, cuando me convertía en otra persona.

En mi vida secreta, yo no era Esmeralda Santiago, ni Negi, ni una muchachita puertorriqueña asustada, sino una mujer segura y poderosa, cuyo nombre cambiaba según me esforzaba por perfeccionarme. Esme, fui una vez. Emmé, otra. Emeraude, mi nombre de la clase de francés. Probé con Shirley, Sheila, Lenore, pero los nombres que no surgían del mío no me sonaban bien. Así es que fui Emma, Ralda o simplemente E.

En esos sueños yo no tenía familia —ni mamá, ni papá, ni hermanas, ni hermanos, ni abuelas, ni primos luchadores, ni tíos borrachos, ni sordomudas. Estaba sola, surgida de una oscuridad innombrable, sin ataduras ni responsabilidades. Era educada, exitosa, profesional. Cualquier cosa que hiciera, la hacía bien, sin pasos en falso, ni errores, ni equivocaciones embarazosas que dieran pie a que otros me juzgaran o se rieran de mí.

Era piloto de mi propio avión y viajaba alrededor del mundo y donde quiera que iba, la gente se alegraba de verme y nadie me preguntaba de dónde era. Era una estrella de cine y mi personaje no moría nunca. Era una científica, rodeada de tubos de ensayo, interruptores, lámparas, mecheros de Bunsen con chispeantes llamas azules, en el momento de recibir el Premio Nobel.

En mi vida secreta yo manejaba un convertible y mi casa, en lo alto de una larga y sinuosa entrada, tenía vista a millas y millas de ondulantes colinas verdes, donde nunca nevaba. Vivía sola en mi casa, en el tope de la loma, rodeada de libros que nunca tenía que devolver a la biblioteca. Y todos los cuartos estaban pulcros y ordenados, aunque yo nunca limpiaba.

En mi vida secreta no era puertorriqueña. No era americana. Hablaba todos los idiomas del mundo, por lo tanto nunca me confundía con lo que la gente decía; y todo el mundo me entendía. Mi piel no tenía un color particular, así es que no sobresalía por negra, blanca o marrón.

Vivía esta vida secreta todas las noches, según me iba quedando dormida, y todas las mañanas me resistía a abrir los ojos en la cama estrecha del estrecho cuarto que compartía con Delsa, el pecho apretado ante la sorpresa y el desencanto de que todo fuera un sueño.

"Eee, eee, eee." Enunciaba las vocales según nos instruía la Dra. Dycke, la directora del Departamento de Drama. "Ay, ay, ay. Eee, eee, eee."

Raymond se asomó por el quicio de la puerta. "¿Qué tú hace?"

"Practicando. Eee, ay, eee, ay, eee."

"¿Por qué?"

"Para poder aprender a hablar inglés sin acento."

"Ah," siguió andando.

"Eee, eee, ay, ay, eee, eee, ay, ay."

Unos minutos después apareció Edna en la puerta. "¿Qué tú hace?"

"Practicando. Eee. Eee. Eee."

"¿Practicando qué?"

"¡Pregúntale a Raymond!" Le cerré la puerta en la cara. "Ay. Ay. Ay. Oo. Oo." Se abrió la puerta. "¡Pa' fuera!" grité. "Ah, eres tú."

"Tengo que buscar algo," Delsa señaló al gavetero.

Me eché para atrás para dejarla pasar. "Eeu. Oo. Eeu. Oo. Ay."

"¿Qué *es* lo que haces?" Sacó una camisa limpia de la gaveta.

"¡Ya!" la empujé hasta el cuarto de al frente. "¡Venga todo el mundo!" grité. "¡Hector! ¡Norma! ¡Mami! ¡Tata!"

"¿Qué quieres?" gritó Norma desde el cuarto de atrás del apartamento. Mami salió de la cocina. "¿Qué es esa gritería?"

"Quiero a todo el mundo aquí para decir esto una sola vez."

"¿Decir qué?"

"¡Norma! ¡Héctor! ¡Alicia! ¡Avancen!"

"Silencio," dijo Mami irritada, "Franky está durmiendo."

"Con calma. Ya no soy tan rápida como antes," llegó Tata arrastrándose hasta el cuarto del frente.

Cuando todo el mundo se había acomodado en las camas, el piso y el sofá, comencé. "Tengo una clase que se llama Voz y Dicción, donde estoy aprendiendo a hablar sin acento."

"¿Por qué? ¿Tú no quieres sonar puertorriqueña?"

"Déjenla hablar," dijo Tata.

"Es parte de mi trabajo de la escuela," dije atravesando a Héctor con la mirada.

"Sonaba como que estabas imitando animales," se burló Edna y todo el mundo se rió.

"Ja, ja, *very funny*." Seria, esperé que se calmaran. "Tengo que practicar y no puedo hacerlo si cada cinco segundos uno de ustedes me interrumpe para venirme a preguntar qué estoy haciendo. Así es que si oyen sonidos extraños saliendo del otro cuarto, es mi asignación. ¿Está bien?"

"¿Por eso era to'a esa gritería?" preguó Mami.

"Sí. Los muchachos me estaban molestando." Con la mirada fulminé a Edna, Raymond y Delsa. Ellos miraron a Mami, que me dio una mirada seca. Por un momento, me pareció que me iba a regañar o formar tanto lío por tan poca cosa. Pero, se volvió hacia los nenes y les advirtió: "Déjen a su hermana quieta cuando esté estudiando."

"Suena como un zoológico allá adentro," protestó Norma.

"Se me van pa' otro la'o del apartamento cuando ella esté practicando."

Yo me volví al cuarto, seguida de las quejas de Norma. *"But it's not fair."*

No era justo. Desde que había empezado a estudiar en Performing Arts High School, Mami me favorecía. Si yo estaba leyendo y me quejaba de que el volumen del televisor estaba muy alto, ella hacía que los nenes lo bajaran. Si yo me quería acostar temprano, todo el mundo se movía hasta la cocina donde podían formar el barullo sin que yo los oyera. Si yo traía a casa una lista de materiales para la escuela, Mami nunca decía que no. Me daba el dinero para comprarlos o me los compraba sin quejarse de lo que habían costado. Yo sabía lo mucho que trabajaba para mantenernos, así es que no abusaba. Pero, me sentía culpable de que tanto de lo poco que teníamos se gastara en mí y me aterraba el costo que tendría a la larga.

"Vivo para mis hijos," afirmaba Mami. Yo estaba segura de que no importaba cuánto trabajara, nunca podría pagarle por todo lo que ella había tenido que renunciar para que yo pudiera tener todo lo que necesitaba.

Mami se había salido de la escuela elemental y nunca nos permitió olvidar el error que había cometido al no continuar su educación. Aunque nunca se quejaba de que fuéramos una carga, le temblaba la voz cuando nos decía lo difícil que era ser madre y padre de ochos hijos. Aunque nunca los mencionaba, debió haber tenido sueños alguna vez, pero nací yo, y cada año después, con el nacimiento de cada una de mis hermanas y hermanos, esos sueños se fueron esfumando poco a poco, según ella se concentró en asegurarse de que tuviéramos nuestros propios sueños.

"¿Qué tu quieres ser cuando seas grande?" nos preguntaba.

"Doctora," contestaba Delsa. Tenía buenas notas en la escuela. Mejores que las mías, especialmente en Ciencias y Matemáticas. Era más probable que ella llegara a doctora a que yo llegara a ser una buena actriz.

"Race car driver," anunció Héctor, los ojos brillantes y las manos agarrando un guía invisible. A los once años, Héctor ya trabajaba en la

pizzería de al lado. Cada dos o tres días, traía a casa un par de pizzas con mucho chorizo y pepperoni que Gino, el dueño, nos mandaba.

"Su hijo es muy trabajador," le decía Gino a Mami, "usted lo ha criado bien." Mami rebosaba de orgullo ante el elogio y Héctor trabajaba aún más y al final de la semana le daba a Mami la mayor parte de lo que se había ganado.

"¿Y tú, Raymond, qué tu quieres ser cuando seas grande?"

"Policía," respondía Raymond, "y te voy a dar una multa si vas embalao por mi calle," le advirtió a Héctor. El pie de Raymond se había curado después de tres años de tratamiento y ya no cojeaba. Era tan fácil imaginárselo en uniforme, pavoneándose por la calle, buscando bandidos.

"Yo voy a tener mi propio 'biuti'," afirmaba Alicia. A los nueve años, Alicia ya sabía hacerse elegantes peinados con su hermosa mata de pelo negro y ondulado, gracias a su habilidad con el cepillo, la peinilla y las hebillas. "Y te voy a dar un permanente gratis."

Edna, que se pasaba horas enteras dibujando mujeres curvilíneas en extraños conjuntos de ropa, añadió: "Yo voy a tener una tienda de ropa y tú vas a poder conseguir toda la ropa que quieras, gratis."

"Anda, yo voy a ser una vieja rica," reía Mami y a todos nos divertía imaginarnos a Mami vieja. Era imposible pensar que Mami se viera distinta a como era entonces, su pelo revuelto, los rizos negros acariciándole las mejillas pecosas.

Cuando hablábamos así, Don Julio y Tata nos miraban pensativos, como si pudieran ver el futuro y supieran cómo serían en realidad nuestras vidas. A diferencia Mami, ellos eran viejos, pero aun a través del humo de cigarrillo que los envolvía y del hablar enredado después de mucha cerveza o vino, parecían tener una sabiduría que Mami no tenía.

"No canten victoria," empezó Tata y no tuvo que terminar para confirmar lo que yo sabía, que anunciar el porvenir era hacerle mal de ojo.

Mami, Tata y Don Julio con frecuencia me decían lo inteligente que era, pero yo interpretaba sus halagos, más como un anhelo de ellos que como una realidad. Mis notas estaban entre regulares y flojas y me había colgado en Geometría, lo que significaba tener que coger clases de verano y no poder trabajar. Había aprendido el inglés rápidamente.

Pero, eso no era raro, puesto que en Performing Arts analizábamos, memorizábamos y recitábamos algunos de los mejores textos escritos en lengua inglesa. Mis hermanas y hermanos, que no tuvieron el beneficio de ir a Performing Arts, hablaban el inglés tan bien como yo, sólo que con acento de Brooklyn.

Mami estaba orgullosa de que yo fuera a la ciudad todos los días, regresara a la hora que debía y que estuviera pendiente de que no me pasara nada. Nunca le confesé cuán asustada me sentía caminando por las calles oscuras tan temprano en la mañana hasta llegar al *subway*. Nunca le mencioné nada sobre los hombres exhibicionistas o los que se aprovechaban de que el tren estuviera lleno para apretujarse contra mi cuerpo o para manosearme las partes que nadie tenía derecho a tocar a menos que yo se lo permitiera. No le informé nada sobre la vez que una mujer, zarandeándo una sombrilla, me corrió desde la estación del tren hasta la puerta de la escuela gritando: "spic asquerosa, maldita spic asquerosa, salte de mi calle". Nunca le dije a Mami que me avergonzaba de donde vivía, que en el *Daily News* y en el *Herald American*, los oficiales de gobierno le llamaban a nuestro vecindario "el ghetto" y a nuestro edificio de apartamentos, vivienda para personas de escasos recursos. Me tragaba la humillación cuando esos mismos periódicos, si incluían alguna historia que tuviera el término "puertorriqueño," generalmente estaban describiendo a un criminal. No le dije a Mami que aunque ella tenía grandes expectativas para nosotros, fuera de nuestra puerta esas expectativas eran muy bajas, que el resto de Nueva York nos veía como "spics" asquerosos, asaltantes potenciales, traficantes de drogas, prostitutas.

Mami se sentía feliz de que yo a los dieciséis años, y ya "casi mujer," no mostrara ningún interés en los muchachos.

"Ella es demasia'o lista para meterse con esos bambalanes de por ahí," aseguraba cuando sabía que yo la estaba oyendo.

Y yo no discutía, aunque las cualidades de los muchachos no era el problema. No había muchachos de mi edad en nuestro vecindario, y en la escuela algunos de los muchachos eran homosexuales y los que no lo eran no tenían ningún interés en una muchacha como yo. Era pobre, con el talento suficiente para no hacer una pachotada en escena, pero buena sólo para representar a Cleopatra y otros personajes exóticos.

Cuando surgió el tema de las citas con muchachos en la clase de Estudios Sociales, yo admití que mi mamá no me dejaba salir con muchachos a menos que fuera con chaperona. Eso me aseguraba que ningún muchacho de toda mi clase me invitaría a salir. ¿Para qué? Si le pedía permiso a Mami para salir, me daría un sermón de cómo los muchachos sólo quieren una cosa y yo no estaba dispuesta a dársela. Todo lo que tenía que hacer era mirar a mi alrededor para saber lo que le pasaba a la muchacha que dejaba que un hombre tomara el lugar de una educación.

En el apretujado y ruidoso apartamento donde mi mamá luchaba para mantenernos seguros, donde mi abuela trataba de apaciguar su dolor con el alcohol, donde mis hermanas y hermanos planificaban e inventaban su futuro, yo improvisaba. Cuando me dolía, lloraba lágrimas silenciosas, y cuando llegaban cosas buenas a mi vida, las aceptaba agradecida, pero sin aspavientos, temerosa de que si las disfrutaba demasiado pudieran desvanecerse como una gota de agua en el desierto.

"A mí no me importa que vaya el mundo entero."

Mami fue saliendo del luto gradualmente. Un día se hizo rolos, otro se puso una blusa gris en vez de negra. Poco a poco fue abandonando los colores grises por el azul oscuro y el marrón. Entonces, una pieza a la vez, fue sacando los estampados de flores y los diseños audaces que tanto le gustaban. Reaparecieron los tacos altos, los lápices de labios brillantes, las pantallas largas, los collares y el esmalte de uñas. Volvieron sus sonrisas. Breves, tímidas al principio, luego más amplias, iluminándole todo el rostro, como si se estuviera probando su antiguo yo, poquito a poco, a ver si todavía le servía.

Fuimos acomodando nuestro luto a sus reacciones. Poníamos el radio bajito y si ella no decía nada, le subíamos el volumen. Bailábamos por el apartamento o cantábamos boleros suavecitos en la ducha y cuando no protestaba, pasábamos a merengues y a rancheras mexicanas. Las visitas a los parientes se fueron haciendo más frecuentes y más largas. La Muda venía con Luigi que se veía cada vez más triste a pesar de que él y La Muda ahora estaban viviendo juntos en un apartamento en el edificio de la mamá de ella. Luigi decía que no le gustaba Nueva York. No encontraba trabajo y se quejaba de que los inviernos tan fríos le producían artritis. Y era cierto. Sus dedos huesudos que antes barajaban las cartas con la velocidad del rayo, ahora estaban torpes, impedidos por los bultos y chichones alrededor de los nudillos. Ya no nos hacía trucos de magia cuando venía de visita, sino que se sentaba callado con las manos en la falda.

Tío Chico desaparecía durante semanas hasta que un buen día, aparecía a media mañana, a veces sobrio, pero la mayor parte de las veces borracho. Tata lo aseaba y le preparaba un asopao sustancioso y café negro fuerte, para ayudarlo a pasar la juma. Se quedaba un par de días con nosotros, durmiendo la mayor parte del tiempo y después nos preparaba un sancocho con mucha carne o un gallo guisado con vino tinto y mucho culantro. Era un excelente cocinero y él, Tata y Mami, cocinaban cada uno un plato diferente para la comida del domingo y después simulaban que estaban discutiendo sobre quién cocinaba mejor. La vecina de abajo, que al principio criticaban muchísimo el ruido que hacíamos, subían ahora todos los días a visitar a Mami y a Tata y, con frecuencia, se quedaban a comer. Su hijo mayor, Jimmy, era un poquito menor que yo. Tenía la cara larga y llena de granitos, el pelo con un recorte bien pegadito, un bigote espelusa'o y las orejas grandes. Mis hermanas y hermanos me fastidiaban diciéndome que yo le gustaba a Jimmy y cuando él subía, yo me quedaba en mi cuarto para que me dejaran quieta. Siempre que oía pasos bajando, Jimmy, asomaba la cabeza a ver si era yo, entonces decía que él también iba a salir y me acompañaba a la parada, donde yo cogía la guagua para ir a mis clases de verano. Casi todos los días, cuando regresaba, lo encontraba en la esquina de la Rockaway, esperando para acompañarme a casa.

"Mami, ¿puedo ir a casa de Alma y de Corazón cuando salga de la escuela?" le pregunté un día. Dijo que sí y después de eso, visitaba a mis primas todos los días para ahorrarme la cara anhelante de Jimmy en la parada de guaguas, después de haberme pasado toda la mañana en clase batallando con los teoremas de los triángulos congruentes.

Los fines de semana, Mami nos llevaba a la playa en Coney Island. Cargados con mantas; neveritas llenas de hielo, bebidas y comidas; un montón de toallas y un par de cubos y palas de plástico, marchábamos en tropel hasta el *subway*, lleno de gente con cargas parecidas a las nuestras. Una vez el pasadía empezó allí mismo, cuando una nena se quejó de que tenía hambre y en un dos por tres, todo el mundo empezó a sacar pollo frito y ensalada de papa y a ofrecerle a gente que no conocían pero que estaban deseosas de compartir también su ensalada de repollo y sus sándwiches de jamón y queso.

La larga calle que llegaba hasta la playa estaba bordeada de kioscos donde se vendían *hot dogs*, *hamburgers*, refrescos, helados, periódicos y revistas, protector solar y peluches. Había un ancho paseo tablado con juegos y más puestos de comida y lo mejor, un parque de diversiones con excitantes machinas y la mundialmente famosa montaña rusa.

No me dejaban comprar nada en los kioscos porque eran muy caros, ni podíamos ir al paseo tablado porque nos podía pasar "algo," ni al parque de diversiones, de donde salían gritos de terror cada dos o tres minutos cuando el carrito de la montaña rusa subía y bajaba por los rieles. Agarrados de la mano, luchábamos con el gentío hasta llegar a la playa y una vez allí, nos íbamos empujando hasta encontrar un pedazo de arena lo suficientemente grande como para acomodar las cosas y para abrir un par de toallas donde cupiéramos un adulto y siete niños.

Ninguno de nosotros sabía nadar, así es que buscábamos un sitio cerca del salvavidas, a pesar de que nos preguntábamos cómo podría darse cuenta de quién se estaba ahogando, entre las miles de personas que gritaban dentro y fuera del agua, porque era divertido gritar cuando se entraba y se salía del mar.

Para que los más chiquitos pudieran jugar en las olas, alguien los velaba mientras uno de nosotros se quedaba en la manta, cuidando de que nadie se fuera a llevar la neverita de comida, el monedero de Mami o nuestra ropa. Generalmente, me ofrecía yo para hacerlo porque la playa, con sus olas batiendo interminablemente, me aterrorizaba. La única vez que me había metido en el mar helado, a brincar las olas con Delsa y Norma, una marejada enorme me había empujado al fondo y me había arrastrado hacia adentro. Me rescató, no el salvavidas musculoso que nunca vio que me estaba ahogando, sino mi mamá y alguien que estaba cerca, que me sacaron escupiendo y tosiendo y casi muerta de la vergüenza.

Una vez, después de un día de playa, convencimos a Mami de que nos llevara al parque de diversiones. Empacamos las cosas, nos turnamos cargando la neverita y la frisa y fuimos de una machina a otra, tratando de decidir en cuál nos hubiéramos montado de haber tenido permiso, cuando de pronto, Mami se dio cuenta de que "algo" había pasado: faltaba Edna. Volvimos sobre nuestros pasos, la llamamos, buscamos en círculos cada vez más cerrados, alrededor de donde uno de nosotros se había quedado rodeado de nuestros tereques. Mami estaba histérica, llamando a un policía, pero no se veía uno por ninguna parte. Finalmente, apareció y, entre sollozos, le explicamos que Edna se había perdido, se la describimos y esperamos a que él la encontrara. Nos indicó que nos quedáramos donde estábamos, desapareció por unos momentos y volvió para informarnos que ya había "dado parte", gestión que no satisfizo a Mami que gemía y le reclamaba que él no estaba haciendo nada, mientras su niña se encontraba en peligro mortal. Algunas personas se acercaron. Les explicamos lo que había pasado, cómo estaba vestida Edna y dónde la habíamos visto por última vez. Algunos hombres y muchachos salieron a buscarla, mientras sus esposas o novias se quedaron con nosotras pasándole la mano por los hombros a Mami y asegurándole que todo iba a salir bien.

De pronto, se abrió la multitud. Un enorme caballo castaño, montado por un corpulento policía, galopaba hacia nosotros. Sentada frente al policía, el rostro extasiado, venía Edna. El oficial se la entregó, a Mami, que la abrazó, la besó, le dio las gracias al policía, a la gente, a Dios y a las once mil Vírgenes por salvarle a la nena, mientras nosotros agobiábamos a Edna preguntándole cómo había sido montar a caballo.

"*It was fun,*" dijo, "pero el pelo me hacía cosquillas en las piernas."

En casa, hicimos bromas y nos reímos de la aventura de Edna, pero durante algunas noches yo fantaseé con que un hombre guapo, en uniforme y montado a caballo me rescataba. Imaginaba el viento levantándome el cabello, sus brazos alrededor de mi cintura, el pelaje del caballo haciéndome cosquillas en las piernas desnudas. Me aferré a la imagen del policía y su caballo como si hubiera sido un regalo y dejé fuera las letanías de Mami, de todos los "algos" que hubieran podido pasar si no hubiéramos encontrado a Edna a tiempo.

Mami, definitivamente, había dejado el luto cuando quiso ir a bailar.

"Va un grupo de la factoría," le dijo a Tata.

"Jum," respondió Tata, lo que quería decir "a mí no me importa que vaya el mundo entero, tú no vas."

"Toca Tito Puente," añadió Mami medio indiferente. Tata chupó su cigarrillo.

Desde donde yo estaba sentada leyendo, veía a Mami sacando y organizando medias y ropa interior del canasto de ropa limpia. A cada rato, levantaba la vista y miraba a Tata como para tantear cómo estaba de humor. Era gracioso verla comportándose como lo hacía yo cuando quería algo: las indirectas no muy sutiles, la justificación, "todos mis amigos lo hacen," la mención de alguna celebridad. Tata quedaba tan poco impresionada con las técnicas de Mami, como Mami con las mías.

Después de un ratito, empezó de nuevo. "A las nenas hay que exponerlas a estas experiencias pa' que aprendan cómo comportarse."

Tata viró la cabeza lentamente hacia Mami y la miró fijamente. "¿Tú quieres exponerlas al ambiente de un *nightclub* para que aprendan a comportarse?" preguntó Tata, cada palabra enunciada con tal claridad que hubiera podido ser una de las alumnas estrellas de la clase de Voz y Dicción de la Dra. Dycke, si la Dra. Dycke hubiera hablado español.

"Negi está estudiando pa' artista, debería conocer otros artistas," dijo Mami, inspeccionando un par de medias.

"Esos sitios no son pa' mujeres decentes," concluyó Tata después de un ratito y pareció que sería el fin del asunto porque Mami se levantó, metió las medias enrolladas como bolas en la canasta y se fue a distribuirlas por los gaveteros correspondientes.

No se dio por vencida. Durante muchos días jeringó a Tata hasta que ella aceptó quedarse con los nenes. Tata vivía con nosotros y casi nunca salía del apartamento, así es que no es que fuera a tener planes para el sábado por la noche. Pero Mami nunca dio por sentado que por estar allí, Tata fuera nuestra niñera, y nunca salió del edificio sin comunicarle a Tata para dónde iba y a qué hora regresaría.

El sábado por la noche, mientras nos estábamos arreglando, mis hermanas y hermanos entraban y salían del cuarto, dándonos opiniones que nadie les había pedido, sobre qué hacer con el pelo, el maquillaje y la ropa.

Estaban tan excitados como nosotras, como si el ver a Mami tan contenta y arreglada, por primera vez en dos años, fuera motivo de celebración. A la hora de irnos, Don Julio insistió en acompañarnos a la estación. Nos veló mientras subimos la escalera hasta la plataforma del tren y esperó hasta que nos perdió de vista, para regresar a la Avenida Pitkin.

El Club estaba en el Upper West Side. Era un área parecida a nuestro vecindario, con negocios en la planta baja, al mismo nivel de la calle, y apartamentos en los pisos superiores de los edificios de cuatro y cinco pisos. Cuando salimos del *subway*, oímos una música que salía de unas ventanas oscurecidas con tinte negro en los altos de un restaurante.

Frente a la puerta que daba al Club, había unos hombres zanganeando, vestidos con camisas planchadas metidas por dentro, pantalones de correa, costuras gruesas y filo bien marcado. Nos miraron de arriba a abajo y mascullaron unos piropos. Mami me agarró de la mano, me haló hacia ella y prácticamente me arrastró hacia adentro por una empinada escalera, hacia una música ensordecedora. Nos selló las manos una mujer gruesa en un vestido corto, estrecho y escotado, que dejaba ver más carne que la que tenía yo en mi cuerpo entero. Al entrar al Club, Mami giró el cuello para todas partes con una expresión de pánico en la cara, como si después de haber llegado tan lejos, tuviera dudas de que fuera tan buena la idea. Agarrándomela con tanta fuerza que la mano se me adormeció, me remolcó por entre el revolú de gente, buscando a sus amistades. Cuando alcanzó a verlas, me aflojó un poco la mano y yo estiré los dedos hasta que logré volver a sentirlos.

Nunca había estado en un salón tan grande, con tanta gente, con tantos perfumes y colonias para después de afeitarse, mezcladas con el agrio olor a humo de cigarrillos, a "esprei" de pelo, a ron y sudor. Las mujeres tenían puestos trajes de brillo y los hombres usaban el pelo liso y reluciente. Las prendas resplandecían en la oscuridad. El vaporizo caliente de tanto cuerpo junto mareaba.

La pista de baile quedaba en el medio del salón. Estaba atestada de hombres y mujeres cuyas caderas parecían estar desprendidas de sus torsos y cuyos brazos ondulaban para dentro, para fuera, alrededor de los cuerpos, como serpientes en su nido. Mami me presentó a sus amigos, pero la música estaba tan alta que no entendí ninguno de los nombres. Parecía ser que la mujer del traje de lentejuelas verdes estaba con el hombre de la guayabera crema y la mujer del vestido de tafeta rosa estaba con el hombre trigueño del traje azul celeste.

Tan pronto nos sentamos, dos hombres extendieron sus manos frente a nosotras. Miré a Mami para estar segura de que podía aceptar y ella me dio permiso con la cabeza y se levantó a bailar con su pareja, un hombre bajito y redondo con una herradura de pelo alrededor de una coronilla brillosa. Mi pareja era más joven, flaco y olía a cigarrillo y colonia dulce.

Nunca había visto bailar a Mami, ni tenía idea de dónde había aprendido, pero lo hacía bien. Con los labios entreabiertos en una media sonrisa, los ojos ardientes y las mejillas encendidas, daba vueltas y giraba, según su pareja la iba guiando, de aquí para allá, la traía hacia él y la volvía a hacer dar vueltas en un apretado círculo. Me confundía verla sonreírle a hombres que no conocía, que le cogían la mano, le ponían la suya en la espalda y la tomaban por el codo para guiarla hasta la mesa.

Si ver a Mami bailando era nuevo para mí, estar tan cerca de hombres extraños era aún más nuevo. A pesar de que tenía dieciséis años y era casi una mujer, nunca había tenido novio ni me había besado nadie que no fuera pariente. No me consideraba fea, pero nadie me había dicho linda. En casa, a mis hermanas Delsa y Norma, con frecuencia les decían que eran bonitas mientras que a mí me decían que era "inteligente."

Pero, en la pista de baile, la mujer que sabe bailar es hermosa y el hombre con caderas sueltas y sabor, es guapo, independientemente de sus facciones o del cuerpo que tenga. Cuando mi pareja me sacó y me guió por los complejos pasos de una salsa, me sentí bella por primera vez en mi vida. No era por lo que tenía puesto, ni por la cantidad de maquillaje que logré ponerme sin que Mami protestara. La sensación me venía del calor que generaba el propio baile y no tenía tanto que ver con cómo me veía, sino, con cómo me movía. Me convertí en los ritmos complejos, consciente solamente de la alegría de moverme libremente, con gracia, dentro y fuera de los brazos de un hombre que nunca había visto, al ritmo de una música que nunca había oído.

Bailé con muchos hombres: bajitos, altos, flacos, viejos, jóvenes, trigueños, pálidos. Mami también. A veces, el hombre que me sacaba a mí, la sacaba a ella para la próxima pieza. O bailaba con ella y después me sacaba a mí y a través de gestos con la mano y movimientos exagerados de los labios, que me recordaban a La Muda, me felicitaban por tener una mamá tan linda y a ella, por tener una hija que bailara tan bien.

La banda tocaba *sets* largos, a todo volumen. Me sorprendió que fuera realmente Tito Puente. Yo creía que Mami se lo había inventado para impresionar a Tata, que era fanática suya. Cuando la orquesta de

Tito Puente cogió un descanso, otra orquesta tocó unas piezas más suaves como para darnos un descanso a los que estábamos bailando, con dos o tres boleros, antes de que volviera a empezar la salsa.

El baile duró hasta la madrugada y cuando salimos, yo estaba prácticamente sorda y tan sedienta que la lengua se me pegaba al cielo de la boca. Los amigos de Mami nos invitaron a una cafetería que abría toda la noche, un poquito más abajo del Club, y nos acomodamos en dos mesas con vista a Broadway y comimos huevos fritos, *pancakes* con sirop y mucho café. A cada rato Mami me miraba para ver si me veía demasiado extenuada, pero yo estaba tan contenta, que mi única preocupación era que fuéramos a parecer unas jíbaras, vestidas de fiesta, en el *subway*, a las seis de la mañana.

Nos despedimos de los amigos que nos informaron que habría otra fiesta la semana siguiente en otro lugar. "Ya veremos," respondió Mami.

Llegamos a casa cuando los demás se estaban levantando, con sus preguntas de cómo lo habíamos pasado y si yo había encontrado novio. Tomamos más café con los muchachos y con Tata, que miraba enojada nuestro pelo revuelto, el maquillaje corrido y la ropa sudada.

"Sí, lo pasamos bien," contestó Mami, "la próxima vez, Delsa y Norma deberían venir también, ¿no te parece?"

Le dije que estaba segura que lo disfrutarían, pero que yo esperaba que por ser la mayor, me llevara a mí también. Sonrió y se arrastró hasta la cama. Yo me quedé con Delsa y Norma, contándoles los más mínimos detalles de todo lo que había visto y hecho esa noche. Estuvimos de acuerdo en que, si Mami nos iba a llevar a bailar, teníamos que practicar en casa y les prometí que les enseñaría los pasos nuevos que había aprendido con mis parejas. Cuando finalmente me acosté, estuve despierta mucho rato, repasando cada momento de esa noche, mientras mi cuerpo se contraía con movimientos involuntarios de energía contenida. Me dormí arrullada por el recuerdo de la melodía de un bolero, segura de que nunca había sido tan feliz como esa noche.

Ahora íbamos a bailar casi todos los sábados. Aunque Delsa y Norma tenían solo catorce y trece años, no era raro que hubiera muchachitos más pequeños en los clubes. La gente traía a la familia completa: mamás, papás, abuelas, nenes tan chiquitos que andaban dando pinitos y moviendo sus culeritos al son del merengue, mientras los demás los animaban con palmadas.

Se pagaba medio precio por los niños menores de dieciocho años y para los menores de doce, era gratis. Así era que Mami podía traernos a las tres mayores y hasta a Héctor, de vez en cuando. Las bebidas se vendían a la carta o se podía pedir un "servicio" que consistía de una botella de ron, dos *Coca-Colas*, una hielera, vasos plásticos y unos pedacitos de limón. Había unas mesas largas acomodadas alrededor de la pista de baile, ocho sillas plegadizas por mesa, un montón de servilletas de coctel y dos ceniceros de aluminio en cada una. Algunos sitios vendían frituras como alcapurrias y pastelillos, o bolsitas de papitas fritas y *cornchips*. Pero la mayoría, sólo servía bebidas. La única manera de garantizar que conseguiríamos una mesa era ordenando un servicio, así es que, si veníamos solas, lo pedíamos, nos tomábamos las Coca-Colas y le llevábamos el ron a Tata y a Don Julio.

Sólo íbamos a los clubes donde hubiera música en vivo, generalmente en el Upper West Side o en el Barrio, pero nunca nos aventurábamos por el Bronx o Queens porque Mami no conocía bien esos precintos. En algunos bailes nos encontrábamos con gente que habíamos conocido en otros clubes y a veces nos topábamos con algún muchacho que bailaba particularmente bien. Delsa, Norma o yo, le decíamos dónde íbamos a estar la semana siguiente. No los considerábamos novios, las únicas veces que los veíamos era en los clubes y esa relación era monitoreada por Mami, quien con una mirada o un gesto de la boca nos hacía saber que nos estábamos poniendo demasiado zalameras, y que era mejor que nos recogiéramos o nos íbamos para casa.

Aunque Tío Chico me había tocado un seno una vez y había visto varios penes desvalidos colgando de las braguetas abiertas de los exhibicionistas y el pene triunfalmente erecto en la falda de un camionero descarado, nunca había estado tan cerca de los hombres como lo estaba en la pista de baile. Algunos bailaban tan pegados que tenían una erección. Cuando nos enfrentáramos a esa situación, se suponía que les diéramos el beneficio de la duda. Si se separaban abochornados, se trataba de un accidente. Si se pegaban más, eran unos frescos. Les decíamos "rompemedias" porque bailaban tan pegados que nos rompían las medias. Un hombre que se pusiera fresco se corría el riesgo de que lo dejaran plantado en la pista. Un hombre solo en la pista sería notado por todo el mundo y de seguro, tendría problemas para conseguir otras parejas. Así es que la mayoría de los hombres eran corteses y mantenían la distancia mientras lograban también bailar un bolero con el fuego suficiente para hacer ruborizar a una puta.

Estaban también los pulpos, cuyas manos, en vez de guiarnos en complicadas combinaciones de baile, se paseaban por nuestras espaldas, bajaban hasta las nalgas, subían por debajo de nuestros brazos, cerca de los senos, mientras sus piernas trataban de insinuarse entre las nuestras. A estos hombres, también había que evitarlos.

De vez en cuando, no me retiraba cuando un hombre se excitaba. Estaríamos bailando una pieza suave y si sentía que se le estaba parando, me le pegaba más para ver su reacción. Si se me tiraba encima agresivamente, o si sus manos y piernas de pulpo se extraviaban hacia donde no debían, me separaba, porque ya no me parecía que le estaba dando algo, sino que él se creía con derecho a ello. Me gustaba el hombre que se quedaba sin aliento de la sorpresa, que me atraía hacia él con ternura, y en círculos lentos y discretos, movía sus caderas pegadas a las mías, sin perder el paso. Saboreaba el poder que me daba el ser capaz de excitar a un hombre, el sentir su aliento cálido junto a mi oreja, lento al principio, después más intenso, más caliente, nuestros cuerpos pegados en un todo sinuoso que se movía rítmicamente a través del salón caliente. Perdía todo sentido del tiempo, abrazada y abrazando, hermosa, elegante, temblando con unas sensaciones que sólo eran posibles de esta manera, en este lugar.

Al terminar el bolero, mi pareja quería quedarse siempre para la próxima pieza, pero yo insistía en que me llevara a la mesa. No confiaba en los sentimientos que me hacían bailar de ese modo, me avergonzaba de haberme dejado ir tanto. Rehusaba mirarlo a los ojos, temerosa de lo que vería en ellos. Si me invitaba a bailar de nuevo, me negaba o le decía que sólo bailaba piezas movidas. Nunca reconocía haber tenido parte en lo que habíamos hecho.

Más tarde, la vergüenza era sustituida por el placer de su cuerpo contra el mío, su rostro, una mancha anónima, hasta que todo lo que quedaba era el estremecimiento de la piel, el fogaje entre mis piernas y el ritmo lento del bolero.

A veces, a pesar de los esfuerzos de Mami de protegernos de la violencia del mundo, "algo" sucedía. Sufrimos el asesinato del Presidente Kennedy con el resto del país y sollozamos cuando John John saludó el paso del féretro de su padre. El radio y la televisión nos trajeron la noticia de cómo por lo menos treinta vecinos escucharon los gritos de Kitty Genovese mientras la mataban a puñaladas y nadie salió en su auxilio. Durante semanas, Mami entraba en crisis sólo con que bajáramos a la pizzería. Pero, ella no era la única que se preocupaba. Cuando se desmontaba del tren al regresar del trabajo, allí estaban Don Julio o Héctor, esperando para acompañarla a casa.

El suceso más alarmante del verano del 1964 fue que vecindarios completos como el nuestro se volvieron en contra de ellos mismos. Lo leíamos en el periódico, lo oíamos por radio, veíamos las imágenes borrosas en negro y blanco de gente que se parecía a nosotros, corriendo por unas calles semejantes a las nuestras, prendiendo fuego, golpeándose unos a otros, siendo perseguidos por policías —algunos montados a caballo como el que rescató a Edna. Los oficiales —todos hombres blancos— arrastraban a los amotinados de piel oscura por las aceras repletas de basura y vidrios rotos. Los apaleaban con sus macanas, los metían a empujones en los carros patrulla y se los llevaban, mientras una multitud que gritaba y maldecía los seguía, sus caras retorcidas en una mueca.

Mami se negaba a ir a trabajar después de que se reportaba un motín y yo no iba a mis clases de verano. Nos ahogábamos de calor en el apartamento, pero no nos dejaban salir. Don Julio, cuyas hijas ya adultas vivían en otra parte de Brooklyn, nos traía noticias de edificios quemados y de turbas que rompían los cristales de las tiendas y cargaban con todo lo que se podían llevar.

"Yo vi a un hombre salir corriendo con un televisor a color," decía, "y una mujer y tres muchachitos arrastraron un sofá de una mueblería y entraron de nuevo a coger una mesa y unas sillas."

A nosotros nos parecía comiquísimo, pero a Mami no. "Desordenados," refunfuñaba, "si yo llego a coger a alguno de ustedes haciendo algo así . . ."

Una noche calurosa, acabándonos de acostar, escuchamos gritos, cristales rotos y alarmas activadas.

"¡Quítesen de ahí! ¡Apaguen las luces!" gritó Mami cuando nos vio asomados por la ventana averiguando qué pasaba. Dos cuadras más abajo una turba corría hacia la Avenida Rockaway, armada con bates y aros de goma, dándole a todo lo que encontraba a su paso. Mami nos empujó hacia el medio del cuarto, se aseguró de que las puertas estuvieran cerradas con seguro y levantó el teléfono.

"¿Llamamos a la policía?" pregunté, lista para servirle de intérprete.

"No," susurró. "Quería estar segura de que funciona."

Nos apiñamos en la oscuridad, pendientes por si oíamos pasos por la escalera, el crujir de madera astillada, alguna explosión o cualquier cosa que nos avisara que la violencia había tocado a nuestra puerta. Cuando oímos las siernas de la policía, Héctor se arrastró hasta la ventana, se asomó con cuidado y gateó de vuelta.

"Los cogieron allá abajo. No está pasando na'."

Después de un rato, Mami fue a averiguar. Yo la seguí, a pesar de que nos susurró que nos quedáramos donde estábamos. La calle estaba desierta. A un bloque de distancia un par de carros patrulla se había estacionado en el medio de la calle con los biombos encendidos y los radios prendidos en su cháchara monótona. Para el otro lado había más carros patrulla, pero no había gente. Las aceras estaban asquerosas de la basura de los zafacones que la gente había volcado y de relucientes fragmentos de vidrio. Mami cerró las ventanas y las cortinas.

"To' el mundo pa' la cama," ordenó.

Fue imposible dormir. Durante horas, el chirrido de las alarmas de las tiendas nos mantuvieron despiertos. También, la espera. Estaba segura de que si me quedaba dormida, me despertaría a mitad de noche en medio de un fuego o de una turba saqueando la farmacia de la planta baja. Pero, amaneció y no había pasado nada más. Los comerciantes cubrieron las ventanas rotas de sus negocios con planchas de madera donde le garabatearon o pintaron "abierto para negocio" o "cerrado hasta nuevo aviso," dependiendo de los daños. Cuando entrábamos a comprar algo, nos miraban con desconfianza, como si hubiéramos sido parte de la violencia, pero nosotros les devolvíamos la mirada, ofendidos de que no hubiera nadie immune a su sospecha y coraje.

"Tan pronto ahorre lo suficiente pa' los dos meses de renta y la fianza," suspiró Mami, "nos mudamos."

La noche antes del examen de geometría Regents de mi clase de verano, Ray Barreto tocaba en un club del Barrio.

"Quédate en casa y ponte a estudiar," me dijo Mami.

"No tengo que estudiar. Saqué buenas notas en todos los exámenes."

"Pero si te cuelgas en éste, tienes que volver a coger la clase."

"No me voy a colgar. Me lo sé todo."

"Bueno, está bien, si estás segura."

"Estoy segura."

Bailé hasta que me dolían los pies. Bailé hasta que me quedé ronca de tanto gritar por encima de la música para que me oyeran. Bailé hasta que me ardían los ojos del humo en el salón y del maquillaje derretido que me caía en ellos. Bailé hasta que los tímpanos me vibraban como las congas de Ray Barreto. Cuando terminó la música salimos con el grupo y caímos en medio de un motín.

Exhaustas y vestidas en trajes de noche, tacos altos y prendas de fantasía, pero vistosas, nos pegamos contra la pared del edificio y vimos pasar a un montón de hombres cargando bates, palos, tapas de zafacones. La entrada del *subway* quedaba a medio bloque, en dirección contraria y tan pronto aminoró la turba, corrimos hacia la entrada y justo habíamos logrado bajar las escaleras cuando apareció por la esquina otro grupo furioso. La gente que había estado en el baile estaba ahora abajo, en la estación del tren, y había rumores de que la turba vendría por nosotros. Los hombres, en sus guayaberas y trajes color pastel, formaron una línea frente a las mujeres y a los niños, quienes se concentraron en la punta más lejana de la plataforma y buscaban con ansiedad alguna señal del tren en el oscuridad del túnel. Encima de nosotros, las alarmas chillaban, la gente gritaba y maldecía, los carros se detenían de golpe, el cristal se quebraba y objetos pesados caían al suelo. Después de mucho rato, aullaron las sirenas. Cuando llegó el tren finalmente, corrimos a entrar. Nos empujamos hasta el rincón más distante y no nos sentimos seguras hasta que se cerró la puerta. Tan pronto se movió el tren, todo el mundo se relajó y nos reímos de la tontería de huir de una gente que no tenía ningún interés en nosotros. Pero era una risa forzada; nuestro miedo era real; y aunque Mami, Delsa y yo, nos reímos como todo el mundo, en casa no mencionamos nada de lo que nos había pasado. Nos había tocado demasiado de cerca como para cogerlo a broma.

Tres horas después de regresar a casa de nuestra noche de Ray Barreto y su secuela, mordía yo un lápiz, tratando de recordar qué eran postulados y por qué x era igual a z. Pero, fue inútil. Las fórmulas, los teoremas y las hipótesis, habían huido. Fracasé el examen Regents por segunda vez, lo que quería decir que tendría que repetir geometría por tercera vez en dos años.

Una vez empezaron las clases, se acabaron nuestros fines de semana de bailes. Tomaba demasiado tiempo y dinero preparar a siete niños para la escuela. Compartíamos la ropa y nuestros parientes nos traían la que ya no usaban, pero Mami siempre nos compraba ropa y zapatos nuevos para nuestro primer día de clase. A nosotras nos compraban bultos para los libros y nos mandaban a hacer peinados nuevos en el "biuti." A los varones los mandaba a recortar y les compraba pantalones nuevos, camisas blancas y corbatas para las asambleas. Pero, la ropa no era el único gasto. Había que comprar lápices, plumas, papel de rayas, cartapacios, papel de construcción, Crayolas, cinta adhesiva y pega. Las maestras mandaban listas con los demás materiales que necesitábamos; uniforme de educación física, tenis, mapas, reglas, libretas de dibujo, diccionarios. A eso había que añadirle el dinero del pasaje para mí y para Delsa, que acababa de entrar a escuela superior, y una pequeña mesada para un refresco o una taza de café. Según enfriaba el tiempo, necesitábamos abrigos, guantes, botas, gorros.

A veces, ni con un trabajo a tiempo completo, ni con las horas extra que lograba acumular, alcanzaba Mami, a cubrir todos los gastos del regreso a la escuela. Además de renunciar a nuestros bailes los fines de semana, renunciamos al teléfono, a las comidas enlatadas, a los dulces. Y cuando todavía no nos alcanzaba, fuimos hasta las oficinas del *welfare* a solicitar ayuda de emergencia para ropa de invierno o la electricidad o para pagar un par de meses de renta en lo que las cosas se normalizaban. Mami tuvo que perder un día de trabajo y la paga de ese día para que le dijeran que el *welfare* no le daba a menos que no estuviera desempleada. Una vez, un empleado del *welfare* me preguntó por qué yo no le ayudaba a mi mamá.

"Estoy en escuela superior," le contesté sorprendida.

"Puedes trabajar a tiempo parcial."

"No tengo tiempo, la escuela me queda a hora y media de casa."

"¿Qué es lo que pasa?" preguntó Mami, cuando se dio cuenta de que el empleado había dejado de hacerle caso a ella para discutir conmigo.

"Dice que debo conseguirme un trabajo."

"*She job school,*" le informó Mami al empleado. De vez en cuando decía frases muy efectivas en inglés. Cuando lo hacía y la persona con quien estaba hablando la entendía, resplandecía de orgullo, pero Mami no seguía para no dañarlo. Cuando regresábamos a casa le comenté a Mami que quizás debía buscarme un trabajo después de clase.

"No te quiero en la calle después que oscurezca."

"Pero, Héctor trabaja."

"Él es casi un hombre. No es lo mismo."

Héctor tenía doce años, era largo y flaco, y por lo que yo podía ver, no era casi un hombre. Pero era macho y yo era hembra y ahí estaba la diferencia. Con todo lo que se necesitaba el poco o mucho dinero que yo hubiere podido aportar, no valía la pena que me arriesgara a estar lejos de casa después del anochecer. "Algo" me podía pasar.

"Ella no es exactamente Método."

Quise hacer de Scout en *To Kill a Mockingbird* de Eliza en *Pigmalion*, de Laura en *The Glass Menagerie* y la Antígona de Sófocles. Pero, una vez más me asignaron el papel de Cleopatra, esta vez con William haciendo de Julio César.

Harry, mi primer César, caracterizaba a su personaje como un soldado, con mucha fanfarronería y pavoneo de macho. El César de William era el emperador acostumbrado a ser obedecido. Saqué el vestido de mantel amarillo y traté de buscarle un nuevo ángulo al mismo rol. Mi primera Cleopatra había sido mimosa y coqueta; ésta, decidí, sería una reina astuta, "artimañosa," enfrentando a un oponente igual de calculador.

Se me hacía difícil entrar en personaje. Las pocas veces que había tratado de salirme con la mía y hacer lo que no debía, me cogieron; así es que la astucia no se me daba con facilidad.

"Ahí es donde entra la actuación," afirmó Laura Figueroa cuando le expliqué mi dilema. Era una de las mejores actrices en la clase, capaz de hacer cualquier papel, cualquier acento, desde clásico hasta contemporáneo. Su especialidad, sin embargo, eran las viejitas. No es que las prefiera, pero cada vez que nos asignaban un papel, yo era Cleopatra y ella era Vieja. "A lo mejor puedes moldear su carácter usando a alguien que conozcas." Sacudí la cabeza. "Bueno, pues, una combinación de gente."

"Me hubiera gustado ver la Cleopatra de Elizabeth Taylor."

"Te podría servir, pero ella no es exactamente Método."

En Performing Arts, despreciábamos a los actores de cine. Se decía que "indicaban," que sus actuaciones dependían de miradas y pequeños gestos faciales que con frecuencia no eran más que manerismos. Apenas trabajaban con sus voces y parecían preocuparse más por cómo se veían que por crear un personaje.

Era crucial para nuestro desarrollo como actores, se nos decía, aprender a diferencia entre estar pendiente de uno mismo y ser consciente de uno mismo. Un actor pendiente de sí mismo era demasiado intenso; demasiado vigilante de su propia actuación. Los actores conscientes de sí mismos confiaban en que las semanas o meses de preparación para un papel les ayudarían a convertirse en el personaje, a la vez que mantenían también el nivel de agilidad mental que les permitiría reaccionar a los demás actores y a la situación particular que se estuviese representando. Una representación, nos decían, es algo vivo que va cambiando y desarrollándose cada vez que el actor pisa el escenario.

Entendía los conceptos, observaba y guaradaba situaciones y momentos en mi "memoria de los sentidos" para usarlos más tarde, cuando tuviera que recurrir a ellos. Pero estaba convencida de que mi vida no me proveía variedad suficiente para hacerme una buena actriz. ¿Cómo me la iba a proveer, si cada paso que daba estaba monitoreado por Mami? Y las veces que yo nada más que consideraba ir en contra de su voluntad, una vocecita se activaba en mi cabeza para recordarme que entre ella y el resto del mundo no había nada más que miradas hostiles y pocas expectativas. Si caía, sólo mi madre estaría allí para recogerme. Sí, tenía siete hermanas y hermanos, pero eran más jóvenes e indefensos. Sí, estaba Tata, pero con frecuencia estaba borracha. Estaban los demás parientes; pero ellos tenían sus propios hijos e hijas, sus propias vidas, sus propios problemas. Estaba mi padre, lejos en Puerto Rico, con su nueva esposa, sus nuevos hijos, su nueva vida. Y a los diecisiete años no quería estar sola. Todavía no.

Mi maestra de Drama, Misis Provet, me llamó a la oficina un día para preguntarme si me interesaba trabajar como ujier en un teatro durante los fines de semana.

"No puedo trabajar de noche."

"Es los domingos por la tarde."

Acepté, contenta de que finalmente ganaría dinero, ansiosa de exponerme al teatro, aunque fuera de ujier. Vería actores trabajando, estudiaría sus técnicas y quizás aprendería algo nuevo.

El empleo no requería entrevista. Tenía que presentarme a trabajar a medio día el domingo siguiente. La dirección era en "Loisaida." Salí de la estación del tren y caí frente a una fila de edificios deteriorados de dos y tres pisos; no había una sola marquesina de teatro por todo aquello. Me orienté, volví a leer la dirección, caminé de arriba a abajo por el bloque hasta que encontré un toldo todo deshilachado sobre una entrada oscura que daba a una escalera. Estaba bien nerviosa, renuente a entrar, insegura de dónde estaba. Los "algos" que podían pasarme en los pasillos oscuros de edificios extraños resonaban en mi cabeza, pero los acallé, cogí aire y subí. Al final de la escalera había tres puertas y la ventanilla de la boletería. Toqué a la puerta donde decía "Oficina" y me recibió un señor de barba, vestido de negro.

"Soy de Peforming Arts," me presenté. "La ujier."

"Ah, sí," me dijo. "Venga conmigo." Me condujo por el pasillo. "Soy el Sr. Rosenberg," dijo, mientras abría las hojas de las puertas centrales.

"Voy a estar vendiendo los boletos y usted va a estar aquí mismo." Se dio cuenta de que vacilé, miró hacia adentro y notó que el cuarto estaba oscuro. "Ay, perdón," dijo, encendió la luz y nos encontramos en la parte de atrás de un pequeño teatro.

"Los números están en los brazos de las butacas. ¿Ve? Acompañe a las personas hasta sus asientos y asegúrese de que tengan el programa." Rebuscó por detrás de la cortina que estaba contra la pared de atrás y sacó una caja llena de papeles escritos en una letra que no entendía, pero que sabía era hebreo. Los caracteres negros eran similares a los que había en las vitrinas de las tiendas por todo Nueva York, y había aprendido que בָּשָׂר significaba que el establecimiento servía comida *Kosher*, aunque no estaba muy segura de qué cosa era comida *Kosher*.

"Dóblelo por la mitad, así," me enseñó. "La obra empieza dentro de una hora. Puede verla desde cualquier butaca que esté libre acá detrás." Sacó una linterna de detrás de la cortina y me la entregó. "Si alguien llega tarde, espere a que haya un cambio de escena para traerlo hasta su asiento. Al final, asegúrese de que no olviden sus pertenencias."

Me senté en una de las butacas de madera que cerraban hacia

arriba y doblé los programas. Cuando terminé, bajé por el pasillo escalonado hasta llegar al pie del escenario. No era muy alto, estaba, más o menos, al nivel de mi rodilla. La escenografía era la de una cocina en un apartamento. La puerta lateral derecha conducía a una escalera que bajaba fuera de escena, una ventana lateral a la izquierda llevaba a la escalera de escape. Una mesa cubierta con un mantel a cuadros, tres sillas, una estufa, cortinas en las ventanas y unos platos completaban la escenografía. Una bombilla sola iluminaba el escenario y sentí una emoción súbita. Éste era un escenario de verdad, en un teatro de verdad y estaba a punto de ver una representación en vivo, con actores de verdad.

Unos momentos después, se escucharon pasos por la escalera. El Sr. Rosenberg abrió las puertas y yo corrí a mi puesto en la parte de atrás del teatro, agarré un montón de programas y se los fui dando a la gente según me fueron enseñando sus boletos. La mayoría eran personas mayores, muy ordenadas y correctas, y muy agradecidas de que se les acompañara a sus asientos, aunque era obvio que estaban familiarizados con el arreglo de las butacas y sabían para dónde ir. Todo el mundo estaba tan empaquetado como nos empaquetábamos Mami, mis hermanas y yo cuando salíamos a bailar. Las mujeres tenían puestas pelucas, prendas, pieles. Los hombres usaban trajes y sombreros que colocaban en sus rodillas tan pronto se sentaban. Había un fuerte olor a bolas de naftalina, a cigarrillo y perfume.

Cuando bajaron las luces, me paré en la parte de atrás del teatro. Los actores entraron vestidos con la ropa que yo asociaba con los dueños de las tiendas de mercancía de segunda mano y los *deli's* de la Avenida Graham. Hablaban yídish, un idioma que me resultaba familiar porque lo había escuchado en la *Marketa*, en el sitio de cambiar cheques y en las calles de Williamsburg.

A pesar de que no entendía ni una palabra, me cautivó la acción en el escenario. El drama giraba en torno a una familia cuyo hijo se había alejado de las tradiciones que habían traído de su patria hasta los Estados Unidos. Se había enamorado de una muchacha norteamericana y su familia se negaba a conocerla.

Al final de primer acto, aplaudí vigorosamente con el resto del público. Una señora que estaba delante de mí, se viró y sonrió en dirección mía. Cuando me pasó por el lado durante el intermedio, me preguntó si entendía algo.

"No sé la lengua, pero puedo seguir la acción. Los actores son muy buenos."

"¡Estupendo!" me dijo y me dio una palmadita en la mano.

Cuando empezó el segundo acto, un nuevo personaje fue presentado y me sorprendió ver al Sr. Rosenberg en el escenario. Hacía de abuelo o de algún otro pariente mayor, y tuvo varias alocuciones muy vehementes. Al final del segundo acto pronunció un largo monólogo que provocó que al final, el público se pusiera de pie y dejó a todo el mundo, incluyéndome a mí, con lágrimas en los ojos.

En el tercer acto, el joven decidió no casarse con la muchacha americana y la obra terminó con la familia entera en escena, alrededor de velas encendidas y cantando un himno hermoso y solemne. En este punto, yo estaba ya sollozando y la señora que me había hablado antes se me acercó con un Kleenex.

"Teatro Yídish," dijo, abriendo sus brazos en un gesto dramático. "¡El mejor!" Le di las gracias, asentí con la cabeza y traté, lo mejor que pude, de vaciar el teatro, pero estaba tan afligida que me quedé sentada en la fila de atrás, llorando y sintiéndome estúpida porque no podía parar.

El Sr. Rosenberg salió por el lado derecho del escenario, saltó hasta el piso y vino hacia mí.

"Lo siento tanto," le dije. "No sé qué me pasó. Fue tan hermoso. Su actuación. La canción al final. Y las velas. No tengo idea de lo que usted estaba diciendo . . ." Seguía llorando a lágrima viva y me limpié la cara con el Kleenex, que para entonces estaba hecho trizas entre mis dedos.

"No es nada. Ya pasó," me dijo. "Es muy halagador," añadió con una sonrisa. Me ofreció presentarme a los actores y me llevó trasbastidores hasta sus camerinos. Le di la mano a cada uno y les dije cuánto había disfrutado la obra. Me miraron con curiosidad y la mujer que hacía de Mamma, me acarició el cachete. Estuve a punto de empezar a llorar de nuevo, pero el Sr. Rosenberg me sacó afuera.

"Regrese en dos horas," me dijo.

Fui ujier en otra función ese día y la obra volvió a conmoverme profundamente. Durante cuatro domingos corridos, vi a esos actores representar la misma obra, una función en matinée y la otra por la tardecita. Ninguna función era igual a la otra. Sus voces, sus gestos, el nivel de concentración, cambiaba la dinámica cada vez que decían sus líneas, lo que hacía que le obra variara y se renovara continuamente.

Hasta ese momento, la experiencia teatral era un concepto que se enseñaba en Performing Arts, no algo que yo hubiera vivido. Pero, ahora entendía, por fin, por qué mis maestros en Performing Arts, amaban tanto el teatro y por qué insistían en que los sacrificios valían la pena.

Después del sexto domingo, el Sr. Rosenberg me dijo que ya no me necesitaría más. "Estaremos ensayando durante un par de meses," me dijo, "entonces abriremos con otra obra." Me dio pena y le dije que llamara a la escuela cuando me necesitara. Un par de meses más tarde, lo hizo.

"Tráigase un pañuelo," me dijo, antes de despedirse. Lo hice.

A Mami le avisaron de un baile en la Armería de Park Avenue. "Hace tiempo que no vamos," pensó, "y las Navidades ya están ahí."

Guardé el dinero que me gané de ujier para un vestido y me dejaron ir de tiendas sola.

"Pero no llegues a casa con nada estrambótico," me dijo Mami.

"No quiero parecer una payasa... A lo mejor algo en negro."

"¡Ay, no! Negro no." Mami había salido de su ropa de luto hacía poco. Tenía miedo de que le trajera mala suerte si se quedaba con ella. Cuando le sugerí que la quemara, se azoró y entendí que el fuego implicaría cosas terribles para el pobre, difunto Francisco. Si le regalaba la ropa a alguien que no estuviera de luto, le traería mala suerte a la que la recibiera. Así es que la atacuñó en una bolsa, la amarró con unos cuantos nudos para que la mala suerte de la ropa no fuera a escaparse y la puso afuera con la basura.

"Rojo entonces, ya que es Navidad."

"¡Dios te libre!" saltó Tata. La ropa roja, según ella, traía periodos abundantes y en las mujeres en edad reproductiva, ocasionaba abortos.

"No tengo planes de salir encinta en buen tiempo," le recordé.

"Aun así."

"Cómprate algo con todos los colores del arcoiris," sugirió Edna.

"Olvídenlo, ya veré qué hago," contesté. Usé mi traje como excusa para ir de compras a Manhattan.

"¿Por qué no puedes comprarlo por aquí?" me preguntó Mami, "¿O en la Avenida Flatbush? Tienen montones de cosas lindas."

Pero, yo no quería comprarlo en Brooklyn. En Performing Arts había aprendido que Brooklyn no era la Ciudad de Nueva York. Hasta el propio alcalde lo llamaba "un distrito exterior." Manhattan era el centro financiero, teatral y artístico de los Estados Unidos. Quería estar en él, moverme de los márgenes al centro. Quería subir a la punta del Empire State Building, contemplar la ciudad y mirar más allá, al vasto horizonte que yo sabía que existía, pero que no podía ver desde las aceras de Brooklyn.

De todos los bailes a los que habíamos ido, el de la Armería fue el mejor. Tres bandas tocaron sin parar y había más puertorriqueños de los que nunca había visto en un salón tan grande. Después del baile, Mami, Delsa, Norma y yo caminamos por Park Avenue, buscando algún sitio dónde comer algo, pero no encontramos. La calle, dividida por una isleta con arbustos bajos y árboles flacos, era casi toda residencial y los negocios abrían sólo de día. Hambrientas como estábamos, nos gustó, sin embargo, caminar por Park Avenue y, con la pavera que traíamos del baile, nos reímos, bromeamos y jugamos a ser señoras ricas paseando por el vecindario. Dejamos la Armería atrás y caminamos con los abrigos sobre los hombros, como si fueran de visón, los tacos repicando y nuestras manos colgando lánguidamente de las muñecas, extendidas hacia un caballero invisible.

Unas luces brillaron detrás de nosotras. Un carro patrulla se detuvo, se bajó un policía y se nos acercó caminando to' espatarra'o por el medio de la calle, como un sheriff de película de vaqueros a punto de retar al ladrón de bancos a un tiroteo.

"Buenos días, señoras," nos dijo. "¿Puedo dirigirlas hacia donde van?" Su voz, con un tono de corrección fingida, le salió con una sonrisita burlona y sus ojos, invisibles bajo la gorra, eran como manos toqueteando cada pulgada de nuestros cuerpos.

Mami se colocó entre nosotras y el guardia, pero necesitaba que alguna de nosotras le tradujera. Su rostro cambió, en segundos, de la alegría al pánico, a la expresión dura y seria que ponía cuando estaba asustada, pero tenía que mantenerse fuerte por el bien de sus hijas. "Dile que sólo estamos buscando un sitio donde comer," dijo dirigiéndose hacia Delsa, Norma y a mí, a la primera que hablara. De un salto, quedé frente a ella, sonreí con mi sonrisa más encantadora y me convertí en Cleopatra, Reina del Nilo.

"Estábamos en un baile en Armería, oficial" enuncié claramente. "La noche está tan bonita, que decidimos volver caminando a casa."

"¿Ustedes viven por aquí?" Trató de intimidarme con la mirada; pero, aunque las rodillas me temblaban, mantuve mi noble porte.

"Sí, ahí mismo," señalé con todo mi brazo, con todo mi cuerpo, a un lugar lejano, mi palacio, hacia Brooklyn. Mami, Delsa y Norma me miraron como si me hubieran crecido cuernos y un rabo. Se ajustaron y abotonaron los abrigos y se quedaron paradas, humildemente, frente al policía, rogando que no hubiéramos hecho nada ilegal y que yo no lo estuviera empeorando, mientras yo rogaba que no me fuera a pedir una dirección.

"Estaban haciendo mucho ruido," su voz se suavizó. "Éste es un vecindario residencial." Ahora sí que descubrió a América el muy zángano, pensé.

"¿Qué?" gritó Mami en inglés, como si al hablar alto la fueran a entender mejor. "*What the matter?*" Sonaba asustada, definitivamente no como alguien que viviese en Park Avenue.

"Nos denunciaron por hacer mucho ruido," dije en español, mi voz baja y tranquila." ¿Uno no puede hablar y reírse en Park Avenue?" replicó Delsa en español y yo le lancé una mirada de "cierra el pico." Me volví hacia el policía.

"Bajaremos la voz." Yo, la astuta Cleopatra, batí los párpados y sonreí altiva. "Sentimos tanto haber importunado a los vecinos. Vamos chicas." Les hice un gesto con la mano, empecé a caminar y le pasé por el lado. "Gracias," le dije, cuando el agente se movió para dejarnos pasar; Cleopatra, Reina del Nilo y sus fieles servidoras, que la seguían confundidas, no muy seguras de que la ley ya las hubiera despachado. Seguí caminando hasta que sentí que se cerró la puerta del carro patrulla y lo vi pasarnos por el lado y alejarse por Park Avenue. Tan pronto desapareció, estallamos de la risa.

"¿Cómo te atreviste?" se reía Mami.

"Yo no sé, no lo pensé... Lo hice." Doblamos en la esquina, para salirnos de Park Avenue, por si acaso el policía volvía a pasar a cotejar si entrábamos en alguno de los edificios del vecindario.

"¡*Wow!* Negi, te la comiste, esas clasecitas de actuación te están sirviendo pa' algo," me dijo Norma. "¡Le hiciste creer que vivíamos en Park Avenue!"

Estaba alborozada. Acababa de actuar frente al público más critico y exigente que encontraría jamás y había recibido una crítica apoteósica.

Empezamos a salir a bailar de nuevo, pero no tan frecuentemente como en el verano, dos veces al mes, más o menos. En uno de los clubes, Mami conoció, bailó con y se enamoró de Don Carlos. Era flaco, de piel chocolate, sonrisa tímida, voz suave. Usaba siempre traje oscuro, camisa blanca, una corbata estrecha y unos espejuelos de carey rectangulares con lentes verdes. Yo pensé que era ciego. ¿Por qué otra razón usaría alguien espejuelos oscuros en un *nightclub*, que ya de por sí tenía poca iluminación?

Bailó conmigo, con Delsa y con Norma, guardando siempre más de la distancia requerida, mirando por encima de nuestras cabezas en todo momento, como si mostrar cualquier interés en nosotras, más allá del mínimo que requería la cortesía, estuviera prohibido. Después nos llevó a cenar; nos preguntó de la escuela, lo que queríamos hacer cuando fuéramos grandes; las preguntas esperadas que los adultos que están tratando de congraciarse con los jóvenes siempre hacen. Norma y yo le preguntamos qué hacía él (contabilidad), dónde trabajaba (Xerox), si estaba casado (divorciado), cuántos hijos tenía (tres) y si alguna vez se enfermaba (muy rara vez), mientras Mami nos pateaba por debajo de la mesa por impertinentes. Pero éste era el único hombre por quien Mami había mostrado algún interés desde la muerte de Francisco.

Mami le debe haber dicho a dónde iríamos a bailar porque después del primer encuentro, cada vez que entrábamos en un club, ahí estaba Don Carlos. Delsa, Norma y yo, nos dimos cuenta enseguida de lo que estaba pasando, especialmente porque Mami no bailaba con nadie más. Don Carlos se sentaba en nuestra mesa y aunque la música era ensordecedora, él y Mami mantenían unas conversaciones animadísimas durante toda la noche, aun cuando estaban bailando.

Delsa, Norma y yo, relajábamos a Mami con que tenía novio y ella se ruborizaba y nos pedía que no le dijéramos nada a Tata. Nos gustaba compartir un secreto con ella, saber algo de su vida que nadie más sabía. Pero no nos gustaba que Don Carlos se sentara con nosotras. Los hombres creían que era nuestro papá y no nos sacaban a bailar.

"Se sienta ahí, con esos espejuelos oscuros, como un gángster o algo así y espanta a los muchachos," nos quejábamos con Mami.

La vez siguiente usó unos lentes regulares, gruesos como culo de botella, por los que miraba frunciendo los ojos como si la receta no fuera la suya. Tampoco ayudó. Ahora los hombres creían que Don Carlos estaba vigilándoles cada uno de sus movimientos.

Después de dos semanas de noviazgo, Mami invitó a Don Carlos, un domingo, a comer. Cuando Mami le anunció que venía un hombre de visita, Tata entrecerró los ojos, frunció la boca y se alejó de Mami sin decir palabra.

"Me alegro por ti," le dijo Don Julio. "Tú todavía eres una mujer joven. Debes tener un esposo."

"Es sólo un amigo," le contestó Mami, pero la cara se le puso colorada.

Llegó el domingo y la casa estaba inmaculada. Se habían bajado los tenderetes de ropa, los pañales estaban doblados y guardados, los pisos estaban relucientes, todas las camas estaban hechas y con sus colchas de chenille y las almohadas formaban unas discretas lomitas en las cabeceras. Mami tenía miedo de que Tata estuviera de mal humor y la fuera a abochornar delante de Don Carlos, pero Tata se vistió temprano, ocupó su lugar en la estufa junto a Mami y le ayudó a cocinar —y en un momento, hasta le dijo que ella se hacía cargo de terminar para que Mami pudiera arreglarse.

Don Carlos se apareció horas después de lo esperado, con una caja de galletitas italianas para nosotros y una botella de vino para Tata. No le trajo nada a Mami, quien estuvo fría y correcta con él, su rostro hecho una rígida máscara. Tenía puestos sus lentes oscuros de nuevo y no se los quitó en todo el tiempo que estuvo con nosotros. Nunca se disculpó por haber llegado tarde, ni ofreció excusas. Se quedó todo el tiempo en la mesa de la cocina, hablando y bebiendo con Tata y Don Julio, mientras mis hermanas y hermanos entraban y salían, le pasaban revista y volvían corriendo al cuarto para comparar notas. A punto de irse, le pidió a Mami que lo acompañara hasta la puerta de salida, dos pisos más abajo. Le dio la mano a todo el mundo, hasta a los nenes, y bajó las escaleras detrás de Mami. Tan pronto salió, empezamos a hablar de él.

"Es un hombre inteligente y bien educado," fue la evaluación de Don Julio.

"Gana un montón de chavos," le informó Delsa a todo el mundo. "Cuando salimos a bailar, él paga y después nos lleva a desayunar y paga por eso también."

"Trata a Mami con respeto," señaló Norma.

"¿Ah, sí? Y se apareció cuando le dio la gana," nos recordó Héctor.

"A lo mejor tenía que trabajar," lo defendió Alicia.

"¿Domingo?" pregunté.

"Es bien alto," observó Raymond.

"¡Pero es tan flaco!" añadió Edna.

"Yo lo único que digo," habló Tata finalmente, "es que no confío en ningún hombre que no me mire a los ojos."

Se chavó, me dije.

Como pasó con Francisco, Tata y Mami discutían sobre si era apropiado o no traer un hombre a la familia. Tata acusaba a Mami de darnos malos ejemplos y Mami insistía en que a los treinta y tres años, todavía era una mujer joven y tenía derecho a vivir. Si a Tata no le gustaba, que se mudara. Don Julio, se puso del lado de Mami y Tata, en minoría, aceptó lo inevitable. Una noche, Don Carlos vino a comer y a la mañana siguiente, allí estaba todavía.

El tercer año en Performing Arts resultó ser mi mejor año; mi promedio era excelente, ayudado por mis notas, casi perfectas, en geometría, que finalmente, después de tres intentos, había logrado dominar. Mi Cleopatra astuta fue un éxito y el semestre de primavera, cuando trabajamos con caracterizaciones, me asignaron el papel de una de las malvadas hermanastras en unas escenas de *La Cenicienta*. Nos aconsejaron que usáramos algún animal como el modelo físico de nuestro personaje y yo escogí el camello, por su aire altanero y su andar desgarbado.

Era patrullera de pasillo y estaba encargada de cotejar que los estudiantes que anduvieran por los pasillos durante horas de clase tuvieran un pase firmado por alguna maestra. El pasillo que más me gustaba patrullar estaba en el piso del Departamento de Danza. Me sentaba donde pudiera observar la clase de ballet; donde podía ver a los bailarines lanzarse a través del espacio con un desenfreno controlado que hacía que mis propios músculos añoraran el movimiento. Tenía envidia del entrenamiento que los volvía tan gráciles y fuertes, de los pasos complicados que ejecutaban, según la maestra pedía cada movimiento en francés.

En Performing Arts, el entrenamiento para actores era en danza moderna; su idioma, el inglés; y el propósito, que no hiciéramos el ridículo si nos tocaba trabajar en algún musical. Pero, yo había llegado a preferir mi clase de baile a la de actuación. Aunque me daba cuenta de que no era una gran actriz, veía que era una de las mejores bailarinas del Departamento de Drama. Practicaba todo el tiempo. El semestre que estudiamos jazz y aprendimos a hacer *isolations*, empecé a hacer diminutos movimientos con el torso, las caderas y la espalda, mientras esperaba el tren o mientras estaba sentada en la clase de Historia. En casa, no podía estarme quieta frente al televisor mientras veíamos *Candid Camera* o *The Jackie Gleason Show*. Con un ojo en la pantalla, me estiraba, hacía *splits*, contaba cien *pliés* en primera, segunda, tercera, cuarta o quinta posición, mientras mis hermanas y hermanos se quejaban de que mis movimientos los distraían. Para recoger algo del piso, me doblaba desde la cadera, con la espalda recta para estirar los muslos y las pantorrillas. Usaba el *counter* de la cocina como si fuera una barra, saltaba de cuarto en cuarto, levantaba y sostenía la pierna contra el cachete, como hacían las bailarinas de can-can en *The Ed Sullivan Show*.

Sabía que nunca sería bailarina; no era mi intención. En Performing Arts aprendimos que si los actores tenían que esperar diez años para poder empezar a vivir de su arte, las bailarinas tenían suerte si podían sacarle ese mismo número de años a su carrera. Para mí, el baile no era para ser compartido, sino para transportarme a un lugar que nada más podía transportarme. Bailaba para mí, aunque un experto bailarín estuviera guiándome sobre el piso brillante. No importaba que nadie me viera bailar. Lo importante era que podía hacerlo.

En el teatro yídish, hacía de ujier en dos funciones todos los domingos, por lo que me pagaban en unos billetes arrugados, al final del día. La compañía trabajaba por repertorio, alternando comedias con tragedias. Mientras estaban en ensayo, yo me quedaba sin trabajo. Cuando había función, un actor siempre administraba la boletería, lo que me hacía pensar que el Sr. Rosenberg sólo escogía obras en las que uno de los actores entraba siempre en el segundo acto.

Llegué a conocer a los miembros del público regular por sus nombres. El Sr. y la Sr. Karinsky ocupaban siempre las mismas dos butacas en la fila C, centro. La Sra. Shapiro y su hermana, la Srta. Levine, preferían la primera fila, centro, porque la Srta. Levine tenía problemas de audición. La Sra. Mlynarski, siempre le traía a los actores un *coffee cake*, que me entregaba con mucha ceremonia y que se suponía yo llevara trasbastidores inmediatamente, mientras ella permanecía en la puerta —un enorme bulto inamovible— e impedía que nadie entrara hasta que yo regresaba a comunicarle las más expresivas gracias de parte del elenco. Casi todos los asiduos sabían dónde estaban sus asientos, así es que me preguntaba por qué me seguiría pagando el Sr. Rosenberg para

servir de ujier; hasta que una noche al Sr. Aronson le dio un fuerte ataque de tos. Bajé por el pasillo con la linterna y lo ayudé a salir de la sala
del teatro hasta el pasillo, seguida de la muy afligida y avergonzada Sra.
Aronson y de otro señor que pidió que le trajera un vaso de agua.

"No se preocupe," dijo el señor, inclinándose sobre el Sr. Aronson, que se estaba poniendo azul, "soy médico."

No encontré un vaso de agua por ninguna parte, así es que corrí
hasta el Deli que había por allí cerca y le dije al muchacho del counter
que teníamos una emergencia en el teatro y que por favor, por favor, por
favor, me diera un vaso de agua. Cuando regresé, estaban en el Intermedio y el Sr. Aronson estaba sentado en el piso con el doctor arrodillado a
su lado. Había recobrado un poco el color y la tos se le había calmado.
Se tomó el agua en sorbitos, mientras el público lo observaba y daba
vueltas y comentaba sobre lo que estaba pasando.

"Te ves mejor, Morey," le dijo la Srta. Levine.

"Es la vesícula," diagnosticó el Sr. Klein.

"Muévanse, necesita aire fresco," le ordenó a todo el mundo la
Sra. Mlynarski.

Cuando las luces llamando al segundo acto parpadearon, su esposa y el doctor ayudaron al Sr. Aronson a bajar la escalera y a salir del edificio.

Después que todos se sentaron y se reanudó la obra, yo empecé a
sudar y a temblar de pensar que algún día, a alguna de las personas
mayores, pudiera darle un ataque al corazón o un derrame durante
una función y no hubiera un médico para ayudarle. Más tarde, cuando
el Sr. Rosenberg me estaba pagando y yo le expresé mi temor, me tranquilizó.

"No te preocupes," me dijo, agitando la mano, "en esta casa siempre hay un doctor." Se rió, pero yo no cogí el chiste.

Mami decidió que necesitábamos un apartamento que nos diera a todos
mayor privacidad. Encontró uno en el segundo piso de una casa de dos
plantas, en una calle con una línea de árboles, y casas idénticas, con las
entradas separadas de la acera por un patio de cemento detrás de una

verja de hierro forjado. Ella y Don Carlos cogieron el cuarto de atrás. Tata, la muchachería y yo desparramamos nuestras cosas en tres cuartos, uno de los cuales, la sala, daba a la calle soleada. Los otros cuartos no tenían mucha luz porque las ventanas daban a un respiradero. Cuando estaba organizando mis cosas en el cuarto del medio, con Delsa y Norma, noté que un pasillo al lado de la cocina era lo suficientemente ancho para acomodar un catrecito de los de abrir y cerrar.

"¿Mami, puedo coger este cuarto?"

"Esto no es un cuarto, es un pasillo."

"Si cierro estas puertas," cerré las que daban al pasillo de afuera y a su cuarto, "todavía me queda la puerta que da a la cocina y puedo poner el catre aquí y una mesita y ya tengo mi propio cuarto."

Mami entró al cuartito que había creado. "Es tan oscuro."

"Tiene una luz. ¿Ves?" Halé la cadenita de la bombilla que colgaba del techo. "Este cuarto es inútil, no necesitamos otra entrada."

"Mmm," Mami lo pensó un momento y accedió. En la tienda donde se vendían cosas en segundas manos, encontramos una coqueta de cristal y metal dorado con un espejo ovalado y una silla haciendo juego, tapizada en *vinyl* blanco. Arrastré el catre y lo metí en el pasillo, donde se daba un abrazo tan estrecho con las paredes, que la única manera en que podía meterme en la cama era subiéndome por los pies hasta llegar a la cabecera, que daba a la puerta del cuarto de Mami. La coqueta cupo pegada a la otra puerta de entrada. Atornillé dos o tres ganchos de colgar ropa en la pared y metí mi ropa interior en una canasta que iba debajo de la cama. Era como vivir en una caja larga, pero era privado, mi propio cuarto donde podía tener mis cosas y donde dormía sola, aunque cada vez que me viraba le daba a la pared con una pierna o un pie.

"Suena como si estuvieras peleando allá adentro," se quejó Tata una mañana cuando salí del cuarto con los codos y las rodillas magulladas. "Y ahí no te entra aire fresco. Te vas a enfermar."

"Quizás ese cuarto no fue tan buena idea na'," advirtió Mami.

"Tuve una pesadilla," mentí, "hay suficiente aire fresco." Esa noche empecé a adiestrarme para dormir boca arriba, perfectamente quieta: Cleopatra, rodeada de sus pertenencias, en su sarcófago.

Tan pronto terminaron las clases, contesté un anuncio clasificado para un trabajo de verano en una compañía de revelado de fotografía. Me entrevistó el Sr. Murphy, un hombre nervioso que me hacía preguntas, pero nunca me dejaba contestarlas.

Revisó la solicitud de empleo.

"Tú estás en Performing Arts, ¿verdad?"

"Sí señor," le dije sin poder disimular el orgullo en mi voz.

"¿Qué enseñan ahí?" Tenía un exquisito acento de Brooklyn.

Saqué mi habla estándar. "Estoy en el Departamento de Drama, así es que estudiamos actuación, voz y..."

"¿Qué? ¿Tú quieres ser estrella de cine?"

"Es una escuela con programa académico también."

"¿Ah, sí? ¿Tú viste *West Side Story*? Te me pareces a esa muchacha, como se llama, Mareer. Tú podrías hacer de ella."

"No canto..."

"No hay muchos papeles para puertorriqueños," volvió a interrumpir.

"Se nos entrena para hacer cualquier papel..."

"¿Qué es esto? ¿Teatro yídish? ¿Tú hablas yídish?"

"Yo era ujier..."

"¿Te botaron porque no sabías hablarlo?"

"No, es que ellos no tienen funciones durante el verano."

"Fue una peliculaza," reflexionó y me tomó un rato darme cuenta de que estábamos de nuevo en *West Side Story*. "¿Cómo se llama? Ganó un premio de la Academia, ¿verdad?"

"Rita Moreno. Es puertorriqueña."

"¿Puedes empezar el lunes?"

"¡Claro que sí!"

"A las ocho de la mañana. Te voy a tener una tarjeta junto al reloj para que ponches." Se levantó y me acompañó a la puerta. "Sí, Reeter, ese es el nombre." Me abrió la puerta.

Estaba contenta de haber encontrado un empleo, pero molesta por haberlo conseguido porque a mi jefe le encantó *West Side Story*.

Odiaba esa película y no ayudaba nada el que cada vez que decía que era estudiante de drama, la gente esperara que me levantara la falta y rompiera a cantar, "*I feel pretty, oh so pretty...*"

A pesar de que no había visto nunca una representación teatral de *West Side Story*, había leído que la María original fue representada por una actriz norteamericana, Carol Lawrence, mientras que Anita, la hizo Chita Rivera.

En la película, Natalie Wood hizo de María y Rita Moreno de Anita. Era una sutileza, pero no me pasó desapercibido, que la única virgen en toda la película —la dulce e inocente María— la representaba siempre una americana, mientras que la bola de fuego *sexy*, era puertorriqueña. Pero, eso no era todo.

Los Jets tenían un lugar limpio, bonito y cálido donde reunirse, que recordaba la fuente de soda donde se pasaba Archie con Betty, Verónica y Jughead. El dueño era un viejito buenagente que aguantaba toda clase de pocavergüenzas, incluyendo la casi violación de Anita. Los Sharks tenían una azotea, ¿y qué hacían allí? Discutían si "América" era mejor que Puerto Rico.

"Es sólo una película," me recordó Laura Figueroa, una vez que yo me monté en tribuna con *West Side Story*.

"No es sólo una película," le argumenté, "es la *única* película sobre los puertorriqueños que la gente ha visto. ¿Y cuál el mensaje? Las puertorriqueñas blancas se balancean de las escaleras de escape de incendios, cantándoles dulces canciones a los tipos italianos, mientras que las puertorriqueñas de piel oscura se acuestan con los novios. Oscuros también, que conste."

"Estás dándole demasiado color al asunto," insistía.

Cuando leímos *Romeo y Julieta* en la clase de inglés y Misis Simmons nos dijo que *West Side Story* estaba basada en una obra de Shakespeare, me desilusioné. Pensé que el Bardo hubiera podido hacer algo mejor. La escena de la muerte al final de la obra, era lo más necio que había visto. Durante la discusión, mis compañeros trataron de ayudarme a verlo de un modo diferente.

"¿Pero no entiendes?" me dijo Brenda, "murieron por amor."

"¿Pero, qué clase de razón más estúpida es esa?" le pregunté.

"No podían vivir el uno sin el otro," me explicó Ardyce.

"¡Por favor! Esa es la razón más ridícula para suicidarse."

"Obviamente, nunca has estado enamorada," suspiró Myra con desdén.

"Si lo hubiera estado, tampoco me hubiera matado por ningún muchacho."

"¿Aunque se pareciera a Richard Beymer?" preguntó Roger.

"Especialmente si se pareciera a Richard Beymer."

"Cleopatra se mató por Marco Antonio," me recordó Jay.

"No exactamente. Pensó que Marco Antonio estaba muerto y había perdido su aliado más importante. Sin él, los romanos la hubieran despojado de su rango." Nadie podía invocar a Cleopatra al lado mío y esperar que yo no tuviera los datos claros.

Misis Simmons levantó la mano para terminar la discusión. *"Romeo y Julieta* es una de las más grandes historias de amor de todos los tiempos," concluyó, "pero, aparentemente, no lo es para todo el mundo." Sonó el timbre. "La semana que viene empezamos *Hamlet.*" Me sonrió, "yo creo que ésa te va a gustar más," me dijo cuando salía del salón.

Mi trabajo de verano consistía en meter negativos y retratos dentro de sus sobres y enviárselos por correo a la gente que nos mandaba sus rollos para que los procesáramos. Las fotos se revelaban al lado, pero los gases se colaban por la pared hacia el cuarto donde yo trabajaba, que era oscuro y no tenía ventanas. Dos mujeres más trabajaban en unos escritorios, haciendo lo mismo que hacía yo, y una de ellas, Sheila, una mujer negra, no mucho mayor que yo, estaba encargada de enseñarme como hacerlo. La otra, una mujer asiática mayor, se pasaba murmurándose a sí misma todo el tiempo que estaba trabajando y casi nunca levantaba la vista de su estiba de sobres, negativos y fotos.

"Eso es lo que pasa cuando una trabaja aquí mucho tiempo," dijo Sheila, inclinando la cabeza hacia Mimi. "Te tuestas. Todos esos químicos." Se rió y yo supuse que tenía que estar bromeando.

"¿Cuánto tiempo llevas trabajando aquí?"

"¿Yo? Como siete meses. Tengo dos nenes que mantener, tú sabes.

No soy como tú que te quedaste en la escuela y eso." Sheila trabajaba tres días a la semana; los otros dos estaba matriculada en un programa de adiestramientro para asistenta de enfermería. "Tenía que sacar mi GED," me dijo, "entonces, me hicieron coger Biología y Química y toda esa baba que había pasado durmiendo la primera vez que la cogí. ¿Tú tienes que estudiar todo eso en tu escuela?"

"Sí."

"Y a ti te gusta, ¿verdad?"

"No me molesta."

"Ojalá yo me hubiera quedado en la escuela. Ahora tengo dos nenes que mantener. Tú no vayas a pensar que dejar la escuela es bueno."

"Mi mamá no me dejaría."

"Estoy de acuerdo con ella." Rebuscó entre algunas fotos. "¡Mira este bobo en este retrato! ¿Qué es lo que tiene en la cabeza?"

"Parece un racimo de guineos."

"Aquí en este trabajo se ve la gente más tonta. Mírate ésta... Ella cree que se ve bien."

Durante horas, metía en sobres los recuerdos de la gente, al son del chachareo de Sheila y de los murmullos de Mimi. Por las tardes, al salir a la acera, respiraba el aire de Brooklyn, fresco y limpio en comparación con el que había en el edificio, donde pasaba ocho horas diariamente. Me iba a casa, me cambiaba y me encerraba en mi cuarto a leer o a escribir largas divagaciones en el diario que me había regalado La Muda cuando cumplí diecisiete años.

Me pagaban todos los viernes. En casa, le daba a Mami una parte de mi salario y le pagaba a mis hermanas y hermanos para que hicieran las tareas que me tocaban a mí pero que yo no quería hacer. El resto me lo gastaba en ropa para el semestre entrante, pero mi gasto mayor era en libros que no tenía que devolver a la biblioteca.

Mi primera compra fue *The Power of Positive Thinking* del Dr. Norman Vincent Peale. Me encantaba su teoría de que los pensamientos negativos producen actos negativos. Mami, mis hermanas y hermanos, mis amigos de la escuela, me habían acusado más de una vez de tener una vena negativa y morbosa. Tenía la esperanza de que el libro del Dr. Peale me ayudara a pensar positivamente cuando la vida se tornara sombría, como estaba segura que sucedería.

Como sugería el Dr. Peale, hice una lista de las cosas buenas en mi vida:

(1) Había aprobado mi tercer Regents de Geometría con 96.
(2) Tenía un empleo.
(3) Mami tenía trabajo, estaba enamorada y contenta de nuevo.
(4) Delsa, Norma y Héctor también tenían trabajo.
(5) Con cinco personas trabajando en casa, ahora teníamos más dinero del que nunca habíamos tenido.
(6) Tenía mi propio cuarto.
(7) El pie de Raymond estaba completamente curado y el médico había dicho que ya no tenía que volver a citas de seguimiento.

Dr. Peale sugería diez, pero yo sólo pude pensar en siete, lo que me llevó a pensar que necesitaba el libro desesperadamente. Para ayudarme a entrar en una actitud positiva, memoricé canciones que hablaban sobre la buena vida. En la biblioteca escuchaba discos rayados de los musicales de Broadway y aprendí a cantar a toda boca *"Everything's Coming Up Roses"* como Ethel Merman. Cantaba *"Luck Be a Lady Tonight"* de *Guys and Dolls*, todas las mañanas cuando me bañaba. Pero la canción que tarareaba en los momentos de duda venía de la odiada *West Side Story*. Me parecía insultante que lo único positivo en la vida de María fuera Tony, al pie de su escalera de escape. Pero, me encantaba su canción y me prometí a mí misma que todos los días pasaría algo bueno, y que tan pronto sucediera, lo sabría. A pesar de que en *West Side Story* las cosas buenas estaban siempre a la vuelta de la esquina para los no-puertorriqueños solamente, me obligué a creer que en cualquier momento ocurriría un milagro, que se haría realidad y que me ocurriría a mí. Así es que, cuando llegaba a la esquina, reducía la velocidad y trataba de imaginar cómo se veía un milagro pitando por el río.

Después de que Don Carlos llegó a nuestras vidas, dejamos de ir a bailar tanto porque los fines de semana era cuando único Mami lo veía.

"¿No te parece raro," le decía Tata a Mami, "que no viva aquí con nosotros?"

"Es por su trabajo," le explicaba Mami. "Es demasiado lejos para él, ir de aquí hasta su trabajo en la ciudad."

"Tú y Negi van a la ciudad todos los días," le señalaba Tata.

"Es diferente. Él tiene dos trabajos. Uno de día y otro de noche."

Si fue o no que Tata le metió ideas en la cabeza a Mami, lo cierto es que para la mitad del verano, cuando Mami empezó a dar señales de que estaba encinta otra vez, empezó a preguntarle a Don Carlos dónde se metía durante la semana. Desde mi cuarto, al lado del de ellos, los oía discutir. O, mejor dicho, oía a Mami. Don Carlos respondía en voz muy baja, como si quisiera que sólo Mami escuchara sus excusas. A veces no le contestaba nada, lo que ponía a Mami furiosa y le lanzaba acusaciones a las que él, con terquedad, se negaba a responder. Cogía su maletín y se iba. Cuando Mami se calmaba, volvía y las cosas se arreglaban por un tiempito.

Nos había dicho que tenía tres hijos. Lo fastidiábamos pidiéndole que los queríamos conocer, pero él, por una razón u otra, siempre posponía la visita. Decía que trabajaba de contable durante el día y que por las noches trabajaba llevándoles los libros y los asuntos de impuestos a clientes privados. Durante el noviazgo, se lucía muchísimo pagando nuestros boletos y el desayuno después del baile. Pero, después que se mudó con nosotros, le daba trabajo abrir la cartera. No se ofrecía a ayudar con la compra, no nos daba ningún menudo que le sobrara, y no se ofreció a pagar la cuenta del teléfono cuando Mami no la pudo pagar y se lo cortaron. "Tacaño," fue la evaluación de Tata y se tocaba el codo con el puño. Nuestros parientes no eran ricos, pero no eran tacaños. Eran generosos con lo que tenían y la renuencia de Don Carlos a separarse de su dinero fue interpretada como una debilidad de carácter, una señal segura de que había otros rasgos más desagradables que todavía nos faltaban por descubrir.

"Deja de pensar y baila."

En Peforming Arts estudiábamos a Shakespeare en la clase de Inglés, pero en el Departamento de Drama no nos asignaban escenas de sus obras hasta que no estábamos listos. Ahora que ya éramos *seniors* y teníamos dos años completos de clases de voz, dicción y actuación a nuestro haber, finalmente, íbamos a poder montar algunas de las magníficas escenas del Bardo. Ya había manifestado mi disgusto por *Romeo y Julieta*, así es que no fue sorpresa alguna que no me escogieran entre los Capuletos. Sería —qué iba a ser— Cleopatra en verso yámbico.

Me emparejaron con Northern Calloway (ninguna relación con Cab, solía decir), una de las estrellas del Departamento de Drama, que lo mismo hacía tragedias, que comedias, que musicales. Me caía bien, pero su franqueza y su sentido del humor medio perverso, me molestaba a veces. Cuando nos asignaron la segunda escena del primer acto, de *Antonio y Cleopatra* de Shakespeare, tuve mis dudas de que pudiéramos trabajar bien los dos juntos; pero él era mucho más disciplinado de lo que esperaba. Me ayudó a descubrir aspectos de la personalidad de Cleopatra que yo no había percibido o destacado antes. Me recomendó que desechara el vestido del mantel amarillo porque había desarrollado manerismos a causa del poco movimiento que me permitía el traje.

Compré un par de cortinas de nilón y me hice un vestido transparente. Después de casi tres años de verme inventando vestuarios con sábanas, cortinas y retazos de tela, Mami ya no pedía inspeccionar todo lo que hacía. Pero, cuando vio la tela transparente, me advirtió: "Yo espero que tú pienses ponerte un refajo debajo de eso." Le expliqué que la Reina del Nilo no usaba refajo, pero, por aquello de la decencia, acepté usar el vestido sobre los *tights* y el leotardo.

Estaba en el pasillo, leyendo el tablón de edictos del Departamento de Drama, donde se colocaban los recortes de periódicos de ex-alumnos famosos, con el año de su graduación anotado en una esquinita. En Performing Arts, la gente no se paraba, simplemente, sin hacer nada. Cada oportunidad para ejercitar el cuerpo o practicar las destrezas se aprovechaba, así es que, mientras leía, hacía *pliés* en segunda posición.

Sentí a alguien parado detrás de mí y al virarme, me encontré cara a cara con un hombre de cabeza grande coronada de un pelo negro salvaje, una nariz prominente, penetrantes ojos negros bajo cejas bien proporcionadas y labios bien formados que no sonreían. Sabía que era uno de los maestros del Departamento de Baile.

"Usted debe ser una bailarina clásica india," declaró en una voz profunda con un dejo de acento extranjero.

"No señor. Soy una actriz puertorriqueña."

Pareció molestarse con la corrección. "No dije que es. Dije que debe ser. Pase a verme."

Me intrigó; imaginaba a los indios con tocados de plumas y mocasines, bailando *en pointe* alrededor de la fogata. En un período libre corrí hasta la Oficina de Baile, pero no había nadie. Traté dos o tres veces más esa semana, pero nunca lo encontré.

Un día Miss Cahan, una maestra de baile del Departamento de Drama, me detuvo en un pasillo y me preguntó si quería hacer una prueba para una obra. "Es para una compañía de teatro infantil."

Me dijo que las audiciones serían más tarde en la semana y me dio la dirección. "Otros estudiantes van a audicionar," añadió. "No llegues tarde."

La dirección era en Madison Avenue. El portero me hizo esperar en lo que llamó y dio mi nombre y después de unos minutos, me indicó que subiera al quinto piso. El operador del ascensor —un hombre bajito, de piel aceitunada, en un elegante uniforme que le daba un aire de Napoleón extraviado en el siglo equivocado, no me miró mientras subimos. Señaló a la izquierda cuando llegamos a un sombrío pasillo alfombrado y esperó hasta que toqué el timbre que había debajo de la mirilla de la puerta del apartamento. Al abrirse la puerta, se cerró el ascensor. Miss Cahan, vestida en *tights* y leotardo y una falda de baile larga me saludó y me condujo hasta un enorme salón con amplias ventanas de fondo.

Tenía diecisiete años y nunca había estado en una casa americana.

Y aquí estaba, en un apartamento del Upper East Side —gruesas alfombras bajo mis pies, pinturas oscuras y tristes en las paredes, yardas de tela alrededor de las ventanas, dos sofás, butacas tapizadas, mesitas adornadas con figuritas de cristal y porcelana. Me moría de envidia.

Miss Cahan me presentó a Misis Kormendi, la autora y directora de la obra. Había otra estudiante de Performing Arts en la sala, Claire, quien, yo sabía, era una actriz de primera. Se había quitado los zapatos y estaba sentada con las piernas cruzadas, en el piso, al lado izquierdo de Miss Cahan. La sencillez de la blusa y el pantalón que tenía puestos, y su "Hola" tan natural, me hicieron pensar que vivía allí.

"¿Por qué no te quitas los zapatos y los pones debajo de ese banco?" Miss Cahan me señaló un mueble tapizado al que nunca le hubiera llamado banco, a pesar de que no sabía qué otro nombre darle. Tenía puesta una falda porque para Mami, las muchachas decentes no usaban pantalones a menos que no estuvieran montando a caballo.

"Quizás te debas quitar las medias también, para que no resbales," añadió.

"*Okay.*" Me viré de espaldas y discretamente me desabroché las medias de la fajita y me las bajé, preguntándome por qué tendría que desvestirme para audicionar para una obra infantil. Miss Cahan me leyó la mente.

"Debí haberte dicho que íbamos a bailar," me explicó, "para que vinieras preparada."

"¡Ah!" Me acerqué, hundiendo los dedos en la alfombra gruesa como los hundía en el suave y tibio fango de Puerto Rico, y me senté en el piso con las piernas dobladas, aunque había como diez butacas suntuosas donde, con gusto, me hubiera dejado caer.

Misis Kormendi me explicó que la obra estaba basada en una leyenda india. "India de la India," especificó, "no americana." Estaba buscando a alguien para el papel de la diosa Lakshmi quien, en la obra, era una estatua que se convertía en cisne. No pregunté cómo. La obra tenía mucho baile; por eso Miss Cahan estaba ayudando con la audición.

"Bien," dijo Miss Cahan. "Vamos a probar algunas cosas."

Sentada en el piso con su *clipboard* en la falda, Misis Kormendi tomaba notas, mientras Miss Cahan nos dirigió a Claire y a mí en una serie de pasos que no se parecían en nada a lo que habíamos hecho hasta ahora en la clase de baile. Eran posturas estilizadas y dramáticas que requerían que nos moviéramos en un amplio *plié*, segunda posición, nuestros torsos rígidos, los brazos y las manos en gestos que exigían coordinación y fuerza en unos músculos que yo nunca había usado. No podía seguir la coreografía y me detuve dos o tres veces avergonzada y frustrada, mientras Miss Cahan y Claire se deslizaban por el salón con soltura.

Miss Cahan me ajustó el paso. "Deja de pensar," dijo, "y baila. No te preocupes por recordar los pasos. Tus músculos se acordarán."

Éste era un concepto nuevo para mí. Trabajaba mucho en la clase de baile; me esforzaba para lograr saltos más altos, para estirarme aún más. Nunca dejaba que algo, meramente, pasara. Pero, confiaba en Miss Cahan, que como profesional, sabía de eso más que yo. Dejé de pensar. Lo próximo que supe fue que la audición había terminado y que Misis Kormendi prometió que se comunicaría con nosotras.

Claire y yo bajamos juntas en el ascensor. Aunque éramos compañeras de clase, no teníamos mucho que decirnos. Ella era una de las chicas listas, talentosas y populares que lograban siempre los mejores roles: Antígona o su hermana, Ismene, Julieta, Emily en *Our Town*, Frankie en *Member of the Wedding*. Nos despedimos frente al edificio, pero, camino al *subway* de regreso a Brooklyn, sabía que el papel era mío. Claire podría ser una ingenua angelical, pero yo había perfeccionado los personajes exóticos. Cleopatra, Reina de Nilo, estaba a punto de convertirse en Lakshmi, la Diosa Cisne.

Unos días después, Miss Cahan me pidió que me quedara después de la clase y me dijo que Misis Kormendi me quería en su obra. Estaba loca por llegar a casa para contarle a Mami que, a un año entero antes de mi graduación, ya tenía una parte en una obra. Sólo nueve años más de sacrificio y sería una estrella.

El primer ensayo de la obra de Misis Kormendi fue un sábado por la mañana en un estudio en Madison Avenue, no muy lejos de su apartamento. Estaban en medio de una clase de baile cuando llegué. Me asomé por la puerta abierta, pero la maestra, una mujer de rostro tirante y expresión agria, se acercó y me cerró la puerta en la cara. Me dio tanta vergüenza que se me salieron las lágrimas, pero me las tragué al oír pasos por el pasillo. Misis Kormendi apareció cuando estaba terminando la clase de ballet y el pasillo se llenó de bailarinas patilargas y altaneras.

Misis Kormendi besó a *Madame*, la señora de cara agria, en los dos cachetes y conversaron mientras se vaciaba el salón. La maestra de baile miró con desdén hacia donde yo estaba y escuché a Misis Kormendi decir mi nombre. Me quedé en *tights* y leotardo, pero no me atreví acercarme a las barras a hacer calentamiento estando *Madame* allí. Su ojos me seguían y yo esperaba que se disculpara por su rudeza, pero no lo hizo.

Unos minutos después, apareció el resto del elenco; niños y niñas no mayores de doce años. Ellos también se desvistieron y se quedaron en *tights* y leotardo, pero no tuvieron miedo de acercarse a la barra. Para entonces, la instructora se había ido y yo me uní a los chicos, muchos de los cuales estudiaban ballet desde antes de que pudieran pararse. Hicieron ejercicios y estiramiento, que traté de imitar, pero no podía seguirlos.

Cuando llegó todo el mundo, Misis Kormendi repartió copias de la obra e hicimos la lectura. "Memorícense sus líneas. La semana que viene empezamos a marcar." Los que íbamos a bailar teníamos que llegar al próximo ensayo dos horas antes que el resto del elenco porque el coreógrafo tenía que trabajar con nosotros aparte.

El sábado siguiente, subiendo hacia el estudio, escuché una música extraña, un rítmico golpear de pasos y campanas tintineando con furia que venía de detrás de la puerta abierta. A pesar de que ya me habían tirado la puerta en la cara una vez, no pude aguantar la curiosidad. En el salón estaba el maestro que me había confundido con una india. Tenía puesta una sábana alrededor de la cintura y las piernas, y una túnica blanca con diseños bordados en el frente y las mangas. En los tobillos, tenía unas campanas. Sus movimientos eran intensos, pegados al piso en un *plié* profundo, los dedos gordos de cada pie arqueados hacia el techo. Saltaba, sus brazos y piernas punzaban el aire, los ojos se le iban hacia atrás, la boca se torcía en un gesto malvado. Desde el tronco del cuello, la cabeza se movía rápidamente para atrás y para alante, y volvía a caer en el mismo *plié* profundo con los dedos hacia arriba. Nunca había visto nada tan salvaje ni tan hermoso. No podía ser baile, pero tampoco podía ser otra cosa. Cuando terminó, la voz de Misis Kormendi me llamó desde adentro, donde estaba sentada en la única silla en el estudio, con su *clipboard* en la falda. Con la mano, me pidió que me acercara.

"Tú conoces a Matteo, ¿verdad?" sonrió.

"Lo he visto en la escuela." La otra persona en el salón era Northern, mi Antonio, quien sonrió divertido cuando me vio tan sorprendida de verlo allí.

Misis Kormendi y yo observamos cómo Matteo le iba enseñando a Northern los gestos estilizados y las expresiones faciales que acababa de ejecutar. Cuando llegó el resto de la clase, Matteo nos dio nuestra primera clase de baile clásico indio, que no tenía nada que ver con tocados de plumas y mocasines. Era una forma de danza antigua, cada una vinculada a un lugar diferente de la India y cada una con su música distintiva, su coreografía, sus posturas y vestuarios. El baile que le estaba enseñando a Northern se basaba en Kathakali el teatro de danza de Kerala, mientras que el resto íbamos a aprender Bharata Natyam, asociada con la región sur de la India. Matteo nos mostró algunas de las formas en que los bailes diferían en estilo y en el tipo de historias que los bailarines contaban con sus cuerpos. Nos explicó que, históricamente, Kathakali lo bailaban los hombres y Bharata Natyam, las mujeres. Hablaba reverentemente de una coreografía que había pasado de generación en generación por bailarines que muchas veces eran marginados por su dedicación al arte. Nos mostró fotos de esculturas basadas en los movimientos que estaba a punto de enseñarnos.

Nos pasó por la clase más exigente que habíamos tomado jamás. No era sólo la exigencia física del baile lo que resultaba retante. Es que lo que estábamos aprendiendo era más que teatro y más que baile. Era una forma de arte que combinaba teatro, baile, música y espectáculo. Tenía su propio lenguaje, único; cada gesto tenía un nombre, cada emoción un gesto. Cuando miré hacia el enorme espejo en la pared del estudio, vi lo que Matteo debió haber visto el día que yo estaba haciendo *pliés* frente al tablón de edictos de Peforming Arts. No parecía una actriz puertorriqueña de Brooklyn. Parecía una bailarina clásica india.

Matteo daba clases en un estudio en el Upper West Side. Cobraba más
por clase de lo que yo me ganaba de ujier. Llamé al Sr. Murphy, el de la
compañía de revelados de fotos, y me ofreció trabajo los fines de semana
y cuando pudiera venir. El problema era que entre la escuela, los ensayos y el trabajo para pagar las clases, no tenía tiempo de ir al estudio de
Matteo y él tenía muy poca tolerancia con bailarines que no estuvieran
comprometidos con su arte. Tomé dos o tres clases con él, pero lo que
hacía mayormente era prestar atención a lo que enseñaba durante los
ensayos, y venir, aunque no le tocara ensayar a mi personaje. Pronto me
aprendí todos los bailes de la obra, incluyendo el cuento bailado de las
damas acompañantes y el feroz baile del diablo, que realizaría Northern.

Según evolucionaron los ensayos, fui abandonando la fantasía de
ser transportada por los aires, con alambres, a lo Mary Martin en *Peter
Pan*. Lakshmi se pasaba toda la primera escena parada en un solo pie
dentro de un templo mientras la Princesa lloraba y rezaba desesperada
porque estaba enamorada de un príncipe pero comprometida con un
rajá, que en realidad, era un demonio. Al comienzo de la segunda escena, un emocionante sonar de cítara me anunciaba que era el momento
de comenzar mi transformación de piedra a cisne. Mis dedos temblaban, mis ojos se movían de un lado a otro, mis brazos se suavizaban y
aleteaban. El volar se simulaba por *mudras*, unos gestos de mano, lentos
y vacilantes al principio, luego, plenamente convertidos en los sinuosos
movimientos de una criatura que descubre que ya no es piedra dura,
sino un suave y grácil pájaro. En las presentaciones, cuando mis dedos
corbraban vida, el público quedaba sin aliento y ya al final del baile estaban de pie, aplaudiendo.

La Muda vino a la última presentación. Mi baile, tan parecido a
su idioma sin palabras, era mi actuación mejor lograda hasta ahora.
Según me fui transmutando de piedra silenciosa en diosa efusiva, yo era
La Muda, atrapada en el silencio, pero ávida de comunicarme, hablando con el cuerpo, porque la voz me fallaba. Al bailar, no tenía lengua, pero
era capaz de todo. Era un cisne, era una diosa, vencía a los demonios.

A los cinco meses de embarazo, Mami averiguó porqué era que a Don Carlos nunca le sobraba el dinero y tampoco regresaba todas las noches a casa. Nos había dicho que era divorciado, pero la verdad era que cuando no estaba con nosotros, estaba con su esposa en el Bronx. Mami se enteró cuando la llamó la esposa y la puso de vuelta y media, a ella, a toda su parentela y a las generaciones venideras. Cuando Mami lo confrontó, Don Carlos admitió que no estaba técnicamente divorciado, pero insistió que era sólo porque no se había terminado el papeleo. Ni Mami, ni Tata, ni Don Julio, ni ninguno de nosotros, le creyó. Desde mi punto de vista, el Don Carlos caballeroso y de hablar suave se volvió otro sinvergüenza más, que prometía más de lo que estaba dispuesto a cumplir.

Nuestro trato respetuoso dio paso a insolencias agresivas y boconas que Mami castigaba. Sus amenazas y bofetones y la insistencia de que le debíamos cortesía y deferencia a Don Carlos porque era una persona mayor y el papá de nuestro futuro hermano o hermana, no mejoraban nuestro comportamiento. En su lugar, un resentimiento amargo surgió donde una vez hubo afecto, y aunque eventualmente, Don Carlos sí se divorció y nos presentó a sus hijos y aflojó el bolsillo, para mí, por lo menos, el daño estaba hecho. Nunca le perdonaría que volviera a abrir las heridas, aún frescas que nos causó Papi cuando nos abandonó a la suerte americana y la muerte de Francisco.

Pero, lo que más me asustó de la traición de Don Carlos, fue darme cuenta que Mami no era immune al poder seductor de un hombre de palabra dulce y modos tiernos. "Los hombres quieren sólo una cosa," nos dijo tantas veces, que no podía mirar a un hombre sin oírlo. Si ella podía sucumbir ante el encanto, ¿cómo podría yo, más joven e inexperta, evitar el mismo destino?

Mami trabajó hasta un par de meses antes de dar a luz y entonces volvimos a humillarnos en la oficina del *welfare*. Después de explicarle nuestra situación, la trabajadora social vino al apartamento, sin avisar, para asegurarse de que Don Carlos no estuviera escondido detrás de la cortina de baño o en el *closet*.

Como no había avisado, el apartamento tenía el revolú caótico habitual, que yo encontraba cómodo, pero embarazoso porque sabía que la gente no debía vivir así. Las camas no estaban arregladas porque nos servían de asientos cuando hacíamos las asignaciones y veíamos televisión. Los trastes estaban sin fregar porque me tocaba a mí hacerlo y yo siempre esperaba hasta lo último, a ver si convencía a alguno de mis hermanos de que lo hiciera. Mami no había ido al *laundromat*, así es que había una pila de ropa saliéndose del canasto de la ropa sucia. El baño estaba decorado con brasieres, panties y medias que estaban secándose, además de algunas camisas y blusas que se lavaban a mano y se tendían en ganchos. Franky tenía la nariz mocosa y nadie lo había ayudado a limpiársela. A Mami le dolía la espalda y se había quedado acostada; otra de las razones por las que el apartamento estaba tan regado. A Tata le dolían los huesos, así es que había empezado a beber temprano y ahora estaba sentada en la cocina fumando, sus ojos caramelos fijos en la trabajadora social pastosa que fue de cuarto en cuarto, abriendo cada gabinete y gaveta.

Mientras estuvo allí la trabajadora social, estuvimos quietos, sin atrevernos a mirarla, como si hubiéramos hecho "algo" y ella nos hubiera pillado. Mami iba detrás de ella con Delsa y conmigo de intépretes. Los nenes estaban sentados en la cama, haciendo que leían porque, mientras yo interpretaba en la cocina, Delsa les había ido a advertir que se quedaran quietecitos. Don Julio estaba al llegar y nos preocupaba que la trabajadora social fuera a pensar que vivía con nosotros, cosa que no era cierto. Pero, aún así, nos parecía que no debería visitarnos, que no debiéramos conocer a ningún hombre.

La trabajadora social fue minuciosa. En los símbolos crípticos de la taquigrafía, tomó notas en una libreta; se acomodó los espejuelos, abrió la nevera, apuntó algo, inspeccionó el horno. Cuando preguntaba algo, no estábamos seguras si estaba meramente conversando o si quería entramparnos para que admitiéramos que había un hombre debajo de la cama o detrás de la puerta, aunque nosotras sabíamos que no había ninguno.

Después que se fue la trabajadora social, el apartamento lucía más pequeño y más sórdido que cuando llegó. Había una cucaracha muerta en una esquina. El zafacón estaba lleno. Había grasa coagulada en los trastes sucios. Las paredes estaban descascaradas, la madera oscura se asomaba por debajo del linóleo. Las cortinas eran demasiado pesadas para los ganchos. Todo se veía peor, lo que supongo contribuiría a que nos viéramos realmente necesitados.

Esa trabajadora social callada y comedida fue la primera americana que vio cómo vivíamos; su visita, una invasión a la poquita privacidad que teníamos. Esa visita nos acentuó cuán dependientes éramos de la opinión de una persona totalmente extraña a nosotros, que no hablaba nuestro idioma, cuya vida era, claramente, mejor que la nuestra. ¿De qué otra manera podría pasar juicio sobre ella? Estaba que hervía, pero no tenía por dónde dejar escapar mi rabia y esa sensación de que mientras viviera bajo el amparo de Mami, mi destino estaría en manos de otra gente, cuyo poder era absoluto. Si no en las de ella, en las del departamento del *welfare*. Me encerré en mi cuarto y lloré escondida en la almohada, mientras mi familia hacía bromas, reía e imitaba la voz nasal de la trabajadora social y la manera en que se asomaba dentro del gabinete debajo del fregadero, como si allí cupiera un hombre. No tenía ninguna gracia reírse de uno mismo o de la gente que tenía nuestro destino en sus manos. Era patético.

Me quedé dormida bañada en llanto y no oí los gritos cuando el mundo se volvió negro, no oí a Mami arrastrar los pies desde su cuarto hasta la parte de al frente del apartamento, tropezando con los muebles según iba contando cabezas para asegurarse de que todos estuviéramos juntos en la absoluta oscuridad de Brooklyn. No la oí llamarme, mientras Tata y ella le decían a los nenes que se mantuvieran juntos hasta que lograran descifrar qué era lo que estaba pasando. Cuando desperté estaba ciega y el abrir los ojos no hizo ninguna diferencia. Pensé que me había muerto, pero sentía. Grité el nombre de Mami y eschuché: "¡Estamos aquí al frente!" Caminé a tientas desde mi cuarto, por la cocina hasta las ventanas abiertas de la sala, donde toda mi familia estaba apiñanda, unos con otros. Había gente en la calle, hablando en voces bajas e íntimas. La tibia luz amarilla de las velas oscilaba en las ventanas de los vecinos.

"¿Qué pasó?" pregunté.

Delsa me mandó a callar. A través de la estática de su radio de baterías, oíamos la noticia. En Nueva York y en todo el Noreste había un apagón. Por encima de los árboles escuálidos, sobre la línea plana e irregular de los edificios, diminutas lucesitas guiñaban y bailaban, las primeras estrellas que veía desde que llegamos a Brooklyn.

"Tiene que ser pecado faltarle el respeto así a la Virgen."

⌐⌐⌐⌐⌐

En medio del invierno nos mudamos a una casa de una sola familia en la Calle Stanhope. Ya no tenía un cuarto para mí sola, sino que compartía uno con Delsa, Norma, Alicia y Edna, mientras que los varones — Héctor, Raymond y Franky— dormían en otro. Mami puso la cunita del bebé por nacer, su cama doble y los gaveteros en el cuarto del medio, el único que tenía puerta. La planta baja tenía una sala pequeña, un área de comedor y una cocina bastante grande. El catre de Tata lo pusieron en la alacena, frente al arroz, a la harina, las habichuelas secas y las latas de salsa de tomate.

El tener una casa para nosotros solos nos hacía sentir ricos. Cero vecinos en el piso de abajo, golpeando el techo si hacíamos demasiado ruido. Nadie en el piso de arriba caminando duro y haciendo temblar las lámparas. Pero también quería decir que si se dañaba el inodoro, no había "super" y cuando no se sentía suficiente calor, era porque no habíamos pagado la cuenta, no por que el casero fuera tacaño.

Estábamos cerca de nuestros parientes de nuevo y podía visitar a Alma y a Corazón cuando regresaba de la escuela por la tarde. Ellas también se habían mudado a un apartamento más espacioso, pero más oscuro, en Flushing Avenue, como a medio bloque del tren elevado. Alma se había graduado de Escuela Superior y trabajaba de secretaria en un negocio de ventas de medias al por mayor. Su oficina quedaba cerca de Performing Arts y todas las semanas nos encontrábamos en la ciudad para cenar. Nos llevábamos tan bien que enseguida empezamos a hacer planes de compartir un apartamento tan pronto me graduara de escuela superior y encontrara trabajo.

"Tiene que ser un apartamento de dos habitaciones," decía Alma. "Yo necesito privacidad."

"Sí. Y yo espero que tú sepas que yo no sé cocinar."

"Ni yo tampoco. Comemos fuera," sugirió.

Repasamos los clasificados para tener una idea de cuánto sería el alquiler en el Upper East Side, nuestra primera opción. Alma había leído en algún sitio que no deberíamos pagar más del equivalente de una semana de salario y pronto se hizo evidente que un apartamento de dos habitaciones en Manhattan sería muy caro.

"A lo mejor tenemos que buscar en Queens," surgirió, a lo que yo protesté. "Yo no quiero vivir en los precintos de las afueras."

"Seguimos buscando, entonces." La semana siguiente volvimos a revisar los clasificados. Calculamos cuánto teníamos que separar para la fianza, el primer mes de renta, muebles, toallas, sábanas, cortinas, alfombras. Si economizábamos, si a Alma le aumentaban el sueldo y si yo conseguía un buen trabajo, podríamos alquilar el apartamento seis meses después de mi graduación.

"Nos mudamos para Navidad," dije "y hacemos una fiesta para estrenar el apartamento." Imaginaba un apartamento, no muy diferente al de Misis Kormendi, lleno de gente cuyas caras ahora mismo aparecían borrosas porque todavía no las conocía.

Gozábamos tanto planificando nuestras vidas como chicas solteras en Manhattan, que no se nos ocurrió pedirle permiso a nuestras madres.

"De la única manera que tú sales de mi casa," sentenció Mami cuando le traje el tema, "es casada."

"Pero, yo no me quiero casar."

"Las muchachas decentes no viven solas en la ciudad."

"No vamos a estar viviendo solas. Alma y yo vamos a estar juntas en el mismo apartamento."

"Ni aun así," disparó, y cuando yo iba a proseguir con mis argumentos, levantó un dedo en dirección mía, "sólo porque estás en esa escuela para blanquitos," pero en ese punto yo me desconecté.

Alma tuvo la misma discusión con Titi Ana y tuvimos que aceptar que dos mujeres solas viviendo juntas seguían estando solas si no tenían un hombre que las velara.

Charlie nació en febrero y Don Carlos aprovechó el nacimiento de su hijo para colarse de nuevo en nuestras vidas. Se aparecía un día con una pañoleta para Mami, con un regalo de cumpleaños para Frankie, con un trajecito para Charlie. Jugaba *gin rummy* con nosotros o se quedaba hablando con Tata y Don Julio hasta tarde y después, cuando creía que estábamos dormidos, subía al cuarto de Mami. Tan pronto se iba a trabajar, Tata empezaba a sermonear a Mami por haberlo aceptado de nuevo. Cuando regresaba por la noche, le servía la comida acompañándosela de insultos en voz baja. "Sinvergüenza," le decía cuando le ponía el plato de arroz y habichuelas en la mesa; "desgraciado," cuando le servía el café.

Mami se abochornaba por la frescura de Tata, pero a Don Carlos parecía no importarle. Con los ojos atrapados detrás de los cristales oscuros y una media sonrisa en los labios, como si lo que ella dijera fuera divertido más que ofensivo, Don Carlos, ni caso le hacía. Trataba de ganársela con regalos —un galón de vino Gallo, una caja de cigarrillos, un cuadro en terciopelo de John F. Kennedy y de Martin Luther King, cara a cara, frente al sangrante Corazón de Jesús. Tata le cogía las ofrendas, pero no cedía, y hasta llegué a preguntarme si Don Carlos no disfrutaría del abuso que ella le propinaba; y si parte de su razón para vivir con nosotros no sería poder escuchar un resumen honesto del tipo de persona que era. Suponía que tenía que querer a Mami para tolerarle sus ocho hijos y una mamá cantaletera; y ella lo quería también porque, muy pronto, los trajes oscuros de Don Carlos estaban colgando en el *closet* como murciélagos gigantes y los dedos de Mami acariciaban los puños y el cuello de sus camisas blancas de algodón mientras se las planchaba todas las mañanas.

Luigi y La Muda no podían vivir juntos, pero tampoco podían vivir separados. Se separaban, se juntaban, se separaban otra vez, y volvían a unirse en un encuentro lloroso cuando él aparecía, como por casualidad, en alguna reunión de familia. La Muda, Tata y Mami tenían largas conversaciones que no nos permitían presenciar, pero, yo me las agenciaba para necesitar algo de la cocina siempre que La Muda venía de visita, y como ya era casi una mujer, Mami no me espantaba de allí como le hacía a mis hermanas menores. En una de sus visitas, La Muda tenía un golpe en la cara, lo que sugería que Luigi le había pegado. Era difícil de creer que un hombre tan tranquilo y tan suave como él pudiera pegarle a nadie, pero era aún más difícil creer que La Muda mintiera sobre algo así.

Unos días más tarde Luigi vino a vernos, su triste figura encorvada dentro de su traje, como si se le hubiera encogido y la ropa le hubiera crecido alrededor. Había decidido regresar a Puerto Rico. Le rogamos que no se fuera, pero dijo que ya no aguantaba más el frío.

"Mírenme las manos," se quejaba. Los chichones en los nudillos eran enormes, y tenía los dedos doblados uno sobre el otro, como en puños sueltos. Miré para otro lado.

Caminó hasta la estación del tren arrastrando dolorosamente los pies por la acera. Había envejecido tanto en los últimos cinco años que era difícil creer que había sido joven y había hecho trucos de magia y había sido el amante de La ardiente Muda. Sentí que no lo volveríamos a ver; y menos de un mes después, supimos que había muerto. No estaba claro de qué. Alguien dijo que de artritis. Murió sufriendo unos espantosos dolores bajo el calor del sol de Puerto Rico. Alguien comentó por lo bajo que Luigi amaba tanto a La Muda que no pudo tolerar vivir sin ella y se suicidó. Murió de una borrachera, era la tercera teoría, la menos creíble, porque jamás lo vimos borracho. Nunca se supo. Simplemente, desapareció de nuestras vidas; consumido por el dolor, la pena o el licor; un recuerdo de ágiles dedos pálidos esparciendo magia al aire.

La primavera de mi año *senior* trajo consigo informes diarios de las universidades donde mis compañeras habían solicitado, pero yo no. Misis Provet, la Dra. Dycke y el consejero escolar me animaban a seguir estudiando.

"No tengo dinero para ir a la universidad," les decía. "Necesito un trabajo para ayudar a mi mamá."

"A lo mejor puedes trabajar a tiempo parcial," sugirió la Dra. Dycke.

"La mayor parte de las universidades tienen programas de estudio y trabajo," añadió Misis Provet.

Pero no tenía interés en ir a la universidad, todavía no. Quería salir al mundo, ganarme la vida, ayudar a Mami, sí; pero también, dejar de depender de ella para cada necesidad.

El Sr. Murphy me ofreció trabajo a tiempo completo en su laboratorio de Brooklyn, pero había decidido buscar trabajo en Manhattan, en una de las nuevas y relucientes torres de oficinas que brotaban de la tierra como desafiantes y austeros fortines. El único problema era que yo no tenía destrezas que ofrecerle a un negocio.

Performing Arts ofrecía un curso de mecanografía diseñado para enseñarnos una destreza práctica por si acaso nuestros talentos no eran reconocidos enseguida cuando nos graduáramos. Me sentaba en la primera fila, los pies planos en el piso, la espalda recta, la cabeza erguida, los ojos fijos al frente, los dedos posados sobre el teclado, según Misis Barnes iba cantando las letras que teníamos que apretar sin mirar.

"*T* mayúscula, *r* minúscula, *J* mayúscula, *m* minúscula, seguro, *H P S V*, punto y coma."

Cada tecla era un martillo que clavaba mi futuro en un rodillo de goma. Si no era actriz, secretaria. Si no era bailarina, secretaria. Si no era secretaria, ¿qué?

El Show de los Seniors, fue el último programa de mi clase para toda la escuela. Suponía que me tocaría representar a otra Cleopatra de alguna oscura obra de autor desconocido, puesto que ya había interpretado a todas las Cleopatras famosas. Me sorprendió que me seleccionaran para representer a la Virgen María con Laura Rama interpretando a Bernardette de Lourdes.

Cuando le conté a Mami que iba a hacer de la Virgen María, quedó en éxtasis. A diferencia de Cleopatra, Reina del Nilo, Mami sabía que la Virgen era un personaje respetable que no usaba un vestuario extravagante ni maquillaje recargado. Se ofreció a hacerme el vestido, pero la escuela se encargó de proveérmelo.

El primar día de ensayo me enteré de que mi parte no requería que actuara en el sentido tradicional. Sería una María danzante, sin diálogo. Mientras mis compañeros marcaban sus escenas, en un rincón del sótano, Miss Cahan y yo trabajábamos con el baile de la aparición.

La mía no era una famila religiosa, así es que mi idea de la Virgen María estaba basada en lo que había recogido de Abuela, la mamá de Papi, católica devota, de misa todas las mañanas y rosario todas las noches. "Santa María, Madre de Dios," me había enseñado, y en las improvisaciones de mi baile, trataba de dar con unos movimientos decorosos y evocadores dignos de la Madre de Dios.

Miss Cahan, sin embargo, sugería una interpretación menos piadosa. Su visión de María estaba más acorde con la escuela de movimiento de Martha Graham: fuerte, cortante y abstracta. Con un profundo salto, caía en escena, plantaba firmemente mi pierna derecha, y la iba enderezando mientras la izquierda se elevaba paralela al piso. Los ojos fijos en el suelo, los brazos extendidos, la espalda recta; mantenía el balance con la pierna derecha, mientras con el resto del cuerpo formaba la tilde de la T. Mantenía esta posición hasta que Bernardette de Lourdes se fijaba en mí y caía en trance. Entonces, todavía en una pierna, enderezaba el cuerpo mientras mi pierna izquierda se elevaba hacia arriba, arriba, arriba para formar un *split* de pie, que yo sostenía con mi mano derecha. No era demasiado modesta, esta Virgen María, con to' por fuera.

Laura Rama se arrodilló al pie del escenario, mientras yo daba vueltas por la parte de atrás como una tigresa hambrienta, mi larga túnica siseando, la terrible visión de Bernardette. Ni una sola vez en todo el baile junté las manos en la posición tradicional de orar, ni se abrieron mis brazos suavemente para abrazar a la humanidad. Era una Virgen guerrera, llorando a mi Hijo. Con el torso contraído, lo buscaba en mi vientre vacío. Con los brazos extendidos hacia atrás, arqueaba mi corazón hacia el cielo, retando a Dios a llevarme a mí en vez de a Él, que sufría en la cruz. Cuando salí de escena, con una salida tan impetuosa como mi entrada, hubo una pausa seguida de dos o tres palmadas y finalmente, un verdadero aplauso. Corrí por las escaleras del escenario, por la parte de atrás hasta el salón de maquillaje, donde caí, hecha un manojo de nervios. Northern entró corriendo de los lados.

"¡Estuviste estupenda!," sonrió. "¡Estupendo vestuario también!"

Me reí y le di las gracias, pensando que estaba bromeando porque finalmente había dejado atrás el mantel amarillo de los días de Cleopatra. Cuando el próximo grupo de actores salía a escena, me doblé desde la cadera para estirar la espalda, con las piernas separadas en segunda posición y noté que, con las luces del espejo de maquillaje que estaba detrás de mí, mi túnica virginal era transparente. Me levanté en pánico. Durante el baile me habían estado iluminando desde atrás para realzar el efecto dramático de la coreografía Grahamesca.

Caí de rodillas y me tapé la cara con las manos. A mi alrededor, mis compañeros corrían de un lado para el otro preparándose para su momento en escena, mientras yo hacía un esfuerzo por desaparecer.

Después de la función, todo el mundo se reunió para una recepción en el sótano. Cuando bajé, Mami, mis hermanas, mis hermanos y Don Carlos me rodearon.

"Ay, Santo Dios," Mami estaba sin aliento, "tiene que ser pecado faltarle el respeto así a la Virgen." Estaba roja y miraba entre la gente, como si el mismísimo Dios viniera caminando hacia nosotros para castigarme allí, en el acto.

"Se te vio to' a través del traje," anunció Delsa; y una gente que estaba alrededor de otro estudiante, se viró hacia nosotros y se rió.

Miss Cahan se acercó. "¡Estuvo magnífico!" Me besó. "Precioso."

"Mi vestido..." balbuceé al borde de las lágrimas, "la túnica..."

"No te preocupes," me tranquilizó. "Estuvo maravilloso."

El sótano parecía un gallinero con el chachareo de maestras y maestros orgullosos y de estudiantes excitados. Durante tres años habíamos sido los críticos unos de otros, pero esta noche a todo el mundo le encantó el trabajo de los demás. Según fuimos abrazándonos, besándonos y felicitándonos, mi familia se retiró. No fue una gran distancia; dos o tres pies a lo sumo, pero era como un continente. Sentía su halón desde la esquina del salón donde se habían agrupado y reían y hablaban, aislados del barullo de actores volubles y maestros joviales. No podía ale-

jarme, pero tampoco quería quedarme con ellos y perderme la camara-
dería entre actores después de una función. Mami, Don Carlos y mis
hermanas y hermanos me halaban en una dirección, mis pares y maestros tiraban en otra. Inmóvil, me mantuve a mitad de camino entre
ambos, incapaz de escoger, deseando que la fiesta no se alejara ni una
pulgada de mí; y que mi familia también se mantuviera firmemente
donde estaba. Al final, quedé sola entre los dos, y cuando vi claro que
nadie me extrañaba en la animada reunión de actores y maestros, volví
donde Mami y al ratito, ya estábamos en el tren, camino a Brooklyn.

En casa tuve que aguantar una representación de mi baile que mis
hermanas hicieron para beneficio de Tata, Don Julio y los nenes que no
habían ido. Verlas recrear mi Virgen María fue tan cómico que me reí
hasta que se me saltaron las lágrimas. Más tarde, cuando todos nos acos-
tamos y la casa estaba tranquila, lloré de verdad. No sabía por qué; no
quería saber. Dejé que brotaran las lágrimas con la esperanza de que por
la mañana mis ojos hinchados no me delataran.

Le pedí a Papi que viniera a mi graduación. Me escribió diciéndome
que ya veríamos. "Ya veremos," generalmente quería decir que no, así es
que no insistí, pero me sentí desilusionada. En los cinco años que dejé
de ver a Papi, había crecido por lo menos cinco pulgadas, había aprendido a maquillarme, había adquirido un segundo idioma, me había vuelto
lo suficientemente independiente como para viajar sola por Brooklyn y
Manhattan, había tenido dos trabajos, me había convertido en bailarina,
había logrado evitar los "algos" que le pueden pasar a las muchachas en
la ciudad. Y él no había estado allí.

Me preguntaba si tendría él alguna idea de cómo eran nuestras
vidas en Nueva York. Mis cartas casi nunca le describían las condiciones
en que vivíamos. Ni siquiera en nuestros peores momentos le pedí
ayuda. Era su responsabilidad interesarse por las necesidades de sus
hijos, no la nuestra rogarle que se ocupara de nosotros.

Muchas veces sentí tanto coraje con él, que deseaba encontrar
una manera de decírselo, pero nunca me atrevía a ser irrespetuosa, a
arriesgarme a que se enojara. Mis cartas contestaban las suyas llenas de

noticias pero, yo esperaba más de él. Deseaba los pequeños gestos de ternura que marcaron nuestra vida en Puerto Rico. El tiempo que se tomaba en explicarnos cosas, las horas que pasamos, uno al lado del otro,
martillando clavos en las paredes. Su paciencia cuando me enseñó a
mezclar cemento, a colocar un bloque de concreto sobre el cemento
blando, a raspar con una espátula triangular el fango que salía por debajo del bloque. Me hacían falta los poemas que escribía, los chistes bobos
que contaba, las melodías que tarareaba mientras trabajaba. Ahora que
era casi una mujer, extrañaba a mi papá más que nunca. Pero no me
atrevía a decírselo, temerosa de que mi necesidad fuera a sonarle a exigencia o le pareciera una crítica a la capacidad de Mami para cuidarnos.
Lo que hice fue ahogar el hambre de un padre que se convertía cada vez
más en una abstracción tan ilusoria, como el verde destello de un atar-
decer tropical.

Justo antes de los exámenes finales, se aparecieron por Performing Arts
unos hombres bien trajeados. En un momento, se regó el rumor de que
eran productores de Hollywood buscando artistas para una película.
Visitaron algunas clases, pero parecían estar más interesados en la arqui-
tectura de la escuela, que en los estudiantes o los maestros. Sin embargo,
unos días más tarde, a algunos se nos comunicó que habíamos sido
seleccionados para audicionar para la versión fílmica de *Up the Down
Staircase* de Bel Karman.

"¡Mami, me descubrieron!" dije, echándomelas, tan pronto llegué a casa.

"¿Te descubrieron haciendo qué?" preguntó.

Le expliqué lo poco que sabía. Estaban haciendo una película de
un libro famoso sobre una escuela. El autor había sido maestro en Performing Arts. Los productores habían venido a examinar los alrededores
porque a lo mejor filmaban allí y escogían a algunos muchachos y algunas muchachas para salir de estudiantes en la película.

"¡Ay, qué bueno!"

"Ten mucho cuidado," metió Tata la cuchara. "Algunas veces esa
gente del cine lo que quiere es conocer a muchachitas jóvenes."

Tata nunca había conocido a nadie del mundo del cine y hasta donde yo sabía, ni siquiera había ido al cine, así es que su advertencia me entró por un oído y me salió por el otro. Aun así, fue un alivio cuando llegué a la entrevista en Warner Brothers y no había "un caucho" en la oficina del director de reparto.

El Sr. Jeffers era un hombre sin edad, de quijada cuadrada, cuya sonrisa estudiada, provocaba, sin embargo, en los demás, una sonrisa de oreja a oreja. Estaba sentado detrás de un enorme escritorio cubierto de fotografías en blanco y negro de cuanto aspirante a actor había en Nueva York. Yo no tenía una foto *head shot*, pero él me dijo que no era necesario.

"Estamos buscando gente de verdad," dijo, "no necesariamente actores profesionales."

No me dio a leer de un libreto sino que me hizo preguntas diseñadas para hacerme hablar. Me di cuenta de que quería asegurarse de que no tenía acento, así es que pronuncié cada palabra con la dicción estándar, modulando la voz como me habían enseñado. Satisfecho, el Sr. Jeffers se puso de pie para acompañarme a la puerta y me sorprendió ver lo bajito que era. Sacó una tarjeta de presentación del *wallet* que tenía en el bolsillo y me la entregó. Cuando la fui a coger, tomó mi mano en las suyas y me dobló los dedos alrededor de le tarjeta.

"Esta es mi línea directa," dijo. Asentí pero no me atreví a mirarle a los ojos. ¿Estaba coqueteando o estaba siendo amable? Me llevó por un laberinto de pasillos y oficinas hasta el área de la recepción.

"Llámame mañana," me dijo con su sonrisa perfecta.

Esa noche me encontré con Alma para cenar y hablamos de la entrevista.

"Es raro. No hizo nada más que agarrarme la mano un poquito más de lo necesario.

"¿Tú crees que se estaba prospasando contigo?"

"Me parece que sí, pero no estoy segura."

"No podemos sospechar de cada hombre que conocemos," comentó Alma.

"Quizá le estoy dando demasiada importancia. Pero me parece estar oyendo, 'Los hombres sólo quieren una cosa,' dije, imitando la voz de Mami, pero Alma no se dio cuenta.

"Lo mismo me pasa a mí. Lo pensó por unos momentos. Quizá nuestras madres no han conocido hombres buenos."

"Son buenos al principio," le recordé a Alma. "Entonces, cuando consiguen lo que quieren..."

"¡Ahora, suenas igual que tu mamá!" Alma se rió y yo me abochorné, pero tuve que aceptar que era verdad.

Desde que Mami y Titi Ana habían aguado nuestros planes de mudarnos juntas, los hombres habían sustituido a los apartamentos como tema principal de conversación cuando comíamos fuera. En casa estaban Don Julio y Don Carlos y teníamos visitas frecuentes de los tíos y los primos de Mami, que lo mismo venían solos que con sus esposas y novias. Pero Titi Ana no fomentaba mucho que familiares varones pasaran por su casa, especialmente mientras ella estaba trabajando y Alma y Corazón estaban solas.

Cuando de hombres se trataba, yo tenía conocimiento de primera mano y muchísima experiencia, en comparación con Alma, cuyo contacto principal con los hombres era su jefe, el comerciante de medias. A veces hablábamos del tipo de hombre con quien nos gustaría casarnos.

"Rico," decía yo cuando me preguntaba.

"Pero, ¿además de eso, qué otras cualidades? ¿Sentido del humor, que sea bueno?"

"No," insistía, "sólo rico." Se rió porque pensó que estaba bromeando. "Vamos a suponer que nuestras madres tienen razón y que los hombres sólo quieran una cosa," continué, "¿de qué vale dársela a cualquiera? Es lo único que tenemos para ofrecer."

"No estoy de acuerdo contigo," los ojos oscuros de Alma se agrandaron. "No puedes seguir pensando así."

"¿Por qué no? Los hombres piensan así de nosotras."

"No Negi, eso no es así." Sacudió la cabeza como tratando de sacarse mis palabras de su cabeza.

"No es broma. Cuando yo esté lista para entregar mi virginidad, va a ser para el mejor postor."

"Ay, Dios mío, eso es terrible. No bromees con eso. Eso no da gracia."

Me encantaba verla tan turbada. Con Alma, yo podía darme el lujo de ser chocante y decir cosas que no me atrevía a decir delante de nadie. Lo más divertido era que ella me lo creía. Yo le decía las cosas más locas y ella las tomaba en serio. Hablaba sin pensar, por el puro placer de verle la cara o de discutir algún punto con ella, o de escucharme a mi misma expresar opiniones que ni siquiera sabía que tenía hasta que se me derramaban de la boca.

"Tú vas a ver," le decía. "El primer hombre con quien lo haga, va a ser un millonario."

"Procura estar enamorada de él," me advertía.

"Seguro," le decía. "Una vez que yo sepa que es rico, me enamoro de él." Entonces, nos reímos las dos.

Cuando llamé al Sr. Jeffers, me dijo que tenía interés en que hiciera una prueba para Carole Blanca, un rol estelar, el papel más prominente en el cine para una actriz puertorriqueña.

"Ven preparada para hacer un monólogo corto," me dijo. "Y me llamas después."

"¿Y usted no va a estar allí?"

"No, esa no es mi área," rió. "Buena suerte."

La audición fue en un estudio de ensayo en la West 49 Street. Había varias sillas alineadas contra la pared en un pasillo que daba a una puerta cerrada. Cuando llegué arriba, salió una mujer volando de adentro, me preguntó el nombre, lo cotejó en una lista que tenía en su *clipboard*, me indicó la última silla desocupada y volvió a desaparecer por la puerta.

Había tres actores antes que yo. Me descartaron tan pronto se dieron cuenta de que yo no era competencia para ellos. Los fueron llamando uno a uno y yo seguía adelantando en la fila. Cuando llegó mi turno, la señora que me había recibido me llevó a un teatro pequeño y oscuro, con un escenario tan chiquito que ni siquiera estaba más elevado que el nivel del público.

Había varias personas apiñadas en la parte de atrás. La Srta. Silver me presentó a un señor muy elegante, el Sr. Pakula, el productor, y a otro señor desgreñado, con un bigote grueso, el Sr. Mulligan, el director.

Hablamos un ratito y me fueron haciendo las preguntas de rutina en estos casos. Entonces, el Sr. Pakula señaló el escenario y me dijo que estaban listos para escucharme.

"Pudes usar cualquiera de las piezas de utilería que encuentres allí," sugirió el Sr. Mulligan, lo que significaba que quería verme manejando utilería. Había escogido una escena de *Member of the Wedding* en la que Frankie le dice a John Henry que quiere irse de su pueblito. No había ensayado la escena con la utilería, pero encontré un banco pegado de la pared y lo incorporé al monólogo. Cuando me senté a mitad del monólogo, el banco se tambaleó y yo di un salto, pero aun así, me mantuve en papel y terminé la escena como si todo hubiera sido planificado. Era la mejor prueba que había hecho hasta ahora. El Sr. Pakula y el Sr. Mulligan me dieron la mano, me dijeron que lo había hecho muy bien y que el Sr. Jeffers me avisaría en un par de días, tan pronto como entrevistaran a todas las que estaban siendo consideradas para el papel.

Me sentía orgullosa de mi misma. Había reaccionado apropiadamente ante cada situación y tenía esperanzas de conseguir el papel. A pesar de que eran pasadas las cinco, llamé al Sr. Jeffers que sonaba simpático y excitado.

"Estuviste estupenda esta mañana," me dijo.

"Querrá decir esta tarde," corregí.

"Si fueran a tomar la decisión en este momento, tú serías la persona," me aseguró y casi podía ver su sonrisa luminosa a través el teléfono. "Ven mañana por la tarde. Con toda seguridad te tengo buenas noticias."

Esa noche no pude dormir. Veía imágenes de mí misma como Carole Blanca, mi primer papel importante en una película de Warner Brothers, una importante compañía de Hollywood. No sería teatro legítimo, pero mi formación de Performing Arts me permitiría superar "la indicación" tan obvia de los actores de cine. Estaría brillante. Sería la primera vez en mi corta carrera que haría de una puertorriqueña. No María, ni Anita ni ninguna de las novias de Shark. Sería un personaje con un nombre, una muchacha lista, de mi edad.

Al día siguiente, cuando llegué a la oficina del Sr. Jeffers, pareció sorpendido de verme.

"Usted me dijo que viniera hoy," le recordé.

"Sí, claro." Se veía desconcertado, confundido, como si yo fuese la última persona que esperara ver. "¿Tú eres Esmeralda Santiago?"

"Sí."

"Bien. Dame un segundo." Buscó entre sus papeles. Le tomó un rato y me dio la impresión de que estaba dándole largas al asunto. Por fin, me preguntó si había traído la foto de cara.

"Usted me dijo que no era necesario."

"Es verdad, lo dije." Movió los papeles otra vez.

"Si éste no es un buen momento para usted, puedo regresar más tarde," le ofrecí.

"Sí. No. Está bien, está bien." Respiró profundo dos o tres veces, aguantó la respiración, se colocó las manos frente a la nariz, en gesto de oración, se me quedó mirando dos o tres segundos hasta que desvié la mirada.

"La verdad es," exhaló, "que te tenía confundida con otra muchacha."

"Ah."

"La otra muchacha," dijo, echándose hacia delante como si fuera a susurrar, aunque su voz permaneció igual. "La verdad es," repitió, "que tú no das la talla para el papel."

"Pero, usted dijo..."

"La otra muchacha, se ve más, ¿cómo te digo? Bueno, la verdad es," dijo por tercera vez, y yo deseé que me mintiera porque la tirantez en su voz me decía que yo no quería oír lo que iba a decir.

"La otra muchacha se ve más puertorriqueña."

"¿Qué?"

"No tienes el tipo. Eres una muchacha bonita. Así es el cine. Tiene que ver más que nada con el tipo."

"¿Soy demasiado bonita para ser puertorriqueña? ¿Eso es lo que está diciendo?"

"No te ves lo suficientemente puertorriqueña. Pero vas a salir en la película, no te preocupes. Hay muchísimas otras partes... un salón lleno de jóvenes..."

Sentí que me salía del cuerpo y me elevaba hasta la esquina del salón. Allí estaba el Sr. Jeffers, desdichado y pequeño, y yo sentada frente a él, las manos agarradas de los brazos de la butaca, como si al soltarlas fuera a salir disparada al espacio. Seguía hablando o por lo menos, me lo parecía, y mientras más se sonreía, más se desvanecía su sonrisa luminosa. Escribió algo en un papelito, me lo pasó por encima del escritorio y yo, que estaba sentada en la butaca, lo cogí, lo leí, lo doblé y lo metí en la carterita que tenía en la falda. Se levantó, extendió su mano. Yo no flotaba ya sobre mi cabeza. Le estaba dando la mano como si me hubiera hecho un favor. Salí del edificio en una nube; fui directamente a la biblioteca y encontré un retrato de Rita Moreno, otro de Chita Rivera y un tercero de José Ferrer. No era gente fea. Eran puertorriqueños hermosos. Pero, me pregunté, ¿parecen ellos puertorriqueños? De no haber sabido que lo eran, ¿hubiera dicho ahí va un compatriota? Al saber quiénes eran, no podía saber qué hubiera hecho de no haberlo sabido. Sólo sabía que, según el Sr. Jeffers, mi única conexión con el mundo de la cinematografía, la gente puertorriqueña no era bonita.

Cuando llegué a casa no mencioné para nada la humillación sufrida. Anuncié en voz alegre que me habían contratado para trabajar en la película, que me pagarían y que, obviamente, la regla de los diez años, no se aplicaba a mí. Una semana antes de la gradución, ya tenía trabajo como actriz. Me convencí de que era mucho más de lo que me había atrevido a soñar. Como tantas veces nos habían dicho, el rechazo es parte del trabajo. No se puede coger personal.

El auditorio de Performing Arts estaba lleno a capacidad. Cuando entramos con nuestras togas y birretes, el público se levantó a aplaudir. Era nuestra última actuación, el último día que apareceríamos en el auditorio siendo estudiantes. Papi no estaba. Con el rabo del ojo veía las sonrisas orgullosas de Mami. A su lado Don Carlos, engabanado y con sus gafas oscuras, lucía alto y digno, orgulloso también a pesar de que yo no era su hija. Sólo me habían permitido llevar dos invitados. Les había explicado que yo era la primera de nueve hijos en graduarme de Escuela Superior y que mi mamá me quería usar de ejemplo y traer a todos los niños para que me vieran. Pero, el auditorio de Performing Arts era pequeño. Sólo se daban dos invitaciones por estudiante.

Durante el programa, a muchos de mis compañeros los llamaron para recibir premios y honores. A mí no me llamaron pero no importaba. Yo sabía lo que había logrado. Ni mi mamá ni mi papá habían estudiado más allá de la escuela elemental. Y allí estaba yo, en un país extranjero, en un idioma extranjero, graduándome de una escuela para soñadores. De haberme detenido a pensar en mi futuro, me habría dado miedo. Pero lo que sentí ese brillante día de junio, fue la emoción del logro. Había logrado terminar la escuela superior sin salir encinta, sin salirme de la escuela, sin que "algo" me pasara. Tenía trabajo de actriz en una película, no sería un papel protagónico, pero por los menos me pagarían y quién sabe, a lo mejor hasta me descubrían.

Pero primero tenía que regresar a casa en Brooklyn, con mi mamá y mi padrastro a celebrar con mi hermana, la cajera de Woolworth's, y con mi hermano, el cocinero de pizza, mis otras seis hermanas y hermanos, mi abuela y su novio, mis primos, la sordomuda, el luchador y las hermanas americanizadas, con mi tío alcohólico. Ese mundo en Brooklyn, de donde yo derivaba tanto consuelo como ansiedad, era mi hogar; como lo era también el otro mundo cruzando el mar, donde mi padre todavía escribía poemas; como lo era también el otro mundo, al cruzar el río, donde yo tenía la intención de hacer mi vida. Tendría que aprender a montarlos todos, una jinete en tres caballos, cada uno tirando en una dirección diferente.

"¿Quién tú te crees que eres?"

Una semana después de graduarme de Performing Arts, me encontraba en medio del patio de una escuela elemental en el Barrio, rodeada de otros aspirantes, para el primer día de filmación de *Up the Down Staircase*. El asistente del Sr. Mulligan nos dijo que contáramos con que tendríamos trabajo todos los días durante las próximas dos semanas. El patio sería nuestra base de operaciones, mientras el *crew* estuviera filmando los exteriores frente a la escuela y al cruzar la calle.

La mayoría de los muchachos que salían en la película eran de las escuelas locales, pero unos cuantos eran profesionales con experiencia haciendo comerciales y películas. Habían estado antes en *sets* y vinieron preparados con libros, el tejido, barajas y juegos de mesa para pasar el rato entre tomas.

La trama de *Up the Down Staircase* giraba en torno a una joven maestra, Miss Barrett, en su primer trabajo en una escuela llena de estudiantes poco motivados en la ciudad de Nueva York. Entre los personajes estaba el payaso de la clase (judío), la chica gorda y fea (blanca), su mejor amiga (el papel que no conseguí porque no me veía lo suficientemente puertorriqueña), el joven Republicano del futuro (también blanco y también gordo), el joven sensible y destinado al fracaso (puertorriqueño negro), el rebelde sin causa italiano, la puta. Sandy Dennis hacía de maestra idealista. El reparto incluía también otros tipos: la "Maestra Dedicada," la "Solterona Frustrada," el "Principal Fascista," el "Poeta Alcohólico."

Cada vez que averiguaba el nombre de alguien asociado con la película, iba a la biblioteca y buscaba información. El director, Robert Mulligan, había ganado un Premio de la Academia por *To Kill a Mockingbird*, producida por Alan Pakula. Ted Mosel, un dramaturgo muy res-

petado, escribió el libreto. Y los actores dramáticos, Roy Poole, Elizabeth Heckart, Maureen Stapleton, Ruth White y Vinnette Carroll
(quien era maestra en Performing Arts) eran genuinos actores de teatro,
como también lo era la estrella Sandy Dennis, quien acababa de prota-
gonizar, junto a Elizabeth Taylor y Richard Burton, la película *Who's
Afraid of Virginia Woolf?* Me sentía orgullosa de estar en medio de tanto
talento.

Muchos de los exteriores se filmaron en El Barrio, en los alrededores de la escuela elemental y las calles aledañas. Nos citaban al lugar
de rodaje temprano en la mañana y a veces estábamos allí hasta tarde en
la tarde. Hacíamos una misma escena dos o tres veces, y entonces esperábamos hasta que las luces, la cámara y el sonido estuvieran listos para
hacer otra toma desde otra dirección. El trabajo era tedioso, pero, me
dejaba mucho tiempo para leer, para aprender a jugar Monopolio y
Scrabble y para charlar con los demás *extras*. Como yo, esperaban dejar
una impresión tal en la película, que serían descubiertos, se irían a
Hollywood y se convertirían en estrellas. Hacíamos todo lo posible por
llamar la atención del Director, el Productor y el equipo de producción.
Dábamos masajes en hombros adoloridos, repartíamos café, coquetéa-
bamos, oíamos con atención el montón de chistes zánganos. Dio resultado. Después que se filmaron los exteriores, algunos de nosotros fuimos
seleccionados para aparecer en el salón de clases, lo que quería decir
que tendríamos más trabajo y mejor paga.

La producción se movió a una escuela superior cerca de Lincoln
Center, donde fueron filmadas las escenas del pasillo, la escalera y algunas de las del salón y de la oficina. Entonces, nos llamaron para ir al
estudio de sonido en la West 20, donde se recreó el salón con todo, hasta
con la vista exterior de la escuela que acabábamos de dejar, que se logró
a través de una transparencia gigante. Las paredes se movían para dejar
pasar las cámaras, las luces y los técnicos iban y venían entre tomas para
ajustar las luces y los micrófonos, para empolvarle la cara a Sandy Dennis o echarle fijador de pelo.

Cuando no se le requería en el *set*, Miss Dennis se iba a su camerino o se sentaba en una silla de director hasta donde se acercaban los
muchachos y las muchachas lo suficientemente valientes como para
arriesgrarse a que alguien los espantara de allí. Era simpática y parecía

disfrutar cuando uno de nosotros le hablaba como si fuera una persona normal y no una estrella de cine. A veces hacía cosas que no sabíamos cómo interpretar. Una vez regresamos del almuerzo a filmar una escena que requería profunda emoción y concentración de parte de todo el mundo. Ensayamos la escena un montón de veces y se nos había advertido antes del receso que era una escena difícil de filmar, que teníamos que escuchar bien, concentrarnos y seguir las instrucciones cuidadosamente para facilitarle el trabajo a los actores principales. Estábamos nerviosos y cuando entró Miss Dennis nos enfocamos y nos preparamos para el momento en que en voz baja, el Sr. Mulligan dijera "¡Acción!" La cara de Sandy Dennis se contrajo, abrió la boca y de adentro salió un largo, redondo y estruendoso eructo. Todo el mundo quedó tieso. El Sr. Mulligan gritó "¡Corten!"

Miss Dennis se echó a reír. "No debí haber tomado cerveza en el almuerzo." Nosotros explotamos de la risa. Nos tomó un rato tranquilizarnos porque cada vez que el Sr. Mulligan decía acción, alguien se reía y al ratito, el elenco y el equipo de producción completo, estaban muertos de la risa.

Generalmente, una suplente del alto y del tipo de Sandy Dennis tomaba su lugar en lo que se ajustaban las luces y las cámaras. Pero a veces lo hacía ella misma. Un día se sentó en su escritorio mientras los técnicos trabajaban a su alrededor. Mi escritorio quedaba directamente frente al suyo y de vez en cuando ella levantaba la vista y me sonreía. De pronto, como salido del aire, me preguntó si tenía hermanas o hermanos.

"Sí, soy la mayor de nueve hijos."

"¡Nueve!"

"Cinco niñas y cuatro varones."

"¿Tu mamá nunca ha oído hablar del control de la natalidad?"

Detrás de mí alguien rió con sorna. "Ella no cree en eso," murmuré porque no sabía qué más decirle. Miss Dennis asintió, perdió el interés en mí y se puso a conversar con Liz, que se sentaba al lado mío.

El control de la natalidad había estado apareciendo en las noticias por el invento reciente de la píldora para evitar embarazos. Cada vez que se discutía el tema en casa, los adultos sentados alrededor de la mesa de la cocina, coincidían en que "La Pastilla" no era más que una licencia para que las mujeres jóvenes tuvieran relaciones sexuales sin casarse. El hecho de que mi mamá, mi abuela y casi todas nuestras parientas tuvieran relaciones sexuales sin casarse, ni se mencionaba. Si yo se los hacía notar, me regañaban por irrespetuosa. En todo caso, tampoco se me hubiera ocurrido sugerirle a Mami que evitara los bebés. A pesar de que ser parte de una familia grande era difícil para todo el mundo, no había ni una sola hermana, ni un solo hermano que no hubiera querido tener.

En mi caso, tenía decidido ya que había cambiado todos los pañales que quería cambiar en mi vida y había planificado apuntarme en la pastilla tan pronto se presentara la necesidad.

A veces, cuando nos despachaban temprano del *set* de *Up the Down Staircase*, me iba a ver las vitrinas por la Quinta Avenida o me pasaba las horas muertas en la Biblioteca del Lincoln Center escuchando musicales de Broadway. De vez en cuando se me acercaba algún hombre.

"Con el permiso, ¿hay alguien en este asiento?" Señalaba el asiento vacío al lado del mío y a mí me daban ganas de decirle, "Sí, mi primo invisible está ahí," pero nunca me atreví. Cuando venía a darme cuenta, estaba conversando con Dan o Fred, o Matt o Kevin. A veces me invitaban a tomar un café. Nos sentábamos frente a frente a hablar de teatro, porque todos los hombres que conocía en Manhattan, de día, durante la semana, eran actores desempleados. Mientras los oía discursar sobre si El Método estaba *paseé* o si los actores de teatro genuinos estaban vendiéndose cuando hacían comerciales, trataba de decidir si aquello contaba como una cita o no. No sabía bien cuáles eran las reglas del *dating* porque nunca lo había hecho. Y me hubiera sentido bastante estúpida preguntándoselo a quienes sí lo habían hecho, como la chica que hacía de puta en *Up the Down Staircase*, o como Liz, mi compañera de asiento en el *set*. Leí *Sex and the Single Girl*, *The Group* de Mary MacCarthy, algo de Harold Robbin, tratando de descifrar qué era lo que se hacía en una cita por si acaso alguna vez tenía una. Pero mis encuentros en la Biblioteca nunca llegaban más allá de un café y no había más candidatos.

Delsa tenía novio, Norma tenía novio, Héctor tenía novia. Pero ninguno de ellos tenía citas. Los novios de mis hermanas venían a casa los domingos, comían con nosotros, veían televisión con los nenes y se iban a una hora decente. La novia de Héctor venía con su mamá. Héctor iba a su casa y hacía lo que hacían los novios de Delsa y Norma en casa. No se les permitía ir a ningún sitio sin chaperona, que frecuentemente era alguno de los nenes más pequeños porque había que cuidarlos, una no se les podía escapar y choteaban si pasaba algo impropio.

Por ser yo la que tenía la mayor libertad, hubiera podido tener una cita clandestina en la ciudad, sin que nadie se enterara. No lo había hecho porque nadie me había invitado, pero empecé a planificar para cuando me tocara el momento. Todos los días, hacia el final del verano, según fueron concluyendo los trabajos de *Up the Down Staircase*, me fui requedando más tiempo, e inventaba excusa tras excusa para llegar a casa mucho más tarde de la hora en que me esperaban. Mami fruncía el ceño, achicaba los ojos, apretaba los labios, en todas sus muecas habituales que yo sabía que querían decir que tenía sus dudas pero no iba a hacer nada todavía. Para no levantar sospechas sobre lo que en realidad no estaba haciendo, yo no abusaba. Poco a poco iba estirándole los límites de su tolerancia y cuando se quejaba de que había llegado tarde demasiados días corridos, al día siguiente, yo no salía si no había filmación. Jugaba con mis hermanas y hermanos, salía de tiendas con Mami o me quedaba en casa leyendo, con el pelo en rolos probando un nuevo peinado, y trataba de actuar como si no hubiera tenido nada que esconder, que de hecho no tenía, pero segura de que algún día sí lo tendría.

A pesar de que me había faja'o con la esperanza de ser descubierta durante la filmación de *Up the Down Staircase*, al terminar la película no hubo ofertas de Hollywood, así es que tuve que decidir cuál sería mi próximo paso. Me di un mes para conseguir una oferta para un papel en otra película o como bailarina en alguna compañía. Compraba *Backstage* y *Variety* todas las semanas, hacía una lista de las audiciones para las que podía cualificar, llamaba a agentes de reparto, me aparecía por los estudios de ensayo cuando se anunciaban pruebas, pero no había un papel para una Cleopatra/bailarina clásica india/dama joven/puertorriqueña.

El final del verano y el comienzo del otoño fueron fuertes para Mami debido a los gastos tan grandes que tuvo para preparar a los nenes para la escuela y para otro invierno. Yo había ganado mucho dinero en el verano, pero había gastado la mayor parte en clases de baile y en comprar ropa apropiada para una actriz/bailarina que tenía que causar una buena impresión en las audiciones. Le daba a Mami parte de cada cheque y Don Carlos también aportaba, especialmente ahora que Mami estaba encinta de nuevo. Pero con todo y eso, no daba, así es que nos mudamos de la casa a un apartamento más pequeño en un tercer piso, que incluía agua y luz.

La dueña de la casa, Doña Lila, vivía en el segundo piso con sus dos hijos, uno de ellos, un par de años mayor que yo. Neftalí era esbelto, de tez color café con leche oscuro y unos impresionantes ojos verdes. Era el hombre más guapo que había visto y sus modales tan respectuosos, su voz suave y su sonrisa tierna me producían mariposítas en el estómago y un cosquilleo cuando me miraba.

Mis hermanas y hermanos se dieron cuenta de que me gustaba Neftalí.

"¿Por qué es que ya tú no andas por la casa en rolos?" preguntaba Héctor.

"Sí, y subes y bajas por esas escaleras veinte veces al día," añadió Alicia.

"Antes tú nos pagabas pa' que sacáramos la basura cuando te tocaba a ti," se quejaba Raymond.

"Chica, Negi," rogaba Norma. "No me estoy ganando ni un chavo contigo."

Neftalí subía con frecuencia y se unía a los juegos de dominó y de *gin rummy* que desde la mesa de la cocina, competían con la risa que venía del televisor en el otro cuarto. Era un jugador malísimo, lo que le hacía aún más divertido porque apostábamos en cada juego. Venía los domingos, como los novios de Delsa y de Norma. Le encantaba leer, cosa que me gustaba, pero sus libros favoritos eran los de ciencia ficción, que yo no entendía. Se había graduado de escuela superior y hablaba de ir a la universidad algún día. Mientras tanto, trabajaba en el *garment center*, empujando carritos cargados de ropa recién hecha, desde la fábrica donde la cosían, hasta los almacenes, donde la embarcaban. Decía que era como levantar pesas y dejaba que mis hermanos se le colgaran del brazo doblado para mostrar sus bíceps.

"¡Estás enamorá'! Yo sabía que tú no lo decías en serio na' cuando decías... tú sabes," Alma se ruborizó, "lo de entregarle tu virginidad al mejor postor."

"Yo no voy a tener sexo con él ni na'," protesté, pero me ruboricé también, aunque por una razón diferente. Durante días había estado fantaseando con los besos de los labios café con leche de Neftalí. Y más de una vez, había dejado correr mis manos por mi cuerpo, imaginando que eran las suyas. "Además," continué, "no hemos esta'o solos todavía. Mami no me quita los ojos de encima cuando él está por ahí."

Era cierto. Pero también era cierto que Neftalí no mostraba ningún interés en estar a solas conmigo. Oportunidades había de más. Podía haberme acompañado cuando iba a alguno de los muchos mandados que me ofrecía a hacerle a Mami. Me podía haber esperado en la estación del tren cuando yo regresaba de mi trabajo. Podía haber subido mientras Mami estaba trabajando y Tata y los nenes veían televisión. Pero, no hacía nada. Se contentaba con estar con mi familia, contemplarme con sus inquietantes ojos verdes de vez en cuando y apostar generosamente cuando jugaba contra mí en *gin rummy*.

"Él va a entrar en acción cuando llegue el momento," especulaba Alma. "Él sabe que tu mamá espera que las cosas se hagan como Dios manda."

"Si por lo menos yo supiera que le gusto."

"No visitaría tanto si no le gustaras."

No estaba tan segura. Si le gustaba debería dejármelo saber. Debería mandarme flores, contratar un Mariachi para que me trajera una serenata, traerme chocolates, escribirme poemas. Debería hacer algo romántico que probara que yo le gustaba de una manera que no le gustaba nadie más. Como no hacía nada seguí los consejos de *Sex and the Single Girl* y me hice la difícil. Cuando oía sus pasos en la escalera, me escondía en el cuarto. Empecé a pagarles otra vez a mis hermanos y hermanas para que hicieran las tareas que me tocaban, para no tener qué pasar por su puerta cuatro o cinco veces al día. Dejé de anunciar cuándo estaría en casa.

Un día regresé y encontré a Doña Lila sentada en la mesa de la cocina. "Ese muchacho no es violento," murmuraba llorando. "En su vida ha mata'o una mosca." Mami y Tata estaban al lado de ella, pasándole la mano por los hombros, murmurándole ruiditos para consolarla. Pensé que a uno de sus hijos lo habían acusado de matar a alguien y rogué en silencio que no fuera Neftalí.

"A Neftalí lo llamaron del servicio," contestó Mami mi pregunta silenciosa, pero no tenía idea de lo que quería decir con eso de que "a Neftalí lo llamaron del servicio."

"*He's been drafted*," me interpretó Delsa.

Mami y Tata seguían sobándole los hombros a Doña Lila, tratando de convencerla de que porque a Neftalí lo llamara el Ejército, no quería decir que iría a Vietnam. Pero ninguna de nosotras se lo creía. Más de una vez le agradeció Mami a Dios y a las once mil vírgenes que Héctor tuviera sólo catorce años. Ella y Tata rezaban en voz alta porque la guerra terminara antes de que tuviera la edad para ser reclutado y lo mandaran a lo que todas temíamos sería una muerte segura.

Era difícil sacar en claro lo que estaba pasando en Vietnam. Las imágenes eran muy incongruentes. Veíamos en las noticias, reportajes que mostraban a los soldados riéndose y poniéndoles cuernitos a los compañeros mientras los locutores, con gran sobriedad, hablaban de los muertos. Veíamos un panorama exuberante y tropical y largas playas sembradas de palmas que tanto nos recordaban a Luquillo, en la costa norte de Puerto Rico. Soldados risueños, pintorescos arrozales; reporteros muy masculinos que se apoyaban contra los tanques del ejército, nos hablaban a través de las cámaras mientras que detrás de ellos, se veían hombres jóvenes jugueteando o llevándose unos a otros en camillas. No parecía de verdad.

Pero así era. Mi primer novio potencial, a punto de irse a la guerra. Se parecía demasiado a las radionovelas que escuchaba desde niña en las que el héroe guapo se iba a la guerra, mientras la bella heroína se quedaba en casa escribiéndole emotivas cartas y rechazando a los pretendientes que no le llegaban ni a los tobillos al amado. Me debatía entre sentir pena por Doña Lila y vivir el romance con un novio que luchaba por la democracia en un país lejano.

Esa noche Neftalí subió y yo no me escondí. Don Julio y Don Carlos, que habían peleado en Corea, le hablaron de lo que podía esperar durante el entrenamiento básico. "Te van a hacer un hombre," bromeaba Don Julio y Neftalí sonreía tímidamente y me miraba.

Al día siguiente me aseguré de sacar la basura y allí estaba Neftalí, al pie de la escalera con la de su casa.

"¿Me vas a esperar?" dijo tan suavecito que yo entendí, "¿Me lo vas a pesar?"

Lo debo haber mirado con una expresión bastante estúpida porque se me acercó y repitió la pregunta.

"Te voy a escribir," respondí.

"Voy a hablar con tu mamá," dijo, "para hacerlo oficial."

Había esperado con ansiedad por las promesas de amor de Neftalí y el mariposeo y el cosquilleo que me produjo pensar en él, se convirtieron en temblores y escalofríos. "¿Qué tu quieres decir con oficial?"

"Tú sabes," murmuró con una sonrisa tímida y se acercó para besarme.

Me eché para atrás. "No, no sé." Así no era que me lo había imaginado. Se suponía que él se hincara en una rodilla, me dijera que me quería, me ofreciera una sortija de brillantes y que por lo menos usara la palabra "matrimonio" en una oración completa. No estaba bien que él esperara que yo fuera a proponerme matrimonio a mí misma, allí parados en un pasillo oscuro, agarrando unas pesadas bolsas de basura.

"¿Y a ti que te pasa?" me dijo con un retintín tan familiar que pudo haber sido de Mami.

Me le escurrí por el lado y llegué hasta los zafacones en la acera. "¿Qué es lo que te pasa a ti?" quería preguntarle, pero no lo hice. Estaba segura de que él no entendía de esto más que yo. Tenía ganas de llorar. Se me acercó por detrás.

"Yo creía que yo te gustaba," gimió y su tono me irritó.

"Pues no," no pude evitar ser cruel. Unos minutos antes era mi sueño y ahora le estaba diciendo que no me gustaba. ¿Qué me pasaba?

Corrí hacia el edificio, por las escaleras, hasta mi cuarto, metí la cara en la almohada y sollocé como si Neftalí me hubiera hecho algo terrible, cuando todo lo que había hecho era quererme. ¿O no? ¿Por qué no me lo decía? Estaba confundida, no entendía por qué había reaccionado como lo había hecho. Me sentí abochornada. Él se había quedado en la acera agarrando su bolsa de basura, mirándome como si hubiera perdido la mente. Y así era que me sentía. Desquiciada, demente, loca. ¿Quién iba a querer acercárseme?

"Hace un tiempito que Neftalí no sube a vernos," dijo Mami unos días más tarde, buscando con los ojos una respuesta. Yo levanté los hombros.

Camino al trabajo y de regreso, pasaba en puntillas por la puerta de Neftalí. Una parte de mí deseaba que nos encontráramos en el pasillo, que habláramos y que yo me excusara; pero no sabía qué le diría después de eso. Así es que fue un alivio cuando, a la semana, Doña Lila vino a decirnos que Neftalí se había ido a Puerto Rico a visitar a unos parientes, antes de presentarse para el entrenamiento básico. Me estaba velando cuando nos lo dijo y en sus ojos había resentimiento. Pero nunca dijo nada, ni Mami tampoco, ni yo tampoco. No había nada que decir. Cientos de veces repasé en mi mente la escena con la basura tratando de encontrar una explicación para mi comportamiento. Pero fue inútil. Me había portado mal y no me lo podía perdonar.

El término de un mes que me había dado para conseguir trabajo en actuación o en baile, llegó y pasó y muy pronto quedó claro que tenía que buscar trabajo por otra línea. Contesté un clasificado y la semana antes del Día del Trabajo, me recibió en la puerta de la oficina de Recursos Humanos de Fisher Scientific, el Sr. Kean, quien tenía la postura de hombros abiertos, y espalda erguida desde la cadera, típica de un ex-bailarín de ballet. Me pidió que llenara un formulario y me llevó entonces a un cuartito donde había una maquinilla sobre una mesita. De una tablilla que había junto a la puerta, tomó un cronómetro, una libreta de espiral y unos papeles que colocó junto a la maquinilla.

"Tenemos vacantes para mecanógrafas," me dijo, "así es que

vamos a ver cuán rápida eres." El Sr. Kean me observó mientras yo ponía el papel en la maquinilla y lo alineaba para que las puntas quedaran parejas. Abrió la libreta encuadernada de espiral en una página al azar y la colocó junto a la maquinilla, prendió el cronómetro y dijo, "Empieza."

Escribí lo más rápidamente que pude, pero no había practicado desde que salí de Performing Arts y cometí tantos errores que cuando sonó el timbre me dio vergüenza enseñarle la página al Sr. Kean.

"Veo," marcó los errores en rojo. "No te sientas mal," me aseguró, "no todo el mundo nació para escribir maquinilla." Se rió y me hizo sentir mejor. "Deja ver qué otra cosa podemos encontrarte." Me llevó hasta su escritorio en la esquina de un salón lleno de escritorios que me recordaron la oficina del *welfare*. Rebuscó en un fichero de tarjetas tres por cinco, sacó un par de ellas, leyó unas notitas garabateadas y marcó un número de teléfono. "No te preocupes," me dijo. "Hay un trabajo en el cuarto de correspondencia."

Tomamos un ascensor hasta un salón del ancho y de la profundidad del edificio. Unos rectángulos de luces fosforescentes bañaban todo y a todos con una luz azulosa. El salón era un laberinto de filas de escritorios de metal grises. Amplios pasillos dividían el Departamento de Compras del de Ventas Internacionales y del rincón ruidoso donde se sentaban las mecanógrafas táquiti-táquiti, ocho horas al día, divididas por dos *coffee breaks* de quince minutos y media hora para el almuerzo. En la esquina, al fondo, frente a una hilera de ventanas todas llenas de polvo, con vista a los techos, estaba el cuarto de la correspondencia. No era ningún cuarto nada, sino una sección dividida por una mesa larga, flanqueada por unos archivos puestos en forma de herradura, con suficiente espacio entre ellos para formar un pasadizo hasta el área de trabajo. Debajo de las ventanas había dos mesas más y al final un escritorio de madera y una butaca. El Sr. Kean tocó en la mesa como si hubiese sido una puerta. Una distinguida mujer rubia se levantó de detrás de uno de los archivos de donde había estado sacando cartapacios.

"Entra, querida," sonrió. Tenía un aire aristocrático que resultaba perfectamente apropiado a pesar del lugar donde estábamos. El Sr. Kean nos presentó e Ilsa Gold me entrevistó de pie, aunque había sillas junto a las mesas al lado de las ventanas. El Sr. Kean me llevó de vuelta a su oficina donde sonó el teléfono, como si hubiera estado sincronizado, justo cuando llegamos a su escritorio. "Estás contratada," anunció en un tono tan risueño que estoy segura de que estaba tan feliz por mí como yo misma.

Ilsa me explicó mis deberes. Por la mañana, tenía que abrir la correspondencia, sortearla, distribuirla; por la tarde recoger la que se iba a enviar, pasarla por el metro de la tarifa postal y tenérsela lista al cartero que venía tarde en el día. Entretanto, tenía que recoger y archivar cualquier documento en uno de los quince ficheros que formaba la herradura de nuestra oficina. Al finalizar el primer día tenía los dedos desbaratados de cortaduras de papel. Al día siguiente llegué a trabajar con curitas en cada dedo. Ilsa me miró intrigada pero no me dijo nada.

Había más trabajo del que podíamos manejar dos personas. Ilsa decía que tenía que contratar a otra persona para ayudarnos, pero que el candidato ideal no había aparecido aún.

"Soy muy exigente a la hora de escoger quien trabaja para mí," me aseguró. Hablaba con un acento que se volvía más pesado cuando se ponía nerviosa o tenía que hablar por teléfono. Le pregunté de dónde era.

"De muy lejos," me dijo con una misteriosa sonrisa. Me sentí mal por haber sido tan curiosa.

La mejor parte de mi trabajo era cuando recogía o repartía correspondencia. Me daba la oportunidad de visitar los departamentos, conversar con las secretarias o mecanógrafas, los oficiales de compra, los vendedores. Uno de ellos, Sidney, estaba siempre en su escritorio cuando yo pasaba.

"Es un buen muchacho," dijo Ilsa, lo que me dio risa. "¿Qué te dio gracia?"

"No parece que haya sido nunca un muchacho, es tan serio."

"Como debe ser," dijo y no elaboró y yo no pregunté porque ella era, con frecuencia, enigmática y cuando le pedía que me explicara, se enconchaba o enseguida buscaba algo que hacer.

Fisher Scientific tenía una cafetería para empleados, pero como tenía que haber siempre alguien disponible por si se necesitaba algún expediente, Ilsa y yo no podíamos tomar nuestros *breaks* a la vez. De todos modos había una jerarquía que determinaba quién tomaba el *break* con quién. Después de dos o tres incidentes incómodos, de sentarme con gente que era simpática conmigo cuando pasaba a recoger o a dejar la correspondencia, averigüé que mi lugar era con los oficinistas y otros empleados de mi nivel inferior. Los supervisores y las secretarias ejecutivas se sentaban con su propio grupo, como claques de escuela superior, pero en el nivel de adultos.

Había mucho chisme durante los *breaks*. Gus bebía demasiado, el matrimonio de Phil estaba mal, Loretta estaba encinta y sin esposo a la vista. Los problemas de la gente nos mantenían en suspenso desde el *coffee break* de la mañana hasta el de la tarde, puesto que iban surgiendo detalles en el transcurso de las ocho horas de trabajo. Cuando no había nada más interesante, se cogía el tema de cómo se vestía la gente para venir a trabajar. Brenda era muy conservadora y qué pena, verdad, porque tenía un cuerpo tan bonito. Lucille, sin embargo, no tenía ni mínimamente el cuerpo necesario para lucir la ropa tan reveladora que insistía en ponerse. Penny se pintaba tanto el pelo que se quedó calva y por eso usaba peluca. Las piernas de Jean eran demasiado gordas para usar minifaldas y Roberto usaba demasiado perfume.

A mí me preocupaba que si yo no estaba presente, mis compañeros de trabajo fueran a hablar mal de mí, así es que yo volaba para la cafetería a la hora en punto del *break* y me quedaba hasta que todo el mundo regresaba a su escritorio. En casa entretenía a la familia contándole los chismes y todos seguían las historias como si hubieran conocido a los protagonistas. Para el impacto dramático yo exageraba o añadía detalles que no eran parte del cuento original. Pronto empecé a creer que mis versiones eran la realidad y me sorprendía cuando los datos se desviaban de lo que debió haber pasado, dado el escenario que les había creado.

Un día, regresando a casa, al bajar la escalera del tren elevado, me sorprendió encontrarme a Neftalí esperándome. Durante las dos o tres semanas desde que se había ido a Puerto Rico, yo lo mandé a la guerra donde se destacó, recibí sus cartas de amor, le respondí con un interés reservado y distante, acepté su promesa de amor eterno, me casé en una catedral y mis hermanas y hermanos fueron mi séquito nupcial, me fui de luna de miel a Tahití y estaba a punto de tener gemelos, —todo eso en los quince minutos que me tomaba ir y venir de la estación del tren. Ahora, frente a frente, me daba cuenta que el Neftalí de mi imaginación era más alto y vestía mejor que el Neftalí de la vida real. También era más aplomado. El Neftalí de carne y hueso bajó la cabeza y murmuró hola, mientras yo me preguntaba qué era lo que veía en él hacía apenas tres semanas.

Caminamos uno al lado del otro por la acera congestionada. Era una tibia tarde de septiembre y las tiendas estaban abiertas. Cada puerta era la entrada de una cueva rica en tesoros: frutas y vegetales tropicales; periódicos y revistas; dulces de colores envueltos en papelitos brillosos; estantes de trajes, blusas y faldas cubiertas de plástico. Le gente entraba y salía arrastrando chillones carritos de compra. Bolsas de papel arrugadas a punto de explotar, llenas de abrigos apestosos a humedad comprados en la tienda de ropa usada. Las mujeres se sentaban en las entradas mientras sus hijos e hijas brincaban cuica, patinaban y tiraban tapitas de botellas contra una pared.

Neftalí y yo caminábamos por entre el gentío dejando entre nosotros el espacio suficiente para que cupiera un niño pequeño. Yo deseaba que tratara de tocarme, de robarme un beso, que hiciera un gesto que me indicara que éramos algo más que vecinos. Pero, todo lo que hacía era contarme de su viaje a Puerto Rico, lo que me hacía sentir celosa.

"Yo no había ido pa'llá desde que era un nene," me decía. "Esas quenepas, mano. Aquí ni se consiguen."

No le di importancia a que me hubiera llamado "mano," porque estaba saboreando la fruta redonda, de cáscara crujiente, resbalosa, dulce, de corazón duro, la quenepa de mi niñez.

Me tocó el hombro y regresé de un brinco. "Estabas eslembá," me explicó.

"Perdona."

"Bueno, estaba pensando si a ti te gustaría vivir en Puerto Rico."

"Algún día."

"Entonces nos podemos mudar pa'llá. Pa' Ponce, pa' que te puedas comer to'as las quenepas que quieras. Ya escogí el solar pa' la casa y to'."

"¿Tú piensas casarte conmigo?"

"Yo te gusto, ¿verdá'?" Y entonces añadió, en tono acusatorio, "Tú actúas como si yo te gustara."

"¿Tú me estás proponiendo matrimonio?"

"¿Qué quieres? ¿Que me arrodille?" Se arrodilló en la acera como si estuviera en la iglesia y me agarró la mano. "¿Esto es lo que quieres?"

La gente en la calle nos pasaba por el lado. "¡Dile que sí!" gritó alguien y escuché risas.

"¡Déjame!" Retiré la mano y salí corriendo por la acera.

"¿Quién tú te crees que eres?" me gritó. "Ahora eres una gran actriz de cine. ¿Verdá'? ¿No soy lo suficientemente bueno para ti, verdá'? ¿Es eso, ah? ¿Es eso?"

Su voz se perdió en el bullicio de la calle. Corrí tan rápido como me lo permitieron mis tacos altos; la cartera golpeándome al lado, como si alguien me estuviera siguiendo con un palo. ¿Que quién me creía que era? No estaba muy segura. Pero de lo que sí estaba segura era de que la esposa de Neftalí no iba a ser.

Había días en que dejaba el apartamento, cogía un tren, viajaba una hora, subía de la estación del *subway* hacia las torcidas calles del Village, caminaba seis bloques hasta Fisher Scientific, subía por el ascensor y venía a darme cuenta de dónde estaba cuando se abrían las puertas al resplandor fluorescente y al traqueteo de las maquinillas del inmenso salón donde trabajaba. Era un enorme escenario, iluminado por todos lados, con un público que podía ver todos nuestros movimientos desde cualquier ángulo. Todo un teatro diario.

Ilsa afirmaba que me había contratado por mi actitud. "Eres positiva y entusiasta," decía, "si sigues así, vas a llegar lejos."

A veces me dolía la cara de tanto sonreír, de mantener el semblante alerta de la que está entusiasmada con lo que hace. Pero, la verdad es que mi trabajo era aburrido. Horas de archivar papeles que no podía leer porque Ilsa ponía cara cada vez que me miraba y notaba que el montón de papeles que tenía delante no bajaba. Esperaba con ansias la media hora que pasaba entregando y recogiendo la correspondencia que por lo menos me permitía charlar con los demás empleados. Pero hablar sin revelar demasiado de mí misma, me consumía una energía enorme. La gente quedaba espantada cuando se enteraba de que yo era la mayor de nueve hermanos y venía otro en camino. Su reacción me abochornaba, como si fuera mi culpa que Mami fuera tan fértil.

Cuando mis compañeros de trabajo me pedían detalles yo tomaba a broma nuestras condiciones de vida. "Nueve niños, tres adultos, en un apartamento de tres habitaciones," sonreía. "Suena peor de lo que es," insistía.

Si me apuraban mucho, admitía que Mami no estaba casada con el papá del bebé que iba a tener, y que tampoco se había casado con el papá de ninguno de sus hijos. Mis compañeros entrecerraban los ojos y apretaban los labios, mientras pasaban juicio sobre la clase de mujer que era Mami y por consiguiente, la clase de muchacha que sería yo.

"Pero no me dejan salir con muchachos," bromeaba, para hacerles saber que yo entendía la ironía, pero que aún así mi familia tenía valores que merecían respeto.

Más de una vez me dijeron que no "sonaba" puertorriqueña. "No tienes acento," comentó el Sr. Morton, uno de los supervisores, y yo le expliqué sobre Performing Arts y el hablar estándar. Cuando sugirió que yo no "actuaba" como puertorriqueña, me tragué el insulto. "Quizá, usted no ha conocido suficiente gente como nosotros," le sugerí, ofendida de que él se sorprendiera que las puertorriqueñas pudieran ser muchachas castas, competentes, que hablaran bien el inglés.

Yo sonreía, hacía mi trabajo, chismeaba. Al terminar el día, volvía sobre mis pasos hasta Brooklyn, a veces en la misma nube en que había salido, pero exhausta, después de una representación que había durado demasiado.

"¿Cómo te fue hoy?" me preguntaba Mami, todas las tardes según yo entraba por la puerta.

"Bien," sonreía risueña y me metía en el cuarto a cambiarme. Delsa, acostumbrada ya a la rutina, se bajaba de la litera y me dejaba sola.

Me removía el maquillaje y me desnudaba. Esmeralda Santiago permanecía entre los pliegues de cada pieza de ropa que me quitaba y guardaba. Desnuda, sin nombre, me acostaba en mi cama y dormía. Media hora después, aparecía Negi, vestida con la ropa cómoda que usaba en casa. Otra función estaba a punto de empezar, ésta, en español.

"Las perlas traen lágrimas."

Después de semanas de estar entrevistando gente, Ilsa contrató a otra oficinista, Regina.

"Es preciosa, ¿verdad?" comentó Ilsa un día, mientras Regina se alejaba de nosotras.

"Les está causando tortícolis," me reí.

Los hombres en la oficina —todos— estiraban el cuello cuando Regina pasaba. Sus ojos la iban siguiendo según ella se movía de escritorio en escritorio, ondulando las caderas y las nalgas, de una manera muy poco americana. Algunos de nuestros compañeros, empezaban a sudar literalmente cuando Regina se les acercaba. Cuando hablaba en su voz ronquita, con acento brasileño, sus susurros y murmullos producían escalofríos evidentes en los cuerpos de los hombres.

Regina no parecía estar consciente de su belleza. Vestía en faldas largas, blusas de cuellitos modestos y mangas, zapatos de tacón bajo. Prefería los colores opacos, se recogía la melena que le llegaba a los hombros, en un moño suelto en la nuca, usaba poco maquillaje, un poquito de lápiz labial y máscara.

Ilsa me asignó que la adiestrara. Regina se pasaba detrás de mí y pronto aprendió las tareas sencillas que conllevaban nuestros trabajos de oficinistas de correspondencia y archivo. Al principio me molestaba que cada vez que me viraba, estuviera ella allí, hermosa y aturdida. Entonces, un día, mientras íbamos bajando para el *coffee break*, me dio las gracias.

"¿Yo qué hice?"

"Yo estoy, como dice, choque cultural," me confió. "En Brasil no es así." Abrió los brazos como para abrazar al mundo.

"En Puerto Rico," le dije, "tampoco es así."

Ninguna de las dos tenía que decir nada más para entender lo que la otra quería decir; pero todavía no entendía por qué me daba las gracias.

"Yo no tengo amigas aquí," me dijo. "Sólo tú."

Me conmovió tanto que la abracé.

Durante el receso, no nos sentábamos con los demás oficianistas, sino que cogíamos una mesa para nosotras y hablábamos de nuestras vidas. Ella era hija única y había cuidado a su mamá durante una batalla de tres años contra un cáncer de seno. Cuando murió su mamá, su papá la mandó a Nueva York.

"Yo lloro todos días en tres meses," dijo. "Es horrible ver tu mamá morir, poquiño." Vivía con su tía paterna que tenía un puesto importante en las oficinas de Fisher Scientific en New Jersey. "Ella dice a mí: tres meses suficientes lágrimas. Tengo encontrar trabajo. Y pronto tengo que casar."

"¿Con quién te vas a casar?"

"Yo no sé."

Me imaginaba a la tía como la malvada madrastra de los cuentos de hadas, y pronto añadí las tribulaciones de Regina a las historias que yo componía para beneficio de mi familia. Mami y Tata estaban a punto de adoptarla.

"Pobrecita," decía Mami, "sin mamá y sola en esta ciudad."

"Y esa mujer," añadía Tata, "no tiene corazón."

Mami asentía. "Pobrecita," repetía y sacudía la cabeza pensando en la pobre Regina.

Como Ilsa se ponía tan nerviosa por teléfono y el inglés de Regina no era muy bueno, yo estaba a cargo de contestar las llamadas. La mayoría de las veces la gente llamaba para pedir un expediente o para avisarnos que había mucho correo que procesar ese día para que programáramos más tiempo para la recogida. Un día, cuando Ilsa acababa de irse a un *break*, sonó el teléfono. Era Sidney, que siempre era bien buena gente conmigo. Su oficina quedaba como a veinte pies de la nuestra así es que, por lo general, se acercaba a pedirnos lo que necesitara.

Me viré para asegurarme de que estaba en su escritorio y me saludó con la mano. "¿En qué puedo servirte?" Lo saludé también.

"Sal conmigo el viernes por la noche." Sonrió.

"¿Una cita?" Me viré porque no quería que notara mi agitación.

"Si. A comer, al cine, lo que tú quieras."

"A comer suena bien," le dije suavecito al teléfono porque Regina se había dado cuenta de lo que estaba pasando y nos miraba divertida. "Gracias," colgué y me sentí estúpida por haberle dado las gracias. Tenía miedo de mirar hacia su escritorio no fuera a ser que me viera ruborizándome.

"Es bien bueno," dijo, espontáneamente, Regina.

"¿Cómo se lo digo a mi mamá?" me dije en voz alta y Regina sonrió.

Mami quería saber quién era Sidney, qué hacía, a dónde íbamos, cuánto tiempo íbamos a tardar. "Tráelo a casa pa' conocerlo."

"Es sólo a comer que voy, Mami. No me voy a casar con él."

"Es una señal de respeto," dijo. Tenía razón, pero yo no podía imaginarme a Sidney en nuestro apartamento, tan lleno de gente y de muebles. ¿Qué pensaría él si por casualidad Tata estuviera borracha cuando él llegara? ¿O si Mami estuviera en bata y en rolos, como se pasaba generalmente cuando estábamos en casa? ¿O si Don Carlos estuviera allí en su traje y gafas negras, sentado silenciosamente en la mesa de la cocina, con su sonrisa absorta en los labios? ¿O si Don Julio con la cara esbaratá como la de los boxeadores que han recibido demasiados golpes en la cabeza, estuviera tirado con los muchachos frente al programa de Lawrence Welk? ¿Y si mis hermanas y hermanos se burlaban del aspecto de Sidney? Era bajito, usaba espejuelos rectangulares, gruesos, que se le escurrían y le dejaban unos surcos rojos en el puente de la nariz. Tenía una voz suave, plañidera que lo hacía sonar como si se estuviera quejando aunque no lo estuviera haciendo realmente. Las manos le brotaban pequeñas y aniñadas de las mangas de la chaqueta y no reposaban en ningún sitio por más de un segundo. Yo las encontraba gráciles, pero Mami, sin duda, las imaginaría desabrochándome el brasier con mucha maestría.

Ilsa quedó atónita cuando se enteró de que iba a salir con Sidney.

"¿Te invitó?" me preguntó incrédula.

"Claro," contesté, molesta de que pensara que había sido yo quien lo había invitado.

Miró hacia el escritorio de Sidney con una expresión sombría en el rostro. "Interesante," dijo pensativa.

"¿Hay algo que yo deba saber sobre él?"

"No, cariño," respondió Ilsa, "es que... me sorprende, eso es todo. Es un buen muchacho. Diviértete."

El día antes de la cita, Regina me acompaño a Gimbel's. Me gustaba ir de compras sola, pero quería causar una buena impresión y ese día necesitaba ayuda para escoger algo apropiado. Regina era la persona perfecta para controlar mis impulsos por la ropa teatral, colorida o dramática. Cuando llegué a casa con el conjunto azul marino, zapatos de tacón bajito y una carterita recatada, Mami no pudo disimular su sonrisa.

"¿Qué tiene de malo?" pregunté.

"Nada," dijo. "Está bien," y se viró tratando de aguantar la risa.

"Esa es ropa de vieja," fue la opinión de Tata.

"Lo compré en la sección de jóvenes," expliqué, pero al volverlo a mirar se me pareció al estilo de Regina. "Es elegante," añadí, repitiendo las palabras de Regina. "Se ve mejor puesto." No pude convencer a nadie.

Mientras me vestía al día siguiente, me decía que era mejor verme conservadora y aviejá' que como una cualquiera sacada de *West Side Story*. Cuando entré a la oficina, la gente se me quedó mirando y algunos comentaron lo mona que me veía, lo que me hizo sentir mejor.

Sidney no estuvo en su oficina en toda la mañana y yo estaba preocupada que fuera a cambiar de idea y no apareciera. Durante el almuerzo, Regina sacó una bolsita de la cartera.

"Ponte esto," me dijo. Dentro de la bolsita había un collar de perlas. "Eran de mi mamá," me explicó. "Se te van a ver lindas en tu noche especial."

Las perlas me pesaban en la mano, lánguidas como una tarde tropical. Las deseé. Mi deseo me avergonzó. "Regina, yo no me puedo poner esto," y se las devolví sin muchas ganas, "¿y si se me pierden?"

"Tú las cuidas bien, yo sé," me dijo. "Por favor, acepta usar."

Me coloqué las perlas alrededor del cuello y ella las abrochó. Cuando se echó para atrás para admirarlas, Regina me arregló suavemente el cuello de la blusa. Me sonrió con dulzura y se le humedecieron los ojos. "Me recuerdas a mi mamá," me dijo. Tuve que tragar gordo para no echarme a llorar.

Sidney llegó a la oficina a las cinco menos cinco.

"Lo siento, había mucho tráfico de New Jersey en el túnel."

Le aseguré que estaba bien, aliviada de que hubiera aparecido.

"Ve," dijo Ilsa, "píntate los labios. Nosotras acabamos aquí esto."

Corrí hasta el baño, me arreglé la cara y el pelo, arreglé las perlas que tenía en el cuello. Relucían pálidas contra mi piel canela.

"Pensé que comamos cerca de donde estoy estacionado," sugirió Sidney mientras íbamos por la calle en una dirección que nunca antes había tomado. El aire estaba húmedo y una brisa fría que soplaba del Hudson, traspasó mi abrigo de paño hasta que empecé a temblar. Caminamos por una calle de adoquines, alrededor de unos camiones de entrega enormes que estaban estacionados en los muelles de carga.

"¿Vamos lejos?" pregunté después de caminar dos o tres bloques.

"Hasta ahí, a la vuelta de la esquina," respondió Sidney.

El restaurante era en un sótano. Un toldo aleteaba sobre la puerta que tenía un nombre escrito en unas letras tan oscuras que era imposible descifrarlas. Adentro, dos paredes de ladrillos estaban alineadas con mesas, cada una iluminada por una llama temblorosa dentro de un vaso rojo. El mantel y las servilletas resplandecían con un blanco fluorescente, flotaban en la oscuridad, cada uno con su rojo círculo de luz. Me recordó el altar de mi abuela en Puerto Rico, el misterio del rosario que rezaba todas las tardes.

Éramos los únicos clientes. El *bartender* nos miró cuando entramos y nos indicó una mesa. En el salón en penumbras, las facciones de Sidney se suavizaron. Sus ojos, enormes detrás de sus lentes, eran dulces y había una tristeza en ellos que me movía a querer ser buena con él.

De atrás salió una mesera acomodándose unas horquillas en un vaporoso moño, estilo panal de abejas. "Yo tomaré la orden de bebidas," nos informó.

Nunca había tomado una bebida alcohólica expecto con mi familia en Navidad, cuando Mami preparaba varias botellas de coquito con leche de coco fresca y ron puertorriqueño. Cuando pedí una Coca-Cola, Sidney y la mesera se decepcionaron. Él pidió un *whiskey sour*.

"¿Tú no bebes?" preguntó.

"En casa solamente," contesté y él se rió. Me tomó un rato entender por qué. "No quise decir eso. Quiero decir..."

"Yo sé lo que quieres decir, no te preocupes."

Charlamos un ratito sobre la vida en Fisher Scientific, donde él trabajaba como vendedor de microscopios. Le gustaba su trabajo porque visitaba sus clientes en los diferentes estados en vez de tener que estar metido en una oficina todo el día. Recientemente, se había mudado de la casa de su madre viuda a su propio apartamento.

"No es gran cosa," me confesó. "Odio vivir solo, pero me gustaba menos vivir con mi mamá."

Ordenamos la cena del menú de los especiales, discutimos películas que habíamos visto, lugares que nos gustaría visitar, libros que habíamos leído. Hablamos de nuestros compañeros de trabajo y me dijo algo que yo no sabía. Ilsa, mi supervisora, era húngara y había sobrevivido los campos de concentración Nazis.

"No le gusta hablar de esa parte de su vida," me dijo Sidney.

"No la culpo." Eso explicaba muchas cosas. Su acento, para empezar. Esa mirada lejana que la sobrecogía, como si escuchara voces.

"Mírale el brazo izquierdo un día," me sugirió Sidney. "Tiene unos números tatuados ahí mismo." Me tocó cerca de la parte interior del codo.

Era fácil hablar con él, me escuchaba con interés. Nos quedamos en la mesa mucho rato después de haber terminado de comer, tomando café, hablando de baile y de música. Tocaba el violín y yo le admití que no sabía nada de música clásica, excepto la que había escuchado en las asambleas de Performing Arts.

"Mote-zart," corrigió mis intentos de nombrar a los compositores. Saqué un papel de mi cartera y escribí otros nombres. "¿Cómo se pronuncian éstos?" pregunté. "BEET-jóven." Repetía después de él. "Rack-MANNI-nov, Puu-CHII-nii."

Estaba lloviznando cuando salimos.

"¿Damos un paseo? Tengo una sombrilla en el carro."

Al principio, él sostenía la sombrilla de tal modo que yo quedaba protegida y él se mojaba. Cuando protesté porque él se estaba mojando, me atrajo hacia él, me tomó la mano y me besó en el cachete. Temblé de placer; era tan romántico pasear por la calle adoquinada, bajo la lluvia, con un hombre cariñoso que tocaba violín.

"Si mi mamá se entera de que salí con una *shiksa*, me mata," soltó abruptamente Sidney.

"¿Una qué?" Me detuve tan bruscamente que caminó unos pasos antes de darse cuenta de que no estaba a su lado.

"Una *shiksa*. Una muchacha que no es judía."

No sabía si me estaba insultando o si debía sentirme halagada de que hubiera ido en contra de su madre para estar conmigo. Entendí entonces por qué a Ilsa le había sorprendido tanto que Sidney me hubiera invitado a salir. No se suponía que lo hiciera. "¿Eso va en contra de tu religión?"

"Más o menos," dijo, pero yo escuché un "Sí."

"Entonces, más vale que no me lleves a tu casa a conocerla." Me miró atónito como si la sola idea lo asustara. "Es una broma," le aseguré y me sonrió no muy convencido. "Se está haciendo tarde," decidí.

Corrimos hasta donde se había estacionado, huyéndole a lo que fuera que se había interpuesto entre los dos. La lluvia aumentó tan pronto nos metimos dentro del carro, protector y tranquilo. Lo dirigí hasta Brooklyn. Entrecerrando los ojos para protegerse de la luz de los demás carros, Sidney iba fijándose bien en los letreros y en los sitios donde tenía que doblar, para volver a salir. Traté de conversar, pero me detuvo. "Espérate un segundo, tengo que concentrarme. En la pizzería," continuó, hablando consigo mismo, "cojo a la derecha, después a la izquierda. Ya está." Se volvió hacia mí. "Ésta es tu calle," sonrió, "¿cuál es tu edificio?"

Nuestras persianas estaban cerradas, pero Mami estaba asomada por una rendija, mirando hacia la calle desde el tercer piso. Esperé a que Sidney se bajara del carro, diera la vuelta y me buscara con la sombrilla para no mojarme. Subimos por las escaleras despacio, porque yo oía pasos corriendo, cosas moviéndose y puertas cerrándose. En el último descanso me puse a buscar una llave que no tenía porque siempre había alguien en casa, hice como que se me había olvidado y toqué a la puerta. Mami abrió. Tenía puesta una bata de maternidad y unos pantalones; se había acomodado el pelo en unos rizos coquetos y se habá puesto un poco de color en los labios. Me pregunté si llevaría horas vestida así o si el correteo que había escuchado era el de la familia preparándose para recibir a Sidney. Mis hermanas y hermanos estaban sentados en el "caucho" y en las butacas, tiesos como el almidón, las caras lavadas, el pelo aplastado. Una sábana floreada dividía la cocina y el área de estar del cuarto de al frente, donde escuchaba a Tata acallando a Charlie. La cocina olía a café recién colado. Le presenté a Sidney a Mami y después a cada uno de los muchachos. Los más chiquitos se reían pachosos y se escondían detrás de los mayores. "Ofrécele café y bizocho," me sugirió Mami. En la mesa había un *coffee cake* de supermercado, todavía en su caja.

"No," le contesté, "tiene que irse." Sidney me miró y luego la miró a ella esperando que yo tradujera. "Le dije que te esperaba un viaje largo a New Jersey."

"Ah, sí, es verdad." Pareció sorprenderse de que le recordara su lugar de residencia. Lo acompañé hasta la puerta.

"Te veo el lunes," prometí, y abrí para que saliera. Nueve pares de ojos siguieron todos nuestros movimientos. Fue un alivio cuando Sidney finalmente se despidió desde el umbral y bajó las escaleras. Tata salió del cuarto arrastrando los pies, con Charlie en los brazos. "¿Se fue?" preguntó con risa entrecortada. Cerré la puerta y me viré para enfrentar a mi familia que enseguida opinó.

"¡Qué bajito!"

"Tiene una narizota."

"El abrigo le apestaba."

"Los espejuelos son tan gordos."

"Por eso fue que invitó a Negi. Es ciego y no la puede ver."

Hice un débil intento de defender a Sidney. "Es un hombre bien bueno," pero fue inútil. Me di por vencida y contribuí a su risa al revelarles que su pasatiempo era el violín. Les pareció comiquísimo.

Mami miró el reloj de pared de la cocina. "Por lo menos se portó como un caballero y te trajo temprano. No son ni las diez," apuntó.

"A lo mejor ya Negi no soportaba estar con él más tiempo," dijo Delsa, muerta de la risa.

"¿De dónde sacaste esas perlas?" preguntó Tata, poniéndose seria de pronto.

"Regina me las prestó. Eran de su mamá."

"Quítatelas," chilló. Se me tiró encima a punto de arrancármelas del cuello. Me las protegí con la mano. "Las perlas traen lágrimas," me advirtió.

"Ay, Tata, déjate de supersticiones." Las perlas se sentían tibias contra mi cuello.

"Traen lágrimas," repitió, "especialmente, si son de otra persona. ¡Y de una difunta!" Se me tiró encima otra vez, pero yo la esquivé. Me metí en mi cuarto y cerré la puerta. Las perlas se sentían exquisitas. No había manera de que yo creyera que traían lágrimas. Lo único que tenía que hacer era escuchar la risa al otro lado de la puerta.

Pensé que me daría pachó ver a Sidney la semana siguiente, pero él estuvo fuera tres semanas y para cuando volvió, yo estaba enamorada de Otto.

Otto era un hombre grande, de piel y pelo dorado y una voz profunda que retumbaba desde su pecho de barril. Nuestros ojos se conectaron cuando fui a entregar el correo en el Departamento Internacional. Durante el resto de la mañana seguimos intercambiando miradas a través de la fluorescencia azul gris del salón. Desapareció a la hora de almuerzo, pero estaba allí cuando vine a su escritorio a recoger el correo.

"¿Tú eres Esmeralda, sí?" preguntó. El modo en que pronunció mi nombre, el sí al final de la oración, fue como una canción que se me quedó en la mente por horas. "Yo soy Otto," dijo. Le extendí la mano para saludarlo y él la retuvo y la apretó suavemente antes de soltarla. Casi me derrito ahí mismo. Me entregó un paquete de cartas con destino a Alemania. Le di las gracias y continué mi ronda, consciente de que me estaba mirando. A pesar de que siempre había resentido que los hombres examinaran mi cuerpo descaradamente, recibí con agrado la mirada de Otto y procuré mantenerme donde pudiera verme todo el tiempo que me tomó recoger la correspondencia. Esa noche fantaseé con cómo se sentiría estar entre sus brazos y continué soñando con él los días en que no volvió por la oficina.

La Navidad parpadeaba intermitentemente en rojo y verde en los vecindarios de Nueva York. En casa doblamos papel de libreta en forma de triángulos y los recortamos dándole formas artísticas para crear copos de nieve. Héctor cargaba a Raymond sobre sus hombros en lo que pegaba los copos en la esquina del techo. Don Carlos alzó a Franky para que encasquetara un ángel rubio en la punta de árbol de Navidad. Lágrimas plateadas chorreaban sobre las ramas plásticas cargadas de frágiles bolas de colores brillantes.

Fue una Navidad abundante. En casa todos los que teníamos edad suficiente, teníamos un empleo. Los domingos vibraban al son del tun tun tun de los parientes subiendo los tres pisos hasta nuestro apartamento. La mayoría traía paquetes envueltos que se ponían debajo del árbol, bajo el ojo vigilante de los chiquitines que los velaban como si el botín fuera a desaparecer si lo perdían de vista un momento.

La Muda y Gury vinieron un día con una bolsa de ropa que Delsa, Norma y yo, nos dividimos entre las tres porque Mami estaba encinta y no cabía en ninguna. Del fondo saqué un vestido en tafeta y chifón rosado con los puños de las mangas y el cuello recatado, bordado en perlitas.

"¿Es mala suerte usar estas perlas?" le sonreí a Tata.

"No, las de embuste no," rió y La Muda hizo el gesto de recortarle las mangas y el cuello al vestido, como para indicar que si las perlas fueran auténticas, yo tendría un traje sin mangas y muy escotado.

"Te lo puedes poner para el baile de la Armería," me sugirió Mami y mis hermanas y yo gritamos de gozo porque hacía meses que no salíamos a bailar.

A veces me encontraba con Alma y nos pasábamos horas en la Quinta Avenida, entre los turistas que se apretujaban y se empujaban frente a los muestrarios que las tiendas exhibían para atraernos. Cuando se trataba de gastar nuestro dinero, Alma y yo íbamos a Herald Square, donde los sueldos nos rendían más. Un día, mientras rebuscábamos en el cajón de zapatos de Orbach's, levanté la vista y me encontré con una cara familiar. Quedé fría, atónita, ante la imagen de Greta Garbo, doblada sobre un montón de zapatillas al 30 por ciento de descuento. Tenía puesto un *turtle neck* y un abrigo negro; su rostro anguloso, pálido y luminoso, bajo el ala de un suave sombrero negro. Cuando me sintió observándola, se viró y desapareció entre la gente. Para cuando le hice un gesto a Alma, Garbo era un recuerdo.

Esa semana fui al salón de belleza y me corté la melena que me llegaba hasta los hombros, en un recorte recto hasta la barbilla, con partidura al medio, como el de Garbo. Compré un sombrerito en fieltro negro, que me bajaba hasta las orejas, tratando de reproducir el efecto del suave sombrero de Garbo. Fue inútil, no me parecía en nada a ella y el sombrero, lo único que hacía era aplastarme el pelo. Cuando me lo quitaba parecía que tenía una dita en la cabeza.

Guardé los regalos que compré en casa de Alma para que mi familia no fuera a descubrir lo que Santa Clause-Negi les iba a traer. En el apartamento de Titi Ana, la Navidad se celebraba muy sobriamente, con un par de guirnaldas de luces en las ventanas, un arbolito al lado del televisor, una modesta pila de regalos envueltos en papel brillante. Me quedé una noche en el cuartito al lado de la cocina a unas treinta yardas de las vías del tren elevado. Después que Titi Ana, Alma y Corazón se fueron a acostar, me paré en la ventana a mirar pasar los trenes. La gente que iba adentro eran fantasmas, espectros grises enmarcados en la oscuridad. Su anonimato me hizo sentir nostalgia de la tibieza de nuestro apartamento ruidoso. Me metí en la cama sintiéndome sola e invisible detrás de las cortinas de encaje de la ventana de Titi Ana.

El baile en la Armería fue un domingo por la noche. Nos quedamos hasta que la banda tocó la última nota y después desayunamos temprano en un *diner*. En casa, sólo tuve tiempo para bañarme, cambiarme a ropa de calle y regresar a la ciudad, a mi trabajo en Fisher Scientific. Medio despierta, me pasé dando tumbos toda la mañana hasta que Ilsa me sugirió que me fuera a casa a descansar. Ya estaba oscuro cuando salí para la estación y había una quietud extraña para ser media tarde. El aire frío me revivió lo suficiente para mantenerme erguida. Los pies adoloridos de tantas horas de salsa y merengue en tacos, me latían con cada paso.

Estaba a punto de cruzar Hudson Street cuando alguien me aga-

rró por detrás y me haló hacia la acera. Di un codazo y se lo metí en la
cara a mi asaltante y salí corriendo en dirección contraria, pero me detuve cuando un camión me pasó por el lado volando bajito. Entonces me
di cuenta de que el hombre detrás de mí estaba tratando de impedir que
me pasara por encima. Cuando me viré, ahí estaba Otto apretándose el
labio con los dedos.

"¡Ay, Dios mío, lo siento tanto!"

"Yo que pensé que sería un héroe." Trató de sonreír pero le dolía la
herida en el labio.

"Tienes un poquito de sangre en un lado." Le ofrecí un pañuelito
desechable, pero inclinó su cara hacia mí. Me daba vergüenza mirarlo a
los ojos mientras le limpiaba la sangre del labio que se estaba hinchando
rápidamente. "Necesitas hielo."

"Allí hay una cafetería," me dijo guiándome en esa dirección.

Según íbamos caminando, él con su mano en mi codo, deseé no
haber gozado tanto la noche anterior. Tanía los ojos hinchados por la
falta de sueño, el pelo, con su corte a lo Garbo, estaba todo para'o y
escrespa'o porque no me había dado tiempo de lavármelo y estirármelo.
No me había puesto maquillaje y había agarrado lo primero que encontré en el *closet* —el conjunto que me había puesto para mi cita con Sidney que me hacía ver, me daba cuenta ahora, como una monja en ropa
de calle.

Pero a Otto no le importaba. Nos sentamos uno frente al otro en la
mesa de la ventana. "Encantadora," seguía diciendo y yo no sabía cómo
contestar, excepto tartamudeando "gracias," lo que a él le parecía aún
más enternecedor.

A diferencia de Sidney, con Otto no era muy fácil hablar porque
su acento era pesado, su gramática confusa y con la bolsita de hielo en el
labio no se le entendía nada. Le gustaban los restaurantes o restaurar, la
cocina o *küchen*, Audubon o autobahn. Después de mucho tratar, finalmente entendí que quería que lo acompañara a una fiesta de Navidad
en casa de su hermana.

"Tengo que pedirle permiso a mi mamá," le dije, avergonzada de
que a los dieciochos años, todavía tuviera que pedir permiso para ir a una
fiesta.

"Encantadora," repitió.

Me acompañó hasta el tren y camino a Brooklyn, recordé sus manos fuertes en mi hombro. Me había salvado de ser aplastada por un camión. Era lo más romántico que me había pasado.

"¡Sola no!" dijo Mami cuando le pregunté si podía ir a Long Island con Otto.

"Es a casa de la hermana."

"A mi no me importa que vayas a ver al Papa. Puedes llevarte a uno de tus hermanos contigo o a una de tus hermanas. Pero tú no vas a ir tan lejos, sola con un hombre que yo nunca he visto." No había argumento que la persuadiera de que yo era lo suficientemente grande para cuidarme.

Regina se compadeció de mi problema y me ofreció una solución perfecta.

"Yo voy," me surgirió. A pesar de que Mami no había conocido a Regina, estuvo de acuerdo con que una muchacha que había quedado huérfana hacía tan poco y que había escogido el vestido azul marino tan poco favorecedor como la ropa ideal para una cita, era la chaperona perfecta. A Otto le pareció una idea espléndida que Regina viniera con nosotros. Su primo, Gilbert, necesitaba una pareja para la fiesta.

"Le va a gustar tu amiga," me aseguró Otto y quedó concertada la cita.

Se ofreció a recogerme en Brooklyn, cosa que impresionaría a Mami. La noche de la fiesta, Don Carlos y Don Julio decidieron quedarse en casa, sin duda a sugerencia de Mami. Vestido en su traje negro, Don Carlos estaba en la mesa de la cocina, sentado frente a Don Julio, también de lo más emperifolla'o en una camisa planchada y un pantalón nuevo. Con ellos estaban Héctor y Raymond, los varones mayores de la familia, con sus caras aseadas, el pelo recién lavado y repelado hacia atrás. Me aterraba el momento en que Otto se enfrentara a este patético intento de proteger mi virtud.

Estuve lista veinte minutos antes de la hora en que había quedado en llegar Otto. Mi intención era presentárselo a todo el mundo y salir de allí lo más pronto posible.

Sin embargo, cuando Otto y Gilbert se aparecieron en nuestra puerta, quedó claro que nos tomaría más tiempo salir de lo que había planificado. Dominaban el cuarto, dos enormes hombres teutónicos que hablaban muy poco inglés. Vestían trajes que lejos de hacerles parecer respetables, acentuaban su corpulencia, su masculinidad. Mami frunció el ceño e intercambió una mirada con Tata que sonrió vagamente y salió del cuarto para atender a Charlie que estaba gritando.

Otto me entregó una orquídea en un envase plástico que yo misma me prendí porque ni hablar que yo lo fuera a dejar acercárseme tanto delante de Mami. Su gesto consternado me preocupó. Deseé que Otto y Gilbert hubieran recogido a Regina en el camino a buscarme, para que Mami no tuviera que imaginarme ni un solo minuto a solas con dos hombres en un carro. Pero, ya era muy tarde. Don Carlos, que hablaba buen inglés, ya le había sacado el número de teléfono y la dirección de donde íbamos a estar. Le entregó a Otto su tarjeta de presentación y le hizo apuntar nuestro teléfono —como si yo no lo supiera— mientras Mami se aseguraba que yo llevaba una identificación encima.

"Por favor, Mami," rogué, "me estás abochornando."

"¿Qué tu quieres decir con abochornándote?" preguntó, levantando la voz lo suficiente como para que Otto y Gilbert desviaran la vista de los lentes verdes de Don Carlos y nos miraran. Mami les sonrió, se viró y a mí me frunció el ceño.

"Mejor nos vamos," sugerí, evitando su mirada, "o Regina va a pensar que nos perdimos." Tenía la esperanza de que la mención de Regina le recordara a Mami que yo tendría una chaperona y eso la hiciera relajarse un poco.

"Llámame cuando llegues," me dijo Mami mientras nos miraba bajar las escaleras en silencio.

Otto y Gilbert hablaron alemán entre sí y se rieron. Esperé una traducción, pero no hubo ninguna. Antes de montarme en el carro de Gilbert, miré hacia arriba. Mi familia entera estaba en la ventana rodeada de parpadeantes luces de Navidad.

Quizá esto era un error. Estos dos hombres que apenas conocía podían llevarme a cualquier sitio, violarme, tirarme por un puente. No pude relajarme en todo el trayecto hasta Lefrak City, donde íbamos a recoger a Regina. No registré cuando Otto mencionó que Gilbert y Regina ya habían salido antes, hasta que nos estacionamos frente al edificio y ella salió corriendo. Se veía espectacular con un traje ajustado que le marcaba las formas, un abrigo de piel, tacos altísimos y las perlas de su mamá, relucientes en su garganta. Su perfume invadió el carro. Un aroma floral que se quedó flotando en el aire.

"Wow," comenté y ella se rió.

"No son todos los días que una va de fiesta," dijo y hasta los hombres quedaron encantados con la alegría en su voz.

La hermana de Otto vivía en una calle con casas idénticas ubicadas en amplios jardines de grama. Santa Clauses, venados, duendes y cantantes de villancicos en miniatura competían entre sí junto a miles de lucecitas en los techos, aleros y persianas de las ventanas de casi todas las casas. Algo del vecindario me resultaba familiar. Entonces recordé que Archie y Verónica, Betty, Reggie y Jughead paseaban por una calle idéntica a ésta, sin las decoraciones, en los paquines que devoraba el primer año que estuve en Brooklyn.

Fue fácil darse cuenta dónde era la fiesta porque había muchísimos carros estacionados al frente y las cortinas de las ventanas estaban abiertas. Entramos por un camino iluminado por guirnaldas de lucecitas de Navidad colocadas en el suelo. Adentro, la casa estaba tibia y olía a canela, a clavos y a la madera que ardía en la chimenea. Una mujer rubia de huesos grandes nos recibió en la puerta y Otto la besó en ambas mejillas. Era Minna, su hermana mayor. Se parecían mucho, solo que Minna hablaba mucho mejor inglés.

"Estoy tan contenta de que hayas venido," me dijo apretándome la mano. "Otto me ha hablado tanto de ti." Regina y yo nos miramos pensando qué podría haberle dicho, puesto que apenas nos conocíamos.

Minna nos trató como a huéspedes de honor, nos presentó a todo el mundo, nos ofreció algo de beber y unas salchichitas en miniatura de una bandeja. Su esposo, Jim, era americano, pero tan rubio, de ojos azules y de pinta alemana como el resto de la gente en la sala. Tenía puesto un *leaderhosen* y yo no estaba segura si realmente era una vestimenta típica o un relajo. Su trabajo principal era mantenerle lleno el vaso a todo el mundo, lo cual hacía con gusto. De vez en cuando rompía a cantar y la visita lo seguía en lo que yo supuse que serían villancicos alemanes.

Habíamos llegado cuando estaban a punto de servir la cena. La mesa del comedor estaba repleta de comida, organizada por clase. Un pavo, un jamón, un platón de albondiguitas y uno de fiambres, estaban al lado de una variedad de quesos, crema batida y mantequilla; al lado, había coloridas fuentes de vegetales: trozos de calabaza amarilla, cremosas papas majadas, habichuelas verdes salpicadas de minúsculas cebollitas blancas y remolacha rojo-sangre. Varías bandejas contenían panes crujientes, panecitos y bollitos de pan sazonados con diferentes semillitas. Una mesa lateral estaba dedicada a los bizcochos, pudines, galletitas y nueces cubiertas de chocolate. Era el despliegue de comida más abundante que había visto, cada grupo de alimento separado del otro por cintas y ramas de pino.

Otto y Gilbert nos guiaron por el *buffet*, y nos animaban a que probásemos de todo. Se rieron de lo diligentemente que yo mantenía todo separado en mi plato para que los sabores no se contaminaran entre sí y de la cara de Regina cuando probó la crema batida y resultó no ser dulce sino picante por el rábano.

Después de cenar, bajamos a un sótano decorado, donde había sillas junto a las paredes, una barra, un *HiFi* con una estiba de discos que caían uno a uno en un plato que giraba lentamente. Nancy Sinatra insistía en que sus botas eran para caminar, los Monkees eran ilusos creyentes de sueños y los Young Rascals prometían amor del bueno. Otto y Gilbert agitaban los brazos y las piernas en un estilo que yo había llegado a asociar con el baile americano, pero que ahora parecía ser una técnica internacional. Acostumbrada a los movimientos gráciles y seductores de la salsa, el merengue y el chachachá, me frustraba la distancia entre nuestros cuerpos, la sensación de que no estábamos bailando juntos sino cerca. Eso cambió cuando Percy Sledge empezó a berrear sobre los infortunios del hombre que ama a una mujer. Alguien bajó las luces. Otto se quitó la chaqueta, me atrajo hacia él y por fin estuve en sus brazos, mi cabeza recostada en su pecho ancho. Cada vez que subía la voz de Percy Sledge, Otto me apretaba más y yo me dejaba ir. Cuando terminó la canción, Otto me cogió de la mano y subimos por la escalera. Regina nos miró, se sonrió y acurrucó la cabeza en el hombro de Gilbert.

"¿A dónde vamos?" pregunté, pero Otto no me contestó. Fuimos por un pasillo. Él abrió la puerta de un cuarto que estaba oscuro, pero yo me negué a entrar. "Vamos a bajar de nuevo," sugerí. Me apretó contra la pared y me besó.

Fue divino su beso. Los labios, tibios y suaves. El calor entre nuestros cuerpos. La lenta insinuación de su lengua en mi boca. Irresistible. Cada vez que cogíamos aire, él me empujaba un poquito más hacia la puerta. Una pareja, camino a otro cuarto, nos pasó por el lado y sentí el olor del perfume de Regina. Otto me murmuró unas palabras al oído que no entendí. "Por favor," rogaba y yo me di cuenta que era mejor que me saliera de entre la pared y él. Sus besos eran insistentes, sus manos exploraban. Estaba abrumada, segura de que si esperaba un minuto más, no iba a poder resistirme a sus dedos curiosos, a su lengua caliente, al deseo de arrancarme la ropa y presentarme desnuda ante él. Era un hombre grande, pero yo era una bailarina musculosa. Con esfuerzo, me separé de él y corrí hasta el sótano lleno de gente donde los Trogg cantaban sobre su cosa loca.

Me senté en una de las sillas junto a la pared. Otto no me había seguido. Agradecía no tener que enfrentarme a él en ese momento. Minna se acercó y se sentó a mi lado. "¿Lo estás pasando bien?" preguntó.

"Muy bien," respondí, mi voz tirante. No se dio cuenta.

"Tú le gusta mucho a mi hermano," me confió. "Nunca nos ha traído una muchacha para que la conozcamos."

"A mí también me gusta," admití, con la esperanza de que si ella le llevaba ese mensaje, me perdonaría lo que acaba de hacer.

Dos ventanitas en la parte superior de la pared daban hacia la parte alta de la casa. Enormes copos de nieve titilaban entre las luces de Navidad. Minna siguió mi mirada. "¡Qué lindo!" exclamó. "Miren," gritó, "está nevando."

Algunas parejas dejaron de bailar para admirar la vista. Otto bajó las escaleras, yo pensaba que estaría enojado, pero traía un gesto medio cortado, me sonrió con dulzura, se me sentó al lado y me apretó la mano. Se volvió hacia la ventana que todos estaban mirando y yo miré también. Para mi horror, allí venían Mami y Don Carlos marchando hacia la puerta de entrada, gruesos copos de nieve golpeando sus rostros resueltos.

"Ay Dios mío," me levanté tan ligero que resbalé y caí de rodillas. Otto me ayudó a parar y corrí por las escaleras antes de que pudieran

tocar. "¿Qué hacen ustedes aquí?" chillé. Mami tenía los labios apretados. Miró detrás de mí, la casa festiva, las sobras de comida en la mesa de
Navidad, las caras de los curiosos que nos siguieron hasta la puerta.

"No llamaste," respondió Don Carlos. "Estábamos preocupados
por ti."

Una enorme ola de humillación, alivio y vergüenza me cubrió.
Diez minutos antes casi me entrego a Otto. ¿Y si Mami me hubiese
encontrado en la cama con él?

Minna se me apareció al lado y me pasó el brazo por los hombros,
los invitó a entrar y les ofreció algo de tomar. Pero Mami declinó con
una sonrisa forzada y señaló el taxi al fondo del camino.

"¿Y tu amiga?" preguntó.

"Está en el baño," respondió Minna demasiado a prisa.

"¿Dónde está mi abrigo?" pregunté, con voz entrecortada. Jim lo
sacó del *closet* al lado de la puerta de entrada. Mami se le quedó mirando —un hombre hecho y derecho en pantaloncitos cortos en piel verde,
con tirantes y medias rojas hasta la rodilla con dos bolitas de fieltro guin-
dando. Otto me ayudó con el abrigo, inclinó la cabeza comprensivo
cuando me lo ajusté y aplasté lo que quedaba del corsage que me había
regalado. "Gracias," le dije a nadie en particular.

Me quería morir, deseaba que camino a casa el taxi chocara y nos
matara a todos para no tener que volver a verle la cara a Otto. Pero, el
taxista era cuidadoso e iba despacio, lo que me dio tiempo suficiente
para gritarle a Mami y a Don Carlos.

"¿Cómo pudieron hacerme esto? Yo soy lo suficientemente grande para cuidarme sola."

"Baja la voz si no quieres un tapaboca."

El motivo de la ira de Mami era un enigma. Le discutí que le
había pedido permiso, que había llevado a Otto a casa para que lo conociera, que había buscado una chaperona. Ella sabía dónde iba a estar,
con quién iba a estar, cuándo regresaría. Don Carlos volvió a repetir que
se me había olvidado llamarlos cuando llegué, pero yo les recordé que
ellos tenían el número de teléfono de la hermana de Otto. ¿Por qué no
llamaron para ver si había llegado bien? Habían pasado muchísimo trabajo y habían gastado un dineral para ir a buscarme, para humillarme
delante de mis amigos y para darme una lección que no necesitaba.

Estuve histérica todo el camino hasta Brooklyn. Tan pronto llegamos a casa, me arranqué el traje rosado con perlas falsas y lo dejé hecho trizas. Las perlitas se desprendieron de la tela, cayeron al piso tintineando y rodaron por debajo de las grietas de los zócalos, donde sabía que acechaban las cucarachas.

Regina no vino a trabajar el lunes pero Otto estaba allí. Ilsa y yo estábamos ajetreadas tratando de abrir y clasificar los paquetes de correspondencia entre las dos, cuando se acercó a la larga mesa que separaba nuestro departamento del de Compras. Era la misma persona, pero ahora lo veía a través de los ojos de Mami. A diferencia de Neftalí y de Sidney, Otto era un hombre, no un muchacho. No que eso lo hiciera menos atractivo. Al tenerlo de pie frente a mí, no pude evitar ruborizarme. Vergüenza y deseo se alternaban, se fundieron hasta que fueron una sola cosa.

"¿Podemos tomarnos un café, sí?" preguntó. Ilsa puso cara seria desde su escritorio.

"Mi *break* es a las 10:30." Estaba feliz de que me hablara después del fiasco del sábado por la noche. Ilsa tosió con discreción para recordarme que tenía que volver a mi trabajo. Antes de retirarse, Otto inclinó la cabeza en dirección de Ilsa, gesto que yo encontré galante, pero a ella le enfureció. Murmuró dos o tres palabras en su idioma que sonaron bastante hostiles.

"¿Por qué ya no sales con Sidney?" me preguntó más tarde.

"Soy una *shiksa.*" El tono defensivo en mi voz me sorprendió a mí, tanto como a Ilsa, que parpadeó con nerviosismo por unos segundos y después cambió la mirada.

Todo el mundo en la cafetería se quedó mirándonos a Otto y a mí, sentados solos en una mesa retirada de las demás. Me tuvo las manos cogidas los quince minutos que me permitían de *break.* En su inglés entrecortado, se disculpó por haberse propasado, lo que me sorprendió, pues yo había tenido tanto que ver con lo que pasó, como él.

"Tu mamá y tu papá es muy bueno," me aseguró. "Ellos cuidan bien."

"Me tratan como a una nena."

"Es bueno," me consoló. "Tú no eres muchacha americana. Ellas son muy libres."

"Yo quiero ser libre," le insinué, pero no lo cogió.

"Tú eres perfecta," me sonrió. "Mi novia," murmuró, y si llego a estar parada, las rodillas se me hubieran colapsado.

Más tarde, almorzamos en la cafetería donde una vez se había curado la herida que le causé. Tenía que ir a Suiza la semana entrante, me informó.

"Nosotros escribirnos," me ofreció.

Ilsa puso cara porque llegué tarde. Con la mirada atravesó las estibas de trabajo en las mesas. Mi excusa no le mejoró el humor. Más tarde, mientras estábamos archivando un montón de documentos en archivos contiguos, volví a excusarme.

"No estuvo bien," aceptó, "que me enojara tanto. No es contigo que tengo coraje, es con él." Con la cabeza hizo un gesto en dirección del Departamento Internacional. "Y tampoco es con él," corrigió. "Es con ellos." No tenía idea de qué estaba hablando. Me miró fijamente, con sus ojos azules. "Yo tuve muy mala experiencia con los alemanes," me explicó. Y entonces entendí.

"Pero Ilsa," le argumenté, "no pueden ser todos malos."

"Para mí, son todos iguales."

"Pero, no es justo."

"¿Justo? ¿La muerte de seis millones de judíos fue justa?" Subió la voz, pero no lo suficiente para que alguien la oyera. Tartamundeé que no, que no lo era, pero que era también injusto juzgar a toda una nación por los actos de unos pocos.

"¡Unos pocos!" Estaba consternada. "El país entero estuvo allí mientras los judíos eran asesinados. Mi mamá, mi papá, mis hermanas y mi hermano." La pasión de su voz era hipnótica y yo permanecí callada con la esperanza de que continuara, pero se mordió el labio y no dijo nada más.

"Lo siento tanto Ilsa." Le toqué el brazo, ella me apretó los dedos y sonrió con tristeza.

"Espero que nunca tengas que odiar," murmuró.

Regina regresó dos días después, todavía débil de un catarro. Ya había oído que Mami y Don Carlos me habían ido a rescatar a Long Island.

"¡Qué horrible! Minna dijo que tú estabas tan avergonzada... Todo el mundo se sintió mal."

"No importa. Otto quedó impresionado," me reí.

"Gilbert y yo nos vemos más." Regina se ruborizó.

"No se lo digas a Ilsa," le advertí.

Incapaz de convencer a Mami de que me dejara llegar a casa más tarde, sólo podía ver a Otto en el trabajo. Durante los días siguientes, almorzamos y tomamos el *break* juntos. Ilsa refunfuñaba cada vez que me veía salir sin Regina, pero a mi no me importaba. Cualquiera que fuera su sentir contra los alemanes, era de ella y no mío. Acostumbrada a ser juzgada porque algunos puertorriqueños hacían cosas malas, yo no iba a hacerle lo mismo a Otto.

Supuse que Otto querría algo mío de recuerdo. Me corté un mechón de pelo y lo amarré con una cinta finita. Pero no me pidió nada y a mí me daba demasiado pachó admitir que se me hubiera ocurrido esa cursilería. Se fue justo después de Año Nuevo. Más allá de cogerme la mano y de darme, ocasionalmente, un besito en el cachete, nunca me tocó como me había tocado la noche de la fiesta de Navidad. Su trato caballeroso probaba que Mami tenía razón. "Un hombre que te quiere de verdá', te respeta." Yo se lo agradecí, pero no podía olvidar aquellas sensaciones de su lengua en mi boca, sus manos en mis senos, sus dedos inquisitivos tanteando. Era un hombre y su beso me había hecho sentir como una mujer.

"Tenía la música por dentro..."

～～

Fisher Scientific decidió mudar sus oficinas a New Jersey después del primero de enero. A Regina y a mí nos ofrecieron una promoción si nos transferíamos a las nuevas localidades. Con la promesa de que tenía un empleo en New Jersey, monté un caso para que me dejaran mudar más cerca del trabajo, como compañera de cuarto de Regina. Mami vetó el plan. "En Nueva York hay trabajos de más," alegó.

Antes de que la Compañía se mudara, aproveché un beneficio que ofrecían. Le pagaban parte de la matrícula a los empleados que quisieran continuar su educación. Don Carlos, que había estudiado contabilidad por la noche, me recomendó que averiguara en algunos de los Colegios Universitarios que ofrecían grados asociados y que eran más baratos que las famosas universidades de Nueva York. También ofrecían clases de noche y sabatinas, lo que me permitiría trabajar y estudiar.

Solicité al Manhattan Community College porque quedaba en la 51 con Sexta Avenida, cerca del área de los teatros y de los estudios de baile donde todavía tomaba clases. Las materias de los cursos eran administración de empresas, publicidad y mercadeo. Me matriculé en aquéllos en que podía salir antes de la una de la tarde. Después de clase, hacía trabajo temporero de recepcionista en algunas oficinas cerca de allí.

Un tiempito después de empezar las clases, fui a la librería del *college* a comprar unos materiales que necesitaba. Al frente en la fila, había una muchacha como de mi edad, cuya presencia dominaba todo el pasillo hasta llegar a la librería. Tenía puestas unas botas marrón hasta las rodillas, una minifalda de cuero, una blusa marrón de chifón a través de la cual se le veía el brasier negro. Tenía el pelo arreglado en un montón de rizos dorados, agarrados con una pañoleta de chifón estampada con motivos de leopardo, cuyas puntas le caían sobre los hombros. Tenía un maquillaje elaborado que incluía hasta pestañas postizas.

Hartas de esperar en la fila largísima, las dos personas que estaban delante de mí, se marcharon molestas. La muchacha se viró, me sonrió de oreja a oreja y se presentó como Shoshana. "Estamos en la misma clase de Composición en Inglés," me informó.

Charlamos mientras esperábamos nuestro turno, y seguimos hablando durante el almuerzo en Horn & Hardart. Vivía en Queens con su papá y su mamá que eran tan anticuados como Mami.

"Es tan estúpido. Me paso la mitad del tiempo discutiendo con ellos," se quejó. Su mamá era especialmente crítica de la manera de vestir de Shoshana, lo que no me sorprendió. Si a mí se me hubiera ocurrido ponerme la mitad de lo que podría considerarse los conjuntos más conservadores de Shoshana, Mami me hubiera encerrado.

Shoshana nació en Israel y llegó a los Estados Unidos el mismo año que yo. Su papá y su mamá eran sobrevivientes del Holocausto, así es que me tomó un tiempo decirle de mi novio alemán.

"Entonces, es cierto," dijo pensativa, "las puertorriqueñas prefieren a los hombres rubios de ojos azules."

"¿De dónde tú te sacas eso?"

"De la escuela. Me lo dijo una compañera."

"Quizás estaba hablando de lo que le gusta a ella."

"Tú tienes un novio rubio de ojos azules," me señaló.

"Sí, pero es porque resultó así. El primer muchacho con el que yo salí era judío," añadí. "Pero no me podía llevar a conocer a su mamá."

"¡Muchacha! ¿Y causarle un ataque al corazón?"

Me sentía contenta cuando estaba con Shoshana, aunque de vez en cuando, hiciera conjeturas cómo que las puertorriqueñas preferíamos novios rubios. Si me ofendía y yo la corregía, movía la cabeza como si entendiera y pasaba a otro tema. Yo hacía lo mismo con ella.

Shoshana podía salir con muchachos, si eran judíos.

"Le estoy siendo fiel a Otto," le di como razón para no estar saliendo con nadie.

"¿Tú te crees que él se queda los fines de semana pensando en ti?" me preguntaba.

Las cartas de Otto no llegaban con la frecuencia que hubiera que-

rido, pero traían noticias de noches en la ópera, la sinfónica y los museos. Describía sus caminatas por el bosque con tanto detalle que me
hacía sentir que estaba allí. Mis noticias eran mucho menos interesantes, mayormente informes sobre mis cursos, el tiempo en Nueva York y
la gente que conocía en mi trabajo de recepcionista a tiempo parcial. De
vez en cuando fabricaba alguno que otro hombre exitoso que se interesaba en mi. Otto nunca reaccionaba a mis intentos de darle celos. También me inventaba amigas, felizmente casadas con hombres extranjeros,
historias de matrimonios por *proxy* en las que la novia y el novio estaban
en ciudades diferentes (las novelas de Corín Tellado que todavía leía,
tenían muchos de esos) y matrimonios en los que la novia hacía todos los
arreglos, mientras el novio vivía en Europa. Tampoco respondía a esas
indirectas.

Shoshana insistía en que por lo que ella veía, Otto y yo éramos
amigos por correspondencia, y por lo tanto, yo debería salir con quien
me diera la gana.

"Mi mamá no me quiere saliendo sola con hombres, hasta después que me case," le confesé.

"Mi mamá es lo mismo," rió Shoshana. "Es porque vienen del
viejo continente."

Shoshana decía que la razón por la cual nuestras mamás nos decían que "no" tantas veces, era porque nosotras les hacíamos demasiadas
preguntas. "¿Tiene ella que saber todo lo que tú haces?" preguntó Shoshana. Entonces, me sugirió que nos buscáramos un trabajo a tiempo
parcial de noche, pero que les dijéramos a nuestras mamás que trabajábamos todas las noches. De ese modo, las noches que no tuviéramos trabajo podíamos salir.

Respondimos a un anuncio que solicitaba operadores telefónicos
para de noche solamente y nos entrevistó el Sr. Vince, un hombre muy
acicalado y perfumado, que usaba una sortija en el meñique, pantalones
bien pegados, y una camisa desabotonada para exhibir su pecho velludo.
Nos contrató en el acto y nos puso a trabajar esa misma noche.

Nuestro trabajo consistía en devolverle la llamada a la gente que
había mostrado interés en saber cómo ganarse unas fabulosas vacaciones. La Compañía tenía anuncios de televisión de los diferentes lugares.

Los televidentes llamaban a un número especial, que de hecho, era un servicio de contestadores, y ahí se les pedía el nombre, el número de teléfono, la hora más conveniente para recibir llamadas y qué anuncio habían visto.

El Sr. Vince nos dijo que no podíamos usar nuestros nombres verdaderos cuando devolviéramos las llamadas. Teníamos que escoger uno que fuera corto y fácil de recordar. Shoshana se convirtió en Miss Green y yo, en Miss Brown. El Sr. Vince nos dio un libreto. "¿Tú eres actriz; no debe darte mucho trabajo hacer esto." Sonrió.

Lo leímos en voz alta antes de que el Sr. Vince nos permitiera hacer la primera llamada.

> "Buenas noches Sr. (o Sra.) _____. Le habla
> _____, devolviéndole la llamada. "¿Cómo está usted
> esta noche?" (Dale tiempo a que respondan. Si te preguntan
> como estás, dale las gracias.) "¿Usted llamó para saber cómo
> podía ganarse unas vacaciones en _____? ¿Alguna
> vez ha estado en _____?" (Sí: "Es un sitio fabuloso,
> ¿verdad?" No: "Ah, le va a encantar.")

Para ser elegible para el premio, el prospecto tenía que acceder a recibir una visita de venta. Si aceptaba, lo transferíamos al Sr. Vince, que fijaba entonces la fecha y la hora. Se nos pagaba por hora, pero si El Sr. Vince lograba vender un cierto número de vacaciones a los prospectos a quienes habíamos llamado, recibiríamos una comisión y la oportunidad de ir nosotras a una de esas vacaciones fabulosas.

"¿Cuántas tiene que vender?" le preguntó Shoshana.

"Yo te aviso cuando las venda," rió el Sr. Vince.

Trabajábamos en cubículos, cada una con su propio teléfono, un paquete de papelitos rosas de dejar mensajes, un par de lápices #2 y libretitas. Al principio el Sr. Vince monitoreaba nuestra parte de la conversación, parado detrás de nosotras mientras hablábamos con los prospectos o escuchando por una extensión. Pero, después que confirmó que estábamos hablando con sus clientes y no con nuestros amigos ("Hacen eso y las boto," amenazó), no era tan estricto. A veces, se iba y nos dejaba solas en la oficina porque en realidad no estaba demasiado ocupado. A pesar de todos nuestros esfuerzos, la mayoría de nuestros prospectos rehusaba la visita de venta, que los haría elegibles para ganarse unas vacaciones fabulosas, si le compraban otro viaje al Sr. Vince. Tan pronto salía él de la oficina, Shoshana llamaba a sus novios. Yo no tenía a quien llamar, así es que hablaba con sus novios también.

"¿Eres tan linda como Shoshana?" me preguntaban, y yo les contestaba que nadie era tan linda como Shoshana, y a ella le encantaba.

Muchas de las llamadas que devolvíamos eran de personas que no tenían ninguna intención de irse de vacaciones. "No dejen que les hagan perder el tiempo," nos regañaba el Sr. Vince. "Yo no les estoy pagando para que sean sus amigas."

Pero, a mí me gustaba escuchar. Si uno proveía un silencio interesado, la gente hablaba. Se quejaban de cónyuges poco atentos, de hijos malagradecidos, de sobrinas y sobrinos ingratos, de vecinos egoístas. A los difuntos se les recordaba con remordimiento.

"No sabía lo mucho que dependía de él hasta que se fue."

"Era un ángel y yo no la supe apreciar."

"Él nunca supo cuánto lo quise."

Más de una vez, me conmovieron hasta las lágrimas, las voces que flotaban desde la oscuridad hasta mis oídos. Nadie era feliz. Los dejaba hablar, les hacía preguntas, les señalaba las trampas en que habían caído y que los habían dejado tristes y solos. Si escuchaba con cuidado, podía oírme a mi misma, hablando dentro de veinte o treinta o cincuenta años. ¿Se resumiría mi vida en una serie de remordimientos y resentimientos? ¿Desearía darle marcha atrás al tiempo para revivir éste o aquel momento, para cambiar el desenlace como tanto lo deseaban las personas a quienes llamaba? ¿Cómo podría saber si la decisión que tomara hoy, vendría a atormentarme en los años venideros?

"Yo espero que nunca tengas que pasar por lo que yo pasé," empezó una mujer su historia y yo escuché con atención. Cada vida era un mensaje que yo tenía que decodificar, claves para lo que me esperaba. Ni un plano, sino más bien un mapa de donde tendría que escoger un camino.

Cuando no estábamos en clase o trabajando, Shoshana y yo íbamos a las grabaciones de los programas de televisión. Manhattan Community College quedaba a solo unos bloques de los estudios de CBS y de ABC y a dos bloques de NBC. Por el día nos sentábamos entre el público que iba a los programas de juegos, esperando a ver si nos seleccionaban para concursar. Nunca lo hicieron. Después de un tiempo, los ujieres de NBC nos reconocían y nos guardaban sitios en los estudios. Eran muchachos agradables, nítidos, vestidos en uniformes azules. Cada una de nosotras tenía su favorito. El mío era Andy, un gordito pelirrojo, con pecas en todas las partes visibles de su cuerpo, incluyendo los nudillos y los lóbulos de las orejas. La mayoría de las veces trabajaba el turno de noche y se aseguraba siempre de que yo pudiera entrar a ver las grabaciones del *Johnny Carson Show*. Andy me recordaba al Archie de mis paquines. Tenía la misma sonrisa boba y su sueño era escribir algún día, los chistes que Johnny Carson leía de las cartulinas.

"¿Tú me quieres decir que esos chistes no son de él?"

"Hay un ejército de escritores que hacen gracioso a Johnny Carson," me dijo.

"Pero, las improvisaciones..."

"Ah, esas son de él," contestó Andy. "El tipo es gracioso, pero los libretistas lo hacen más gracioso todavía."

Debido a que Andy trabajaba de noche, igual que yo, sólo podíamos salir de día, si yo no tenía clases. Íbamos a museos y a galerías de arte, almorzábamos en los carritos de *hot dog* de la Quinta Avenida, nos pasábamos horas sentados en las cafeterías, cada cual metido en un libro diferente.

"¿Eso es lo que ustedes hacen cuando salen?" preguntó Shoshana. "¿Leer una al lado del otro?"

Le expliqué que con Andy lo que tenía era una amistad, no un romance.

"¡Oi!" se daba en la frente. "Eres incorregible."

"Él es lo único que tengo," me reí.

"Yo conozco algunos muchachos," me ofreció.

Sammy y Josh eran dos estudiantes de premédica, israelitas. Shoshana había salido con Josh un par de veces y él le había pedido que le presentara una muchacha a su mejor amigo. Así fue que una húmeda mañana de un domingo de junio, me encontré montada, tiesa y asustada, encima de un caballo en Van Cortland Park.

"Tienes que hacerle saber al caballo quién es el jefe," afirmó Sammy, su hablar todo enredado por el cigarrillo que tenía en la boca.

"Él es el jefe," le contesté.

"No, no, no, no." Sammy sacudió la cabeza y las cenizas volaron por todas partes. "Tú eres la jefa. ¡Tú!"

Se me hacía difícil creer que podría dominar la criatura temblorosa entre mis piernas. Viró sus ojos malévolos y húmedos para enfocarme, petrificada en su lomo hundido. Golpeó el cascajo con la pata como hacía Trigger cuando Roy Rogers le pedía que contara, sólo que este caballo no estaba contando. Estaba, lo podía asegurar, esperando el momento en que Sammy me entregara las riendas para salir disparado conmigo, bamboleándome, indefensa encima de él o colgando de un lado, enganchada todavía en el estribo. Les dije a Sammy, Shoshana y Josh que yo podía quedarme lo más feliz sentada en un banco, esperando a que volvieran de su paseo. Pero Shoshana insistió que ésta era una cita para divertirse. Según John, los caballos de Van Cortland Park eran viejos y dóciles y estaban a un paso en falso de parar en la fábrica de pega. Sammy me juró que era un jinete experto y que montaría a mi lado por si acaso lo necesitaba.

El caballo sabía para dónde iba. No importaba lo que hiciera yo con las riendas, él seguía pa' alante, detrás de los caballos de Josh y de Shoshana, como si hubiera estado amarrado a ellos. Aflojé mi agarre y miré a mi alrededor. A mi lado, Sammy iba hablándome en voz baja de su experiencia en los *kibbutz*, donde había trabajado de electricista. Era muy delgado, de abundante pelo negro y ojos inquisitivos debajo de unas pobladas cejas. Fumaba cigarrillos sin filtro, uno detrás del otro. Tenía las puntas de los dedos y los dientes manchados de un tono mostaza opaco y de vez en cuando, un violento acceso de tos le enrojecía la cara y lo hacía doblegarse.

El camino cerca del establo estaba cubierto de árboles, pero al llegar a una curva se abría en un tramo largo, justo al lado de una avenida congestionada. Los carros y camiones retumbaban al pasar, pero los caballos acostumbrados a la congestión, no les hacían mucho caso. Seguían andando tranquilamente, el clic, cloc de sus patas, un contraste con el bullicio y las bocinas del tránsito. Josh y Sammy se hablaron en hebreo y Shoshana y Sammy cambiaron de sitio para que ella pudiera quedar a mi lado.

"Los muchachos quieren galopar," me explicó.

"¿Qué es eso?"

"Cuando los caballos van rápido."

Agarré las riendas de nuevo. Yo esperaba un *"Hi-yo Silver"* o alguna exclamación parecida que animara a los caballos, pero Sammy y Josh simplemente hundieron sus talones en las barrigas de los animales y salieron corriendo. Los caballos de Shoshana y mío los siguieron aunque yo, por lo menos, no hice nada para incitar al mío. Halaba las riendas con todas las fuerzas de mis brazos, pero el caballo no me hacía ningún caso. El caballo de Shoshana era todavía más rápido que el mío y pronto me pasó por el lado como una flecha. De repente, bien alante, veo a Shoshana volar por el aire y caer de lado a sólo unas pulgadas de la avenida. En una maniobra digna de Annie Oakley, me escurrí del caballo todavía en movimiento y corrí hacia ella. Estaba inconsciente. Al instante, el tráfico de la avenida se detuvo, Josh y Sammy aparecieron y a la distancia los caballos podían verse galopando (si es eso lo que hacen los caballos cuando van ligero), hacia el establo con las riendas colgando, inútiles contra el suelo.

"Soy médico, soy médico," gritaban Sammy y Josh para mantener a la gente alejada de Shoshana.

"No se supone que uno mueva a alguien..." empecé a decir cuando Sammy la enderezó, pero me dio una miranda capaz de envenenar a la hiedra venenosa, así que hice mutis.

Se quejó, abrió los ojos y fue un alivio ver que estaba viva. Josh y Sammy la atendieron ansiosos hasta que la ambulancia llegó aullando hasta donde estábamos, yo me monté con ella y los muchachos nos siguieron en el carro de Sammy. Estaba pálida, pero consciente. Le tuve cogida la mano hasta que llegamos al hospital y cuando se la llevaron para examinarla, llamé a Mami.

"¿Alguien le avisó a su mamá?" preguntó Mami. Yo no lo había hecho y, probablemente, Sammy y Josh tampoco. Mami me dijo que era a la mamá de Shoshana a quien tenía que llamar, no a la mía.

Josh y Sammy entraron corriendo y mientras Josh se metió al cuar-

to donde se habían llevado a Shoshana ("Soy médico, soy médico")
Sammy fue a llamar a la mamá. A Josh lo escoltaron hasta la sala de
espera y allí nos quedamos en silencio hasta que salió un médico y nos
llevó donde Shoshana. Estaba acostada en una cama alta, sus rizos dorados le enmarcaban el rostro como un halo. Las sábanas blancas acentuaban el efecto angelical. Se veía a la vez, vulnerable y *sexy* y los tres
hombres se hicieron un ocho. Los muchachos le hablaron en hebreo y
entonces ella les pidió que la dejaran sola conmigo. Tan pronto salieron,
me sonrió traviesa.

"Es mono, ¿verdad?"

"¿Cuál?"

"El médico."

"¿Cuál de ellos?"

"El de verdad, boba. Vamos a salir la semana que viene."

Shoshana estuvo en el hospital unos días. Le dieron de alta a tiempo para su cita con el Dr. Diamond, quien testificó cuando ella deman-
dó a los que alquilaban los caballos. Transaron por el dinero suficiente
para que Shoshana pudiera pasar el resto del verano en Israel. "Pero tú
deberías salir con Sammy mientras yo esté fuera," me sugirió.

Con todo lo guapo que era Sammy, yo prefería mis tranquilas
tardes con Andy. Shoshana viró los ojos. "¡Vas a morir jamona!" Nos reímos. Las dos teníamos diecinueve años y aunque estábamos desespera-
das porque llegara el amor, sabíamos que teníamos tiempo todavía.
Después de todo estábamos en América, no en el viejo continente.

No había vuelto a ver a Neftalí desde el día que trató de proponerme
matrimonio en el medio de la calle. Su mamá, Doña Lila, todavía subía
a visitarnos, pero casi nunca la veía. Entonces, poco después de nacer
Cibi, Mami decidió que el apartamento en los altos del de Doña Lila era
muy pequeño. Nos mudamos a una casa terrera, con un patio enorme,
cuartos amplios y claros, de techos altos. En la parte de atrás, había un
cuartito pegado a la cocina que yo pedí. Era lo suficientemente grande
como para acomodar una camita, un escritorio, mi coqueta y la silla que
hacía juego. Me pasé el "verano de amor" metida en ese cuarto, sin

amor, escribiendo monografías sobre la historia de las relaciones públicas y el uso del humor en los carteles de publicidad.

Un día llegué a casa y encontré a Mami y a Tata en la mesa del comedor, con las caras tan tristes que supe que alguien había muerto.

"¿Quién?"

"Neftalí," contestó Mami.

Caí sentada en la silla, abrumada por imágenes de Neftalí, cosido a balas, en una trinchera en el lejano Vietnam. Pero, no fue así que ocurrió. Mami me explicó que el ejército había rechazado a Neftalí porque era adicto a la heroína.

"Lo arrestaron," me dijo, "y saltó por la ventana del cuartel de la policía."

"La verja tenía puyas."

Alcé las manos y con un gesto les pedí que pararan. Mi cerebro estaba todavía tratando de asimilar que a Neftalí lo había rechazado el servicio militar. Mami y Tata esperaron a que les indicara que estaba lista para saber más y volvieron a repetirme la información, como si la primera vez no hubiera estado lo suficientemente clara, y añadieron los detalles.

A Doña Lila le había dado un ataque de nervios tan fuerte cuando la llamaron de la policía, que la habían tenido que hospitalizar. Neftalí no le había dicho a nadie que el ejército no lo había aceptado. Según Doña Lila, se tiró por la ventana cuando lo arrestaron porque le daba vergüenza que todo el mundo se enterara de que estaba usando heroína.

"Por eso es que siempre usaba camisas de manga larga," reflexionó Tata, y yo me le quedé mirando.

"Yo nunca me di cuenta de eso," grité y me fui a mi cuarto seguida de las miradas preocupadas de Mami y de Tata.

Me tiré en la cama y cerré los ojos. Imágenes de Neftalí estallaban en mi mente en confusas secuencias. Neftalí levantando en brazos a mis hermanos para mostrar su musculatura. ¿Se estremeció porque le dolieron los pinchazos de las agujas en las venas? Las uñas chatas de Neftalí sobre las cartas españolas de Tata. ¿Perdía siempre porque no podía concentrarse? Los verdes ojos de Neftalí que me producían escalofríos. ¿Era esa mirada que a mí se me antojaba misteriosa, en realidad una mirada vacía? Era difícil reconciliar al héroe romántico que yo quería que fuera con quien había sido en realidad: un adicto que prefirió saltar por una ventana antes que enfrentar su problema.

Un domingo por la tarde, mi media hermana, Margie vino de visita. En los dos años que habían pasado desde que había visitado nuestro primer apartamento en la Avenida Pitkin con su mamá, nos habíamos mudado cuatro veces y Margie, por lo menos una. Se había casado recientemente con Néstor, un hombre cariñoso y sociable, algunos años mayor que ella. Estuvo parado detrás de ella, con su mano izquierda tocándole ligeramente la cintura, mientras ella nos lo presentaba y trataba de recordar nuestros nombres. Éramos ocho solamente cuando la vimos por última vez, y se sorprendió de que la familia hubiera crecido tan rápidamente en dos años.

Mami y Tata empezaron enseguida a preparar un arroz con pollo, con habichuelas guisadas. Néstor y Margie se quedaron en la mesa de la cocina contándonos de su apartamento nuevo en Yonkers.

"¿Por qué tan lejos?" preguntó Mami.

"Es casi en la colindancia con el Bronx," le dijo Néstor. Pero, para Mami, cualquier lugar fuera de los límites de Brooklyn o más arriba del distrito de ropa en Manhattan era territorio extranjero. Para ella era como si vivieran en otro país.

Margie y Néstor estaban interesados en conocer los más mínimos detalles de las noticias que podíamos darles. Querían saber en qué escuela estábamos, en qué trabajábamos, cuánto medíamos. Se excusó varias veces. "No quiero ser averiguá, pero es que hace tanto tiempo que no estamos juntos," decía. Me emocionaba su necesidad de estar en contacto con nosotros, de sentirse parte de nuestra familia. Néstor jugó con los nenes como si los hubiera conocido de toda la vida y Margie habló con sus hermanas, ayudó a Mami y a Tata en la cocina y le hizo caballito a Charlie y a Cibi en la falda. Se sentía cómoda, como si éstas fueran su casa, su mamá, su abuela, sus hermanos. Yo estaba encantada con lo franca que era, con lo dulce y sencilla. Antes de irse, Margie, le preguntó a Mami si, ahora que ella tenía su propio apartamento, podíamos vistarla de vez en cuando.

"¡Pues, claro que sí!" le dijo Mami y la abrazó.

Un par de semanas más tarde, Margie me esperó en la estación del tren de Yonkers. Caminamos un par de bloques hasta el edificio amarillo, ubicado en una loma donde ella y Néstor vivían en un apartamento alegre y soleado, decorado con el optimismo de los recién casados.

"Aquí es que vas a dormir." Abrió la puerta que daba a un cuartito cerca de la cocina. La cama estaba cubierta con un edredón mullido, con sus almohadones en combinación. Sobre una mesita de mimbre blanco con gavetas, había una lámpara. Al pie de la cama había un juego de toallas, una cesta con unos jabones chiquitos y una gorra de baño. De debajo de la cama sacó otra canastita. "Si te viene el periodo, aquí están los tampones." Una caja de tampones, acomodada en un nido de papel de seda rosado, perecía una ofrenda a la Diosa de la Menstruación.

Nunca había tocado un tampón ni por casualidad porque Mami me había advertido que podía perder la virginidad si los usaba. El mero hecho de que Margie pensara que los usaba, me hacía sentir grande, partícipe de los secretos de una mujer casada. Ella, ya no tenía que preocuparse por su virginidad y me pregunté si al ofrecerme el tampón, estaría ella probándome, a ver si yo me preocupaba por la mía.

Néstor estaba a punto de llegar del trabajo, así es que Margie me pidió que pusiera la mesa. En casa, poner la mesa consistía en poner las fuentes de comida en el centro de la mesa para que todo el mundo viniera a servirse su parte. Margie usaba *doilies*, cuchillos, tenedores, un plato grande, un platillo de ensalada, un vaso para el agua, una taza para el café con su platillo. Tuvo que recordarme que pusiera cada cosa en la mesa. Había que llenar una jarra de agua con hielo, doblar las servilletas en forma de triángulo y ponerlas al lado izquierdo del plato. Hubo que sacar el juego de salero y pimentero del gabinete y alinerarlo junto al pote de ketchup y la azucarera. De tantas veces que me equivoqué me tomó el mismo tiempo poner la mesa que a ella preparar la comida para tres personas. Cerré los ojos y traté de recordar cómo era que ponían las mesas en los restaurantes, pero fue inútil. La mayor parte de mis experiencias comiendo fuera era en cafeterías y en el Automat, donde uno tenía suerte si le daban cubiertos.

"No, el vaso para el agua va a la derecha del plato," me corregía Margie. "El plato de ensalada va a la izquierda, así." Era amable, pero yo lo cogí personal y me pasé callada e incómoda toda la comida. Me ofrecí a fregar para compensar mi ineptitud en otras áreas. Margie se quedó en la cocina conmigo, lo que me hubiera alegrado en otras circunstancias. Pero, estaba tan consciente que era de esperarse que rompiera algo. Ella recogió el vaso del piso y me mandó a ver a Red Skelton con Néstor. Me alegré de que se fueran a acostar temprano y me acurruqué debajo de la elegante ropa de cama, ni reconfortada ni consolada.

A la mañana siguiente, me desperté con el olor de huevos fritos y café. Margie afanaba en la cocina mientras Néstor leía el periódico y tomaba su café con leche. Me metí al baño a lavarme. Encima del counter un Water Pik relucía blanco y antiséptico en la tablilla al lado del lavamanos. Me dio miedo tocarlo porque no sabía por qué parte del cuerpo de Margie o de Néstor se metía la manguerita. Se veía marital, tan íntimo como los tampones de algodón evueltos en papel blanco. Cuando salí, Néstor había acabado de desayunar.

"Más vale que termine de arreglarme," dijo yendo hacia el baño. Margie me sirvió un plato, cuidadosamente arreglado con dos huevos fritos, una lasca de jamón y tostadas cortadas en triángulos. Entonces, se sentó en la mesa a mordisquear un pedazo de pan y a charlar sobre lo que íbamos a hacer más tarde. Era difícil concentrarse en lo que decía por los sonidos que salían de detrás de la puerta del baño. La vibración de los aparatos eléctricos, las gárgaras, el agua corriendo, eran el contrapunto de los planes de Margie de caminar hasta el parque, almorzar en el *diner* e ir de compras. Cuando Néstor salió, un olor limpio y fresco a menta y naranja saturó el cuarto. Margie lo acompañó hasta la puerta donde se besaron y se dijeron cositas. Después que se fue, Margie entró al baño y empezó de nuevo el zumbido y el gorgojeo.

"¿Tú no te lavas después de cada comida?" me preguntó y yo le contesté que sí entre dientes porque no era verdad, aunque yo sabía que debía hacerlo. "Puedes usar el Water Pik si quieres," me dijo. Todavía temerosa de tocar la manguerita, apreté un botón y salió un chorrito de agua, como el de un bebé haciendo pipi. "¿Sabes cómo usarlo?" me gritó desde la cocina y yo me emocioné de pensar que mi hermana mayor estaba a punto de impartirme conocimientos para adultos. Entró al baño, desenganchó la manguera y se echó agua en la boca como me hacía el dentista cuando me arreglaba las caries. Quedé absolutamente desencantada y se me debió haber notado porque a mitad de la demostración técnica, Margie se puso bizca, torció la boca en una mueca extraña y dejó que el agua se le chorreara por la barbilla. Nos miramos en el espejo y nos dio un ataque de risa que nos duró buena parte de la mañana porque cada vez que la miraba se metía el dedo en la boca, ronroneaba, gorgoteaba, se ponía bizca y hacía que se estaba lavando la boca.

Hablamos mucho de nuestro padre, a quien ella hacía años que no veía, pero con quien se escribía. Yo había vivido con él muchísimos más años que ella y le sorprendió saber que Papi cantara tan bien y escribiera poemas y décimas.

"Su letra es tan chiquita," dijo riéndose y me enseñó una hoja de papel con su letra inclinada, cada letra cuidadosamente trazada, los acentos sobre las íes casi horizontales. Fue Papi quien le dio nuestra dirección. "Le encantan tus cartas," me dijo, lo que me hizo sentir bien y culpable a la vez porque no le escribía con la frecuencia que debía hacerlo.

Durante las semanas siguientes mis hermanas y yo nos turnamos para pasarnos un tiempo con Margie y Néstor. Venían a visitarnos y nosotras regresábamos a su casa con ellos. O ella esperaba a alguna de nosotras en la estación y un par de días después, Néstor y ella nos regresaban a Brooklyn y se quedaban a disfrutar la comida rica de Mami. Una vez Margie abrazó a Mami y le murmuró que le gustaría que ella fuera su mamá. Mami nos repetía el comentario cada vez que uno de nosotros hacía algo particularmente irrespetuoso o impertinente, para recordarnos que había gente que sabía apreciarla aunque nosotros no supiéramos.

Un domingo por la tarde, Néstor nos informó que se mudaban para Miami. "Claro está, nos pueden ir a visitar allá," nos invitó Margie. Eso era poco probable. De haber tenido dinero para viajar, hubiéramos ido a Puerto Rico, donde hacía siete años que no íbamos. Cuando nos abrazamos, supe que pasaría mucho tiempo antes de que volviera a ver a Margie.

A mediados de agosto, recibí una invitación para la premiere de *Up the Down Staircase* en el Radio City Music Hall, seguida de una recepción en el Hotel Warwick. Casi todos los actores que habían hecho de estudiantes estaban allí, de lo más emperifollados. Nos habían pedido que llegáramos temprano para podernos retratar en la hermosa escalera central. Como yo, muchos de los estudiantes nunca habían estado dentro de Radio City y todos estábamos tratando de no parecer demasiado deslumbrados. Pero una vez me acomodé en las butacas tapizadas del teatro, ya no pude aguantar más. Miraba boquiabierta el altísimo techo, las decoraciones doradas, las cientos de butacas inclinadas hacia el enorme escenario. Por primera vez vi la fila de puntapiés precisos de las Rockettes, las largas piernas que se movían al unísono, el taconeo que parecía venir de cada esquina de la sala.

Durante la presentación de la película, casi no pudimos concentrarnos porque mis compañeros actores y yo aplaudíamos o nos reíamos cada vez que aparecía alguno de nosotros en escena. En la fiesta, hablamos de cómo nos había ido después que terminó la filmación de la película. Sandy Dennis se había ganado un Oscar por *Who's Afraid of Virginia Woolf?*, y los demás hicimos lo mejor que pudimos por colocar nuestros pobres logros en una luz igualmente espléndida.

Mi actuación no iba a ganar ningún premio, más bien, pasaría desapercibida. Pero, verme allí en la pantalla, renovó mi deseo de pararme otra vez frente a un público. Después de más de un año de trabajo en oficinas y de cursos poco motivadores, añoraba los nervios y la exitación antes de abrir el telón, los murmullos y el susurro de la expectación del público, el aplauso.

Volví a revisar los avisos para audiciones en *Backstage, Show Business* y en los tablones de edictos del International School of Dance, donde tomaba clases. Mi ilusión era bailar con algún grupo reconocido, como el de Matteo, pero pronto me descorazoné. Si bien en los últimos cuatro años había hecho grandes progresos como bailarina, mi competencia había empezado en la infancia. Podían tomar clases todos los días, podían dedicar sus vidas al baile. Muchos de los bailes tradicionales para principantes como *Allarippu*, eran ya parte de ellos, que habían avanzado a coreografías más complicadas que requerían un alcance técnico y expresivo más amplio.

Iba a mis clases de baile, siempre que podía sacar el tiempo o el dinero, practicaba en casa, aunque mi familia se quejara de que el tintineo de las campanas de mi pulsera de tobillo y la música india atonal los volvía locos. Cada vez que consideraba dejar la universidad y usar el dinero de mis trabajos a tiempo parcial para dedicarme al arte, me reprochaba por ser tan ilusa e indulgente conmigo misma. Una artista tenía que sacrificarse por su arte, lo sabía bien. A una parte de mí le encantaba la idea romántica de ser una artista muerta de hambre. Pero, la voz que me hablaba con más fuerza me preguntaba qué posibilidades tendría una bailarina puertorriqueña subadiestrada en danza clásica india, de poder mantenerse a sí misma.

Nuestra casa en Glenmore tenía un sótano remodelado y habitable, además de un segundo piso donde Mami colocó las camitas de los nenes. Teníamos espacio de sobra, decía Mami. Quizás por eso fue que un día su prima Lólin se nos apareció en la puerta, del brazo del hombre con quien se había fugado. Lólin era flaquita, de unos ojos oscuros conmovedores y un carácter tranquilo. Era delicada y grácil, usaba el pelo largo y suelto como un ancho lazo negro entre sus hombros estrechos. Hablaba en un tono callado, con voz de gatita, y usaba con frecuencia el diminutivo, como si al hacerlo pudiera, a través de la palabra, hacerse aún más pequeña. Por eso no nos sorprendió que nos presentara al "esposo" como Toñito, en vez de Antonio.

Era tan delgado y callado como ella, de piel del color de la nuez moscada, pelo oscuro y rasgos taínos. Traían pocas pertenencias y ningún dinero, pero era obvio que estaban enamorados. Cada vez que él la miraba, ella se ruborizaba y bajaba los ojos. Cuando ella lo miraba a él, su mirada era como una caricia, suave, lenta, cargada de sentidos.

Mami no estaba muy contenta que digamos de tenerlos allí. Le caía bien Lólin, pero no se sentía muy cómoda con eso de tener un hombre guapo, joven, vigoroso —que no era nuestro hermano— en camiseta cerca de mí y de mis hermanas. Yo tenía diecinueve años. Delsa diecisiete, Norma dieciséis, Alicia catorce, Edna trece. Sabíamos lo que Lólin y Toñito hacían de noche en el sótano que Mami les había cedido, y aunque se esforzaban por ser discretos, era difícil hacer caso omiso de los quejidos y los suspiros que salían de su cuarto, del modo en que la mano de ella le acariciaba el muslo cuando se sentaban juntos y del modo en que él la mantenía abrazada cuando veían televisión.

Las tías y los tíos de Mami, las primas —Gury, La Muda y Margot— y otros parientes que casi nunca venían a vernos, se aparecieron por casa a ver a Lólin y a Toñito como si hubieran sido la atracción principal de un circo. En Puerto Rico, Tío Pedro no estaba muy contento con el marido que había escogido su hija mayor. Las muchas conversaciones telefónicas que escuché, eran súplicas para que fuera más flexible, para que aceptara a Toñito y, por lo menos, respetara el derecho que tenía Lólin de asumir las consecuencias de sus actos. Pero Tío Pedro era testarudo. Las tías, los tíos, las primas, Mami y Tata se pasaron horas en la mesa del comedor discutiendo lo que debían hacer. De vez en cuando, se oían en el sótano los románticos acordes de una guitarra con la que Toñito acompañaba sus canciones de amor, mientras Lólin lo escuchaba recostada. Los parientes se quejaban de que Toñito era un irresponsable porque, excepto por esa condená guitarra, no tenía en qué caerse muerto. Auguraban que la relación no duraría mucho. Lólin estaba acostumbrada a las comodidades, porque Tío Pedro era un comerciante, buen proveedor. Se había cegado con los encantos de Toñito, pera tan pronto se diera cuenta de lo vago que era, iba a regresar a Puerto Rico de rodillas, a pedirle perdón a su papá. Naturalmente, se sobrentendía, que Tío Pedro nunca la perdonaría ni aceptaría a Toñito, así es que el chisme estaba matizado siempre, con un dejo de compasión por la pobre, malaconsejada Lólin.

Mis hermanas y yo observábamos el drama. Durante años, Lólin y su hermana Tati, habían servido de modelos de niñas buenas y ahora resultaba que Lólin se había fugado con un tipo guapo que, a todas luces, carecía de medios para mantenerla. Y en Puerto Rico, Tati, que era más joven, ya se había casado, había tenido un nene y la habían abandonado. Tati, que era tan linda, vivaracha y alegre, ahora era una figura trágica. La desobediencia de Lólin no compaginaba con su naturaleza calmada, serena. La tías y las primas seguían usando a Tati y a Lólin de ejemplo —sólo que ahora eran ejemplos negativos.

De Tati decían, "¿Ven lo que pasa cuando las muchachas tienen mucha prisa de salir de sus casas y de la protección de sus papás?" El desafío de Lólin se lo achacaban a su docilidad. "Todo este tiempo fue la hija perfecta," decían en tono reflexivo. "Pero tenía la música por dentro." Cuando decían que Lólin tenía la música por dentro, nos miraban con intención, como dejándonos saber que si nos portábamos demasiado bien, empezarían a sospechar que nos traíamos algo entre manos.

Cuando Tío Pedro cedió finalmente y Lólin y Toñito regresaron a Puerto Rico, los parientes movían las cabezas y comentaban que era, justamente, la sobreprotección de Tío Pedro y Titi Sara lo que les había traído tantos problemas a sus hijas. Si no hubieran sido tan estrictos, Tati hubiese esperado un poco más antes de casarse y se hubiera evitado que la abandonaran tan joven, y Lólin hubiera conocido más muchachos y no se hubiera enredado con el primer manganzón que le hizo ojitos.

A mis hermanas y a mí nos aconsejaron que aprendiéramos de sus errores, que buscáramos un punto medio entre la impaciencia de Tati y el atrevimiento de Lólin. Era un camino sin precedente en mi familia. Cada día, cada tío, cada tía, cada prima adulta era un modelo de impulsividad y contradicción. Ni mencionar a Mami y a Tata que despepitaban reglas que no seguían, a diestra y siniestra, y eran el vivo ejemplo del aforismo "Haz lo que digo y no lo que hago." Tata nos advertía que no fumáramos ni bebiéramos, sentada en la mesa de la cocina con el cigarrillo en una mano y la cerveza en la otra. Mami hablaba de las bodas por la iglesia para nosotras y entonces, se usaba de ejemplo para mostrarnos lo frágiles que eran las uniones no santificadas.

"Pero Don Carlos estaba casado con aquella mujer y se divorció para estar contigo," empecé, y me mandó a callar.

"Ese matrimonio se había acaba'o mucho antes de que él me conociera," me dijo, lo que era cierto, pero ese no era el punto.

"Háganse de una educación para que puedan conseguir trabajo en oficinas y no en fábricas," nos aconsejaba Mami frecuentemente. Pero, al día siguiente nos mostraba un brasier cuidadosamente cosido. Con la cara resplandeciente de orgullo nos iba enseñando cada costura, nos señalaba lo difícil que era lograr que las dos agujas giraran hasta donde tenían que llegar, nos explicaba lo complicado que era trabajar con una tela tan delicada y nos enseñaba los broches novedosos. Hacía cosas útiles y bonitas con sus propias manos. Cuando quedaba cesante, se lamentaba de que sus destrezas no fueran suficientes para mantener a sus hijos.

"No sean como yo," insistía, "háganse de una profesión, no dependan de las fábricas para vivir."

Mientras más tiempo pasaba yo en casa, más confundida quedaba. No íbamos nunca a la iglesia, pero se suponía que me casara en la catedral. Tenía que ser buena, pero no demasiado buena o caería bajo sospecha. Si estaba demasiado ansiosa de irme de casa, mi vida podía convertirse en una tragedia. Si me quedaba mucho tiempo bajo el ala protectora de Mami, seguro que me engañarían los más experimentados en las reglas del mundo.

Había veces que salía para la escuela o el trabajo con la intención de no regresar, pero no tenía el valor de fugarme. A veces me quedaba mirando las lustrosas vías del tren y pensaba en lo fácil que sería tirarme en ellas, pero la idea de ser destrozada por toneladas de metal en movimiento, me hacía retroceder cuando el tren retumbaba cerca.

El hogar que había sido un refugio de los peligros de la ciudad se había convertido en una prisión de la cual quería escapar. La intensidad de mi vida familiar me tenía extenuada, el drama que no terminaba nunca, las crisis que surgían de la nada, se aplacaban, y abrían paso a otras que, también, eran sólo preludios de las próximas. Estaba hastiada de la lucha constante entre la vida que quería y la vida que tenía. Le tenía pavor a la soledad que se aferraba a mí en medio de la estridencia y el barullo de mi familia. No los quería culpar de mi infelicidad, pero tampoco quería contaminarlos con ella. Quería estar, como la Garbo, sola. Quería convertirme en La Sorda, sorda a las voces de mi familia, a sus mensajes contradictorios, a sus expectativas. Ansiaba poder ahuecar la mano cerca de mi boca, como hacen los cantantes, y escucharme a mí misma. Escuchar una voz, la mía, aunque estuviera llena de miedo e incertidumbre. Aunque me llevara a donde no debía ir.

"¿Qué tamaño de brasier tú usas?"

El segundo semestre en Manhattan Community College, Shoshana y yo nos matriculamos en la clase Fundamentos de Matemáticas. El curso no era requisito para los estudiantes de concentración en Administración de Empresas pero ese otoño de 1967, el curso lo dictaba el chulísimo Profesor Grunwald. Shoshana estaba emocionadísima porque no solamente era el hombre más bello que jamás había visto, sino que también era judío. Según ella, como la clase se reunía tres veces a la semana y Míster Grunwald hacía horas de oficina para los que necesitaban ayuda, habría muchas oportunidades de que él se enamorara de una de nosotras.

"¿Pero, y si se enamora de ti y yo me pongo celosa?"

Shoshana lo consideró por un momento.

"No hagamos eso. Digamos que lo que es bueno para ti, es bueno para mí y viceversa. Así no hay celos."

Shoshana no tenía hermanas, yo sí. Su propuesta era noble, pero poco realista y así se lo dije.

"Está bien. Si me escoge a mí en vez de a ti, tienes que prometerme que te retirarás. Yo haré lo mismo."

"Así está mejor," acepté.

El primer día de clases, Shoshana y yo nos sentamos una al lado de la otra en la primera fila del salón que estaba lleno de mujeres vestidas, como nosotras, en sus mejores galas. Cuando entró Míster Grunwald, suspiramos a coro. No muy alto, ni muy bajo, perfectamente bien proporcionado de la cabeza a los pies. Míster Grunwald era tan bello como me lo había prometido Shoshana. Sus ojos azules, casi violetas, eran inteligentes y suaves. El pelo rubio-arena, se le rizaba por las orejas y por el cuello de la camisa. Bien afeitado, tenía la mandíbula cuadrada perfectamente formada, unos labios sensuales, una nariz perfecta. Tenía puesta una chaqueta en *corduroy* marrón claro con parches de gamuza en los codos, mahones pegados, una camisa de botones en azul índigo, y una corbata con un diseño discreto. Cuando escribía sus fórmulas inescrutables en la pizarra, su letra era clara, precisa; los números bien formados; la *x* enérgica y misteriosa. Él aseguraba que no nos estaba enseñando matemáticas, que lo que él enseñaba era lógica, pero a mí me tenía cara de matemática.

"Es guapo y eso," le dije a Shoshana, "pero esta clase está muy difícil. Yo mejor me doy de baja."

De ninguna manera quiso aceptar Shoshana esa decisión. "Lo que necesitas es una 'C' para pasar," me dijo. "Yo te ayudo."

Después de clase, Shoshana consultaba sus notas cuidadosamente tomadas y repetía al pie de la letra casi todo lo que acababa de decir Míster Grunwald. Dos veces por semana iba a su oficina y él corregía mis quizes deprimentes y mis exámenes delante de mí. Usaba colonia, una fragancia frutal que invadía mi nariz cuando se inclinaba a explicarme la relación del seno y el coseno con la tangente. Al hablar, arrastraba las palabras, las vocales largas y apacibles como una siesta. Quería vivir en sus diptongos, sumergida en sus *oes* y *us*, acariciada por sus *íes*. Pero la pasión de Míster Grunwald estaba en las regiones convexas y en el vértice de la parábola. Así como no se le ocurría a Shoshana que Míster Grunwald no se iba a enamorar de ninguna de nosotras, a él tampoco parecía ocurrírsele que yo, al igual que todas las demás muchachas de la clase, estaba enamorada de él.

Un día, mientras trataba de hacerme entender lo que para mí, nunca tendría sentido, Míster Grunwald se echó para atrás en su silla. "No trabajemos más en esto," sugirió.

Humillada de que se hubiera dado por vencido conmigo, me disculpé. "La matemática nunca ha sido mi fuerte."

Se frotó la cara con las dos manos. "¿Qué esperas lograr con tu educación universitaria?" preguntó desde detrás de sus dedos.

"Conseguir un buen trabajo," contesté.

Dejó caer las manos y me miró furioso. "¿Haciendo qué exactamente?"

"Publicidad, supongo." Me sudaba la frente, el bigote. "O mercadeo . . ."

"¿No tienes ni idea, verdad?" El tono de su voz, el registro bajo, la mirada suave con que acompañó sus palabras, hicieron que se me aguaran los ojos. Sacudí la cabeza. "¿Qué te gustaría hacer?" me preguntó y yo hubiera querido decirle, besarlo por todas partes, que era lo que estaba pensando, pero moví los hombros en un gesto de incertidumbre. "Shoshana me mencionó que eres bailarina," añadió. "¿Eres buena?"

Nadie me lo había preguntado y me tomó sólo unos segundos decidirme a contestar con honestidad, sin falsa modestia. "Soy muy buena," le dije. "Considerando lo tarde que empecé."

Me sonrió. "¿Danza moderna? ¿Ballet?"

Le devolví la sonrisa. "Soy, probablemente, la única bailarina puertorriqueña de danza clásica india que usted conoce."

El resto del tiempo de tutoría lo pasé describiéndole a Míster Grunwald las sutilezas de Bharata Natyam. Se mantuvo atento y me hizo comentarios que mostraban que estaba escuchándome.

"La música india progresa matemáticamente," intercaló en un momento y dejé de hablar para considerar esa posibilidad. Me observó mientras yo pensaba, como si fuese una experiencia nueva.

"Su . . . supongo que sí," dije por fin. Míster Grunwald se rió y me hizo sentir estúpida por haberle dado esa respuesta tan zángana.

Cuando le conté a Shoshana que me había pasado la sesión de tutoría hablando de baile con Míster Grunwald, quedó feliz. "¡Le gustas! Ahora, probablemente, te invite a un musical."

"Ese no es el tipo de baile que yo hago," protesté. A Shoshana se le había pasado el enamoramiento con Míster Grunwald ahora que estaba fascinada con el profesor de Fundamentos de la Publicidad. El profesor Delmar era mayor que la mayoría de los profesores del Manhattan Community College. Tenía el pelo canoso, los ojos grises, las facciones adornadas con unas arrugas deliberadamente formadas para resaltar su rostro bien parecido. Usaba trajes caros, bien entallados, que acentuaban su figura elegante, esbelta, de piernas largas. Míster Delmar caminaba por los pasillos del college como si fuese el dueño y atraía miradas de hombres y mujeres por igual, jóvenes y viejos. Me cayó mal en el acto, su aire tan compuesto me parecía engreído y calculado. Pero, Shoshana insistía en que eso me pasaba porque nunca había viajado a ningún sitio. "Es tan sofisticado, tan europeo," suspiraba.

Como cada una fantaseaba con un profesor distinto, no había celos. Nuestras conversaciones se iban en discutir hasta dónde llegaríamos si alguno de lo dos nos invitaba a salir. Las dos estábamos dispuestas a entregar la virginidad a la menor provocación, en el momento en que Míster Grunwald o Delmar insinuaran el más mínimo interés. Después de muchos intentos para que se fijara en ella, Shoshana decidió que Míster Delmar, nunca saldría con ella mientras fuera su estudiante. Lo dejó descansar durante el semestre de otoño y cifró sus esperanzas en la primavera. Por mi parte, la única manera de impresionar a Míster Grunwald era sumergiéndome en las transformaciones de figuras simétricas, y yo no estaba dispuesta a eso, ni siquiera con la promesa de una noche de pasión como premio. Continuaba escribiéndole a Otto mis largas cartas verborréicas, cuyas respuestas eran cada vez más cortas y menos frecuentes.

"Tú deberías dejarlo antes de que él te deje a ti," me aconsejó Shoshana. Dejé de escribirle y casi me pareció escuchar un enorme suspiro de alivio desde Suiza.

Al final del pasillo, donde estaban nuestros *lockers* en Manhattan Community College, estaba el *lounge*, un salón de recreo para estudiantes. Shoshana y yo nunca íbamos allí a estudiar, por la música tan alta que se oía detrás de las puertas cerradas. Nos gustaba la música, pero también nos gustaba oírnos cuando hablábamos. Entre clases, preferíamos ir a una cafetería o al Automat o nos encontrábamos con nuestros ujieres en la comisaría de la NBC. Pero un día, tenía urgencia de tomarme un café y me llegué hasta el *lounge*. El salón era grande, con un par de sillas maltrechas, un sofá pandea'o, una hilera de máquinas automáticas que vendían dulces, refrescos y bizcochitos envueltos en papel celofán. Debajo de la única ventana, había una mesita con una cafetera, sobrecitos de azúcar, un paquete de vasos de cartón y un pote de Cremora.

Al entrar me sentí como si me hubiera perdido en otro país. A mi izquierda, el salón vibraba con música Motown que salía de un tocadiscos portátil. Estudiantes negros en pequeños grupos, unos de pie, otros sentados, discutían de política mientras las Supremes cantaban *"The Happening."* A mi derecha, en un volumen igual de alto, el ritmo de Eddie Palmieri destacaba los sonidos del espanglés. El medio del salón estaba casi vacío, excepto por unos pocos estudiantes blancos perdidos entre dos continentes vibrantes. La mayor parte de la gente me era familiar porque nos veíamos en clase o en los pasillos. Una de las muchachas, Gloria, me llamó hacia el lado del mambo.

"¿Tú eres puertorriqueña?" preguntó. Cuando le contesté que sí, se viró hacia el grupo. "¡Lo ven!" Se viró otra vez hacia mí. "Estos tipos aquí no me creían." Félix, uno de los muchachos, cogía una clase conmigo.

"Tú sabías que yo era puertorriqueña," le recordé.

"Yo se los dije," rió y chocó manos con otro muchacho que estaba cerca.

"¿Tú saliste en esa película sobre la escuela, verdad?" me preguntó otra muchacha.

Me encendí de placer porque me reconocieron. *"Up the Down Staircase,* sí salí."

"¡Se los dije!" Otra vuelta de chocar manos. El timbre avisando el cambio de clases sonó y todos se apresuraron a recoger sus cosas.

"Nos vemos más tarde," dije. Nadie me contestó. Me fui sorprendida de que pudieran hablar de mí, pero que después de conocerme, a nadie le importara. Me pregunté si les habría causado una mala impresión y repasé la escena en mi mente muchas veces. ¿Había sido lo suficientemente simpática y abierta? ¿Les parecí demasiado echona por haber salido en una película? ¿Pude haber hecho algo más para caerles bien? Habían estado juntos, en un semicírculo mientras estuvimos hablando, como si me hubieran estado entrevistando. Pero entonces se dispersaron, me despacharon.

A lo mejor yo estaba hipersensible, me sugirió Shoshana más tarde, porque la mayoría de los estudiantes de Manhattan Community College eran negros o puertorriqueños y mi mejor amiga era judía.

"Quizás, en el fondo, dentro de ti, tú pienses que deberías ser amiga de ellos y no mía," dijo haciendo un puchero.

"Recuérdame no coger la clase de psicología el semestre que viene," le respondí. Desde que había empezado esa clase, todo lo que alguien dijera o hiciera estaba sujeto a interpretación. Pero sí, me molestaba que Shoshana pensara así y que una parte de mí —una partecita escondida— estuviera de acuerdo.

Dos o tres semanas después de empezar las clases, perdí mi trabajo de por las noches porque el Sr. Vince tuvo que cerrar el negocio. A pesar de los meses de publicidad y de las miles de llamadas a los prospectos clientes, no había podido vender suficientes vacaciones para mantenerme a mí y a los otros operadores de teléfonos empleados. Shoshana había dejado el trabajo hacía algunos meses, antes de irse para Israel en el verano. Varios hombres y mujeres llegaron y se fueron, pero yo trabajé con el Sr. Vince hasta el final, y el día que me dejó ir estaba a punto de llorar.

"Tan pronto mejora la cosa," me prometió, "te llamo." De bono, me dio el salario de una semana.

Fui a la oficina de empleo para estudiantes del *college*, que tenía un programa a través del cual me daban crédito por trabajar en algo relacionado con mi concentración. La consejera me mandó al Advertising Checking Bureau. La Sra. Davis, mi supervisora, me prometió un horario flexible. "Tu educación es más importante que un empleo," me aseguró.

La Sra. Davis era una señora pequeñita, de pelo gris, que usaba faldas línea A y blusas vaporosas con puños y cuellos bien cerrados. Su escritorio quedaba cerca de la puerta de entrada, virado hacia el salón alineado con oficinas de paneles de cristal, para los supervisores y gerentes de rangos más altos. Los tres empleados de su departamento quedaban de frente a la Sra. Davis, pegados a la única pared de ventanas. Cada escritorio y cada tablillero que quedaba encima de los radiadores debajo de la ventana, estaba cubierto con estibas de periódicos, revistas, carteles doblados y anuncios para radio y televisión.

Mi trabajo era verificar que los anuncios para las cuentas que me habían asignado, salieran de acuerdo a los arreglos hechos entre el fabricante del producto y el detallista. El fabricante pagaba parte del anuncio. Mi trabajo era asegurarme de que si Amana pagaba el 30 por ciento del costo, el producto de Amana tomara por lo menos el 30 por ciento de las pulgadas por columnas del periódico o de la revista, o el 30 por ciento del anuncio de radio y televisión. Cada "verificador" estaba a cargo de varias cuentas de un área geográfica específica. Yo estaba a cargo de pequeños y grandes artefactos en el Upper Midwest. Los días que venía a la oficina, encontraba un paquete de recortes en mi escritorio y una lista de las cuentas, los acuerdos y los clientes. Con frecuencia, en vez de un recorte, estaba el periódico entero, que yo hojeaba hasta que encontraba el anuncio de mi cliente. Llegué a estar al tanto de menudencias tales como el tiempo en Ypsilanti, Michigan, el precio del trigo en Kankakee, Illinois y los resultados de las elecciones locales en Onalaska, Wisconsin. Por tercer año consecutivo, Tracey Dobbins en Rock Rapids, Iowa, ganó primer premio por su becerro en la exhibición de los Clúbes 4-H. El ruibarbo encurtido de la señora Sada Ulton fue el alimento de mayor venta en la feria del condado. Danny Finley había logrado la anotación ganadora en el partido de Retorno en Emmetsburg High School. Era un mundo tan distante de Brooklyn que me perdía en él, flotando entre comidas pro fondo de la iglesia, ferias agrícolas, nacimientos, muertes y funciones teatrales locales. De tiempo en tiempo, la Sra. Davis pasaba por nuestros escritorios para saber cómo iban las cosas o para preguntarnos si el logo de la RCA se destacaba lo suficiente en el anuncio de Sam's Appliance Mart. Pero al igual que a sus tres empleadas, le gustaba leer y muchas veces se reía de las payasadas de Lorenzo y Pepita o recortaba recetas de las páginas del *Philadelphia Inquirer*.

Sin la excusa de mi trabajo de noche, regresaba a casa todas las tardes, comía y me encerraba en mi cuarto a hacer mis asignaciones sobre figuras geométricas a las que Míster Grunwald nos hacía aplicarle la transformación de identidad.

Mientras más tiempo pasaba lejos de casa, más me sentía como una visita entre mi familia. El alboroto y el bullicio de mi casa, eran como una pausa entre las partes de mi verdadera vida en Manhattan, en los estudios de baile, en mis aventuras con Shoshana, en el *college*, en el calendario social de Mishawaka, Indiana. Los fines de semana, cuando no tenía clases ni trabajo, me ponía al día con la vida de mis hermanas y hermanos. Delsa tenía un novio que se llamaba George, Héctor se destacaba en gimnasia en su Escuela Superior, Alicia cantaba en el coro de la escuela.

A los treinta y seis años y encinta de su hijo número once, Mami se veía gastada. Su andar era lento, su piel había perdido el lustre, su pelo arreglado en un recorte que le enmarcaba la cara, estaba seco y tenía horquetillas. Después de años de no poder pagar por cuidado dental, fue al dentista durante el verano y le sacó todos los dientes. La cara se le colapsó en la boca, desapareció su aire juvenil. La caja de dientes no le quedaba bien y sufrió cuatro meses de dolor antes de que el dentista accediera a arreglársela.

Tata se mudó unas semanas para irse a vivir con Don Julio, regresó, se mudó sola de nuevo. La fui a visitar al hospedaje donde vivía en una habitación apretada en la que había una cama, una butaca con el tapizado roto, una hornilla, unos vasos y platos descascarados. Al lado de la ventanilla había colocado su altar con las reliquias de familia y los santos que se suponía que le trajeran suerte cuando jugaba bolita. Ganó las veces suficientes para mantener su fe en ellos. El baño quedaba en el pasillo de abajo, pero ella tenía una escupidera debajo de la cama para no tener que hacer el viaje más veces de las necesarias. Después de unas cuantas semanas allí, regresó al sótano que una vez ocuparon Lólin y Toñito. Refunfuñaba y protestaba por toda la actividad que había en la casa. Ahora que éramos mayores, no le parecíamos tan simpáticos como cuando éramos nenes. El único al que todavía mimaba era a Franky, que a los cuatro años todavía era lindo y no se le alzaba cuando lo regañaba.

Yo entraba y salía en una nube de las actividades de la familia y notaba los cambios más obvios. Don Carlos vivía con nosotros. Norma se pintó el pelo de rojo. Don Carlos se mudó. El primo Paco dejó la lucha libre. Don Carlos volvió. Delsa sacó todas A'es en Matemáticas. Héctor le ayudó a Raymond a conseguir trabajo en la pizzería. Surgía una crisis, se tranquilizaba la cosa, volvía a surgir, y mantenía bien activas las tardes dominicales cuando las tías, los tíos, los primos y sus familiares se aparecían sin avisar para compartir la buena comida y el chisme que mantenía a todo el mundo entretenido de semana en semana. Yo me excusaba y me metía en el cuarto o me iba de la casa tan pronto podía zafarme, a veces con algunos de mis hermanos o hermanas, pero generalmente sola. Me iba a ver una doble tanda y me perdía en la versión de Hollywood de la vida, con sus mujeres elegantes, hombres masculinos, niños inexistentes, problemas resueltos por las armas o por el matrimonio, a veces, por los dos. De vez en cuando, iba a ver a Alma y Corazón y me sentaba en su apartamento tranquilo, a hablar de libros y a escuchar *rock and roll* americano.

A Corazón le encantaban los Doors y los Bee Gees. "Óyete esto," decía, al poner el disco. Se acomodaba en el sofá y yo me tiraba al lado de ella, cerrábamos los ojos y escuchábamos. Ella entendía las letras de las canciones. Yo no. "¿Qué dice el coro?" preguntaba.

"Come and maybe like my buyer?" adivinaba, y ella se estiraba de la risa.

Alma escribía poesía. Uno de sus poemas fue publicado en una antología. Colocó un pedacito de papel, como marcador de libro, en la página donde su nombre, en itálico, se veía autoritario y preciso. El poema, titulado "Ellos," era un soneto sobre la impotencia y la falta de poder. La última línea, "no me dejarán," me sorprendió tanto que levanté la mirada para preguntarle a quién se refería, pero lucía tan orgullosa y satisfecha consigo misma que no me atreví.

En el tablón de edictos de la International School of Dance alguien colocó un volante que decía: "Se solicitan Modelos, No necesita experiencia." Llamé al número y me dijeron que las modelos eran para una escuela de fotografía. A cambio de posar, las modelos recibían una foto 8x10 con brillo de cada estudiante que las retratara. No había desnudos. Las modelos traían su propia ropa y maquillaje. Se lo dije a Shoshana que enseguida estuvo de acuerdo con que lo hiciéramos.

La escuela era en el piso superior de un almacén en el West Side. Tenía un vestidor pequeño, con un espejo con luces y un closet donde las modelos colgaban su ropa. Nos pidieron que nos maquilláramos "al natural" y esperáramos en lo que nos llamaban. Había otras dos muchachas, Sharon y Beverly, que pensaban usar sus fotos para el portfolio que les exigían las agencias de modelaje. Eran más altas y tenían mejores pómulos que yo, así es que no me hicieron caso. A Shoshana la miraron con envidia. Era tan alta como ellas, pero mejor formada y sus facciones, bien proporcionadas y muy bonitas, estaban hechas para ser fotografiadas.

Nos sentamos en unas sillas que había en una fila fuera del vestidor y unos momentos después apareció el instructor seguido de un grupo de muchachos.

"Señoritas," dijo. "Esto funciona así: durante la primera media hora, más o menos, todo el mundo posa y todo el mundo puede tomar fotos. Pero, si alguno de los fotógrafos y las modelos desarrolla alguna afinidad, pueden irse a trabajar aparte al *seamless*," y nos señaló un enorme rollo de papel blanco que colgaba del techo hasta el piso, "o en el *set*." Sus manos aletearon en dirección de un telón de fondo gris oscuro con unos mancharones simulando nubes. "¿Estamos listos?" Dijimos que sí y nos condujo a otro *seamless*, donde posamos en grupo, mientras los estudiantes se afanaban por tomar sus fotos, se movían de un lado a otro, buscando los mejores ángulos y trataban de no metérsele en el medio a los demás.

Me sentía tonta asumiendo poses de chica "*Wow*," pero Sharon y Beverly eran unas expertas. Cuando el instructor nos pidió a Shoshana y a mí que nos saliéramos para poderlas fotografiar a ellas solas, primero juntas y después individualmente, me di cuenta de la diferencia que había en tener aptitud para el modelaje. Sharon abrió los codos y se colocó las manos en la cintura como una mariposa en alerta y de algún modo logró parecer bidimensional. La especialidad de Beverly era el movimiento. Saltaba, y lograba mantenerse en el aire el tiempo suficiente para que los fotógrafos pudieran tomarle más fotos de las que me pudieron tomar a mí quieta. Era alucinante ver cómo Sharon y Beverly iban de una pose a otra, cada una diferente, cada una impresionante. Shoshana y yo nos miramos con desánimo. No había manera de que pudiéramos equiparar eso.

Nos sorprendimos cuando al terminar la primera sesión a Beverly y a Sharon les dijeron que se podían ir, pero tres muchachos pidieron fotografiarnos a Shoshana y a mí juntas. Posamos de perfil, primero mirándonos una a la otra, y después, mirando en la misma dirección. Los tres muchachos trabajaban en equipo; se arreglaban las luces uno a otro, hacían turno para usar la cámara colocada en un trípode, y el instructor desde el fondo, les daba sugerencias de cómo colocarnos o iluminarnos mejor. También nos fotografiaron individualmente, en diferentes cambios de ropa, maquillaje y peinados que Shoshana y yo nos hacíamos una a la otra. La sesión tomó la mañana entera. Al final estábamos exhaustas, pero el instructor nos pidió que regresáramos otro día para trabajar con otro grupo de estudiantes, y accedimos en el acto.

"¿Tú puedes creer esto?" deliraba Shoshana. "¡Despacharon a las profesionales y nos prefirieron a nosotras!" Se nos abría la posibilidad de una carrera que nunca habíamos considerado. "Si logramos unas fotos buenas," sugirió Shoshana, "podemos organizar un buen portfolio y llevarlo a las agencias." Imaginábamos que la mismísima Eileen Ford nos contrataría y nos pondría en la portada de *Vogue*.

"¡Competencia para Twiggy!" dije echándomelas.

"Aunque yo creo que tú eres más *Seventeen*," consideraba Shoshana.

"Nunca he visto a nadie con mi tez en esa portada," me quejé.

Hicimos dos o tres sesiones más en la escuela de fotografía. Las 8x10 que nos dieron los muchachos eran en blanco y negro, con brillo, de alto contraste, muy diferentes a como imaginamos que serían cuando posamos.

"¿Tú crees que éstas se pueden usar para el portfolio de modelo?" le pregunté un día a Shoshana, mientras revisábamos nuestras fotos. Sombras profundas nos distorsionaban las facciones, las yuxtaposiciones dramáticas nos hacían virar las fotos de lado a ver si nos podíamos reconocer.

"Son artísticas." Estaba tan poco convencida como yo. Aún así, nos compramos un portfolio negro y organizamos nuestras fotos con las más "artísticas" al final. Fue idea de Shoshana que después que organizáramos nuestros portfolios, consultáramos con nuestros profesores de publicidad. "Después de todo, ellos tienen agencias y ven miles de modelos," fue su argumento.

Su profesor era el elegantísimo, Míster Delmar. El mío era el Dr. Henning, largo como un jugador de baloncesto, de enormes pies y manos, y una cabeza imponente cubierta de rizos grises. Usaba trajes que le colgaban en pliegues y caídas como si hubieran sido togas de paño de lana.

Cuando le pedí que si podía examinar mi portfolio, me sugirió que fuera a su oficina que quedaba sobre Tad's Steaks en la Séptima Avenida. En un oscuro salón al final de un pasillo igual de oscuro que olía a carne asada, estaba el Dr. Henning sentado detrás de un enorme escritorio de roble, delante de una ventana. Una luz gris ceniza le daba por detrás e iluminaba el polvo que flotaba en el aire. Me señaló una silla de piel que había frente a su escritorio, y me hundí en sus chirridos mohosos.

"Están muy bien," dijo examinando las fotografías. Viró el portfolio como hacíamos Shoshana y yo, tratando de buscarles la vuelta a las fotos más artísticas. Me miró. "¿Cuánto tú mides?"

"Cinco pies, cuatro pulgadas."

"Las modelos de ropa son más altas," me dijo. "Por lo menos, cinco ocho. Pero, tú podrías hacer trabajo para catálogos. ¿Qué tamaño de brasier tú usas?"

"¿Perdón?"

"No estoy siendo fresco," me tranquilizó. "Hay un mercado para modelos que se especializan en ropa interior de mujer, brasieres y fajas, ese tipo de cosa." Estaba espantada y se me debe haber notado porque el Dr. Henning levantó las manos con las palmas hacia mí como para protegerse de cualquier cosa que yo le fuera a tirar. "Es para catálogos respetables como los de Sears y JC Penney." Se estiró en su silla hasta alcanzar un libro grueso que tenía detrás. "Déjame enseñarte."

Esperé hasta que pude hablar sin echarme a llorar. "Gracias, pero . . ."

Hojeó el catálogo hasta que llegó a las últimas páginas. "Generalmente, no fotografían la cara, así es que nadie te va a reconocer." Inclinó el catálogo hacia mí. Fotos en blanco y negro de torsos de mujeres con brasieres de algodón, aparecían impresas en los márgenes de la derecha y de la izquierda. Unos bloques de texto daban los detalles sobre el estilo, el precio, los tamaños disponibles. "Hay mucho dinero en esto," prometió.

"No es la clase de modelaje que tenía en mente," le dije, tratando de mantener la compostura. Temblaba de rabia y de humillación, pero no quería decir ni hacer nada estúpido. Después de todo, era mi profesor y el que me iba a dar una nota al final del semestre. "Gracias de todos modos."

"No lo decidas ahora mismo. Yo sé que no es el tipo de cosa que las muchachas agarran enseguida." Devolvió el catálogo a su sitio.

"Estoy segura de que eso no es lo mío." Cogí mi portfolio. Me acompañó hasta la puerta. "Le agradezco el tiempo que se ha tomado."

El largo pasillo se sentía aún más largo con él mirándome desde la puerta. Traté de caminar sin que las caderas se me movieran de lado a lado, sin que los senos se me bambolearan. Ninguna parte de mi cuerpo debería parecerle insinuante a quien acababa de recomendarme una carrera como modelo de brasieres. Esa idea, ¿se le habría ocurrido mientras miraba mis fotos? O me habría estado ligando desde diferentes ángulos mientras yo estaba sentada en clase apuntando sus famosas consignas publicitarias. ¿Cómo podría mirarlo a la cara otra vez? En ropa apretada, nunca. De eso estaba segura.

A Shoshana no le pareció que tenía porqué ofenderme. "Alguien tiene que modelar brasieres," razonó. "¿Por qué no tú?"

"A mí no me dejan ni ponerme bikinis. ¿Cómo le voy a decir a mi mamá que modelo brasieres?"

"Tú le dices demasiado," me dijo.

"Ese no es el punto, Shoshana."

No le hizo caso a mi molestia. "¿Ella no hace brasieres?"

"Sí, pero, eso no quiere decir que ella quiera que me las ponga sin camisa."

La cita de Shoshana con Míster Delmar le fue mucho mejor. A él le pareció que podía ser modelo, pero necesitaba otras fotos. "Consíguete unas que sean más realistas, no este arte fantasioso," fue su recomendación.

Como me faltaban cuatro pulgadas para ser modelo, decidí que no quería hacerme más fotografías.

"Puedes usarlas cuando vayas a alguna audición," me sugirió Shoshana. "¿Tú no me dijiste que siempre piden una foto de cara?"

Siempre me había sentido en desventaja en las audiciones por no tener un *composite* ni una foto de cara porque costaban más de lo que yo estaba dispuesta a invertir en mi carrera como actriz. Pero, estas fotos no se parecían en nada a las fotos de cara que otra gente traía a las audiciones. Hicimos otra cita para que nos fotografiaran, y esta vez, trajimos ropa sencilla y nos pusimos poco maquillaje. Otra vez nos retrataron juntas, pero al final de la sesión, diferentes estudiantes nos pidieron que posáramos para ellos individualmente.

El joven que me lo pidió a mí era de la India. Era huesudo, levemente más alto que yo, de hombros caídos. En una voz suave, deferente, hablaba un inglés musical que al principio no entendí porque me sonaba demasiado rápido. Una vez me acostumbré, me gustaron sus vocales fuertes, expresivas, enérgicas y el modo en que diferenciaba cada sílaba de la otra.

"Mi nombre es Shanti," me dijo, mientras montaba las luces para el retrato.

Trabajamos bien juntos. Era amable y considerado, me dejaba tomar un descanso entre tareas, hacía gestos leves con sus labios o su cabeza o sus dedos huesudos, para pedirme que me moviera o que mantuviera una pose. Fue como si nos hubiéramos conocido de mucho tiempo y al final de la sesión me pidió si era posible hacer algunos exteriores.

"¿La escuela lo permite?" le pregunté.

"Sí, claro," me dijo. "Se supone que aprendamos a hacerlos también."

Nos encontramos ese domingo por la tarde en Central Park. Caminamos un rato y cuando él veía algún fondo bonito, me hacía posar allí. Después de un par de horas, ya tenía suficientes fotos y nos fuimos pero no sin que antes me pidiera que nos volviéramos a encontrar el fin de semana siguiente, esta vez en el Village.

Ése domingo andaregueamos un rato por allí y me retrató cerca de un grupo de *hippies* en ropas extravagantes y con el pelo todo desaliñado. Me sentía incómoda cerca de ellos y se reflejó en las fotos. Los *hippies* le hacían muecas a la cámara, mientras yo posaba muy recatada frente a ellos, con mi cartera apretada contra el pecho. Después me retraté en medio de unos viejitos que observaban un juego de ajedrez. No tenía idea de cómo se jugaba, así es que presté mucha atención para ver si le cogía el golpe. Pero había tan poca acción, que era imposible descifrarlo y cuando levanté la vista para ver si Shanti había terminado con los retratos, mi mirada se encontró con los ojos de mi profesor de matemáticas, Míster Grunwald. Detrás de él, Shanti retrató mi gesto atónito.

"¡Hola!" Míster Grunwald parecía contento de verme, cosa rara, porque en clase no me hacía ningún caso para poder concentrarse en la gente que entendía la multiplicación escalar. Sonrió. "¿Siempre viajas con un fotógrafo?" preguntó. Se lo presenté a Shanti y los tres caminamos por entre las filas de la mesas de ajedrez rodeadas de espectadores, como si el juego realmente tuviera algo excitante. Se rió cuando comenté que no había nada que ver. Al lado de nosotros, Shanti ni hablaba, ni tomaba fotos y yo sentía crecer su mal humor como un globo cuando se llena de aire. Míster Grunwald lo sintió también porque después de un par de bloques, se excusó y siguió su camino en dirección contraria.

"¿Es tu novio?" preguntó Shanti tan pronto vio que Míster Grunwald no podía oírlo.

"No. Es mi maestro de matemática," me ruboricé.

"Veo." Sonaba molesto y a mí me dio coraje. ¿Qué le importaba a él si Míster Grunwald era mi novio o mi profesor de matemática? "Creo que terminamos por hoy," me dijo.

"Está bien." Mire en la dirección que había cogido Míster Grunwald pensando que tal vez podría alcanzarlo.

"Muy bien," dijo Shanti y salió disparado. Desapareció enseguida entre la multitud y yo me quedé allí, sorprendida ante su reacción. En las dos semanas que habíamos trabajado juntos, no se me había ocurrido que el interés de Shanti fuera más allá de lo profesional. Era difícil imaginar que cuando me miraba a través del lente, veía algo más que una modelo. Caminé un rato por el Village preguntándome si quería ser el objeto del afecto de Shanti, además del de su arte. Cuando me di cuenta de que seguía paseando con la esperanza de encontrarme de nuevo con Míster Grunwald, supe la respuesta.

La semana siguiente, Míster Grunwald me pidió que me quedara después de la clase. Mientras los demás salían, me entregó una copia de *Backstage,* con un anuncio de una audición circulado en rojo.

"Vi esto," me dijo, "y me pareció perfecto para ti."

"¿Usted es actor?" Me debí haber imaginado que un hombre tan guapo como él, era del mundo del teatro.

"No," me dijo, "Pero mi *roommate* sí."

Shoshana se había quedado afuera esperándome. Cuando le conté que Míster Grunwald me había dicho que su *roommate* era de teatro, quedó sin habla.

Le pregunté por qué se veía tan desencantada.

"Es homosexual."

"¡Por favor!"

"Piénsalo. Es soltero, vive en el Village y tiene *roommate*."

Me pareció el razonamiento más absurdo que había oído nunca. Si alguien sabía de homosexuales era yo, que estaba rodeada de ellos en las clases de baile, le argumentaba. Pero, no había cómo disuadir a Shoshana. Decía que algunos homosexuales no lo parecen. "A que su *roommate* es . . ." y viraba los ojos, "bien loca."

Había una sola manera de saberlo. Teníamos que ver el *roommate*. Si seguíamos a Míster Grunwald después de clases, veríamos donde vivía. Podíamos echar un vistazo a través de la ventana. O si esperábamos cerca de la puerta, a lo mejor los veríamos salir juntos.

En la excitación de planificar cómo íbamos a seguir a Míster Grunwald sin ser vistas, casi se me olvida para qué me había pedido que me quedara después de la clase. El anuncio para la audición que apareció en *Backstage* pedía una damita joven para una compañía de teatro infantil que estaba en planes de montar una fábula india que se presentaría en Broadway. Era un sueño hecho realidad —un papel que podía representar y en el que podía aprovechar mi tipo y mi entrenamiento. Llamé para pedir cita y me dijeron que no tenía que llevar nada preparado porque leería del libreto.

Si Shanti volvía a hablarme a lo mejor podía coger un acento indio y hasta tirarle dos o tres palabritas en hindú si fuera necesario. Nos encontramos para almorzar y me enseñó las fotos que me había tomado la semana anterior. Me fijé bien en las inflexiones de su voz, traté de recoger el ritmo de su hablar. Se rió de mis intentos de imitar su acento.

"Esto no se aprende en un día," reía. "Toma la vida entera."

La audición era en el Michael's Rehearsal Studio en la Octava Avenida. Había otras actrices esperando antes que yo, pero dos de ellas eran muy viejas para ser damita joven y las demás no se veían tan indias como yo. Me arreglé para verme lo más india posible sin tener puesto un

Sari: el pelo trenzado y dividido al medio, los ojos bordeados de kohl, una gotita de esmalte de uña rojo en la frente.

Cuando me pidieron que pasara, Bill, el director y Vera, la productora, se miraron. Me hicieron dos o tres preguntas sobre mi experiencia previa y me pidieron que leyera del libreto. En la escena, un personaje de nombre Soni, le explicaba al personaje llamado Babu, que estaba prisionera en una torre porque su tío tenía planificado casarla con un rajá. A Soni le permitían salir de la torre a rezar, pero tenía una cadena amarada a la cintura que su tío halaba cuando era hora de regresar.

Tan pronto escuchó mi mal logrado acento indio, Bill me interrumpió y me pidió que leyera con mi acento natural. Vera me pidió entonces, que improvisara una escena en la que un mono entraba por una ventana y le ofrecía a Soni ayudarla a escapar de la torre. Hice lo mejor que pude para parecer sorprendida, asustada, curiosa, agradecida. Al final, Vera me pidió mi número de teléfono y me dijo que se comunicaría conmigo.

Bill y Vera eran muy profesionales y reservados y no me dejaron ver muy claramente si les había o no gustado mi audición. Yo quería hacer el papel de Soni más que nada en el mundo y cuando salí del estudio, revisé en mi mente todo lo que había hecho y dicho, tratando de pensar si había algo más que podía haber hecho para asegurarme el papel. Era sábado, casi la hora de la función de matiné. Caminé por Broadway, pasé por las marquesinas con los nombres de las obras famosas y de los no menos famosos actores, entre los turistas que se quedaban boquiabiertos con los carteles vulgares que había frente a la tiendas de pornografía que competían con los teatros legítimos. Doblé en la esquina y me detuve frente a la fachada chocolate con puertas coloradas de Performing Arts. Apoyé la frente contra el cristal. Las cajas de madera tan familiares estaban amontonadas cerca de los *lockers* en el sótano; los pupitres, acomodados en semicírculo, como si se fuera a montar una escena para la facultad y el estudiantado. Temblaba de la ansiedad y tuve que apoyarme contra las columnas del frente de la escuela cerrada, hasta que me pasó el mareo y se me quitó el temblor.

Colgué el teléfono y me desplomé contra la pared de la cocina. Mami entró en pánico. "¿Qué pasa?"

"Me dieron el papel," me dije a mí misma, incrédula. "Voy a salir en una obra." La miré. "En Broadway."

"¿Eso es bueno?" preguntó. Supo que lo era cuando saqué a Cibi de su corral en el medio de la cocina y la bailé por toda la casa. "Voy a estar en Broadway. Voy a ser una estrella," cantaba. Cibi se rió, me babeó y yo la devolví al corral.

Tata se arrastró desde su esquina en el sótano, Delsa y Norma dejaron el televisor prendido en la sala y corrieron a la cocina, Raymond y Franky llegaron del patio, el resto de mis hermanas y hermanos bajaron de sus habitaciones. La casa estaba llena de la gente que yo quería, ansiosa de escuchar la buena noticia. Sin saber de qué se trataba, mis hermanas y hermanos, mi mamá y mi abuela, podían darse cuenta de que era algo maravilloso, por lo contenta que yo estaba. Les repetí lo que me dijo Vera. La obra era para un público joven. Era una, de un repertorio de obras que se montaban en las escuelas y teatros alrededor del Northeast. La compañía Children's Theater International, había recibido múltiples distinciones y premios por su excelencia y profesionalismo.

Mi familia estaba impresionada. No me preguntaron si me pondría alguna de esa vestimenta extraña que me habían visto antes, o la campanas amarradas en los tobillos, o el punto de esmalte de uñas rojo que había que remover con acetona, en la frente. No me relajaron con los sonidos extraños que salían de mi cuarto cuando practicaba mis bailes indios, que aumentarían ahora que estaría trabajando regularmente. Estaban tan contentos como yo, lo que me alegraba aún más, porque era maravilloso hacer algo que no sólo me hacía sentir bien a mí, sino que hacía sonreír a los demás.

Llamé a Shoshana, a Shanti, a Alma, a Corazón, a todo el que conocía. Se lo hubiera dicho a los extraños también, si me hubiera atrevido.

Los ensayos empezaron esa semana en una buhardilla en Christopher Street en el Village. Algunos miembros del elenco habían actuado en *Petey and the Pogo Stick* y *Hans Brinker*, otras producciones del Children's Theater International. La obra en que saldría yo, había estado en repertorio el año anterior.

"A lo mejor conoces a la muchacha que hizo de Soni," me dijo Vera. "Estuvo en tu escuela. Priscilla López."

"Sí, se graduó un año antes que yo." Me emocionaba hacer un papel que había sido estrenado por Priscilla, una de las actrices más talentosas de Performing Arts cuando yo estudiaba allí. Vera también me dijo que aunque les complacía el hecho de que fuera una bailarina india clásica, mi papel no requería que bailara.

"Hay una escena de baile," añadió, "pero ya tenemos a quién la va a hacer." Me dio pena, pero se me pasó tan pronto leí el libreto completo y me di cuenta de que Soni, mi personaje, tenía un papel más importante en la historia que la bailarina que atendía al rajá.

El papel estelar de Babu estaba a cargo de Allan, un actor y cantante, cuya franqueza y simpatía me conquistaron instantáneamente. En la obra, él rescataba a Soni de su torre en la prisión y no requería demasiada actuación de mi parte, enamorarme de él en cada presentación y permanecer flechada entre funciones.

Allan y Bill se conocían hacía años, habían trabajado juntos y eran buenos amigos. Ambos tenían maravillosas voces entrenadas y con frecuencia les hacía alguna pregunta sólo por oírlos hablar.

El otro miembro del elenco que llegué a conocer bien fue Tom. En la primera escena de la obra, cuando Soni y Babu se conocen, Tom, en su papel de dios-mono permanecía sentado en la posición de loto en un nicho en el escenario. Después de que el tío malvado arrastraba a Soni fuera de escena, Babu rezaba pidiendo un modo de ayudarla a escapar. Cuando Tom abría sus ojos y hablaba, el público gritaba porque no esperaba que la estatua cobrara vida.

Después de los ensayos, con frecuencia me reunía con Bill, Allan o Tom para una cena tarde o un café. Llevaban en el teatro mucho más tiempo que yo y contaban historias simpatiquísimas sobre sus percances y malos ratos en y fuera de escena.

Vera vivía en Westchester County y viajaba para los ensayos. En unos momentos era como una mamá ansiosa y en otros, toda una mujer profesional. Si alguno de nosotros tosía, buscaba en su bolso grande alguna pastillita para la garganta y nos la daba, pero si alguno llegaba tarde, se aseguraba de que entendiéramos que la próxima vez teníamos que ser más responsables. Con frecuencia nos recordaba nuestras obligaciones como actores. "El que hagamos teatro para la niñez, no quiere decir que seamos condescendientes con nuestro público."

Ensayábamos por las noches y los fines de semana y siempre salía del teatro sintiéndome afortunada de estar trabajando con personas tan talentosas y comprometidas. Era divertido improvisar con Allan y con Tom y entonces, trabajar del libreto con Bill, que nos exigía muchísimo, pero nos hacía sentir como si fuéramos la gente más brillante que había dirigido. Con el pasar de las semanas de ensayo, según fui comprendiendo lo que Bill esperaba de mi actuación, el personaje de Soni evolucionó.

"No tan estilizado," me regañaba, cuando trataba de incorporarle movimientos de danza india a la representación que hacía de Soni.

Con el College por la mañanas, el Advertising Checking Bureau por las tardes y el Children's Theater por las noches y los fines de semana, pasaba la mayor parte del tiempo fuera de casa. Veía a Shoshana en clase y con frecuencia almorzábamos juntas antes de irme a trabajar.

No nos olvidamos de Míster Grunwald. Un día lo seguimos en el *subway* hasta su parada en Waverly Place. Era tan fácil seguirlo. Iba totalmente desentendido del mundo que lo rodeaba, parecía estar absorto en profundos pensamientos matemáticos y mantenía los ojos fijos en los obstáculos que pudieran hacerlo tropezar, pero en nada que le quedara más lejos. Una vez entró al *subway*, se sumergió en un libro grueso con una parábola y unas fórmulas en la portada. En el vagón de al lado, Shoshana y yo esperamos hasta que se levantó y se detuvo junto a las puertas. Tan pronto se abrieron, se bajó. Esperamos un momento y entonces lo seguimos a la distancia, tratando de no llamar la atención a pesar de los ataques de risa que nos entraban cada vez que pensábamos en lo que estábamos haciendo. Míster Grunwald subió las escaleras de la estación que conducían hacia la calle y lo perdimos entre la multitud. Pero Shoshana pronto lo divisó en un kiosco comprando un periódico. Dejó caer unas monedas en la mano del vendedor, dobló en la esquina y desapareció.

"Qué raro," comentó Shoshana, mientras mirábamos a escondidas desde la esquina de un edificio hacia una calle de hermosa casas *brownstones* de piedra rojiza, de portales muy cuidados y jardineras en las ventanas. "Tiene que haber entrado en una de esas casas."

"Tiene que haber sido la primera," le indiqué, "no tuvo tiempo suficiente para ir más lejos." No bien había terminado de hablar, de la planta baja que daba a la calle salió Míster Grunwald siguiendo a un perrito blanco, vaporoso y ñoño y con mucha prisa por llegar a una boca de incendio.

"¿Qué te dije?" dijo Shoshana triunfante. Fuera o no fuera Míster Grunwald homosexual, no cabía duda de que su preferencia en perros balanceaba la ecuación —como él mismo hubiera dicho— en dirección de la sospecha de Shoshana. "Un perro de loca," proclamó, virando los ojos, como si yo no me hubiera dado cuenta. "Ay, chica, lo siento tanto," me dijo apenada cuando vio la cara que yo puse.

"No parece la clase de hombre que tendría un perro así," fue todo lo que pude decir.

Shoshana me llevó hasta un restaurante que quedaba cerca y me pidió un tazón de sopa y un sándwich para compensar mi desilusión. Cuando me sentí más fortalecida, hablamos de lo difícil que era encontrar el hombre perfecto.

"Quizás es que somos demasiado exigentes," reflexionó.

"Hubiera podido tener un pastor alemán, por lo menos," dije, obsesionada con la imagen de este hombre magnífico pegado a un perrito ñoño.

Las ventanas del restaurante daban a una intersección congestionada cerca de la entrada del *subway*. Una mezcolanza de *hippies*, gente de negocio, viejitas, ancianos, gente pidiendo, músicos callejeros, desfilaban de arriba a abajo, como para entretenernos. En medio de la descripción de su hombre ideal Shoshana gritó como si la hubieran pinchado. Por la acera, caminando hacia nosotras venía Míster Grunwald, todavía detrás del perrito ñoño y abrazado a la cintura de una pelirroja patilarga. Cada dos o tres pasos se detenían para besarse, lo que fatsidiaba a la gente que venía detrás, que con cara de disgusto tenían que dar la vuelta para no tropezar con ellos.

"El perro es de ella," decidí.

Bill y Allan se morían de la risa cuando les hice el cuento.

"¿Te gustan los pastores alemanes?"

"Por lo menos son perros de verdad, no plumeros andantes." Bill y Allan se miraron y volvieron a reírse. Pasó una semana antes de que yo entendiera dónde estaba la gracia. Un día, Allan tuvo que regresar de prisa a su apartamento en el Upper West Side. Vivía en el segundo piso al fondo de una casa *brownstone* y según fuimos subiendo la escalera, un profundo ladrido que solo podría venir de un perro enorme, llenó el pasillo. "Espera aquí," me dijo Allan. Entró al apartamento en lo que yo lo esperaba en el pasillo. Unos segundos después, abrió la puerta y salió agarrando con la mano izquierda, al pastor alemán más grande que había visto en mi vida. "Este es Tristán," me dijo. El perro me metió el hocico ahí mismo y Allan tuvo que agarrarlo para que no me siguiera empujando contra la pared. "Le gustan las chicas," comentó sonriendo. Le puso la cadena y caminamos medio bloque hasta Central Park, donde Allan jugó con Tristán, mientras yo me quedé recostada de un árbol. Era enternecedor ver el afecto entre ellos, el modo en que el perro le seguía cada movimiento, se detenía si Allan se detenía, se movía cuando Allan lo hacía. Mirándolos me di cuenta de que Allan era el primer hombre, fuera de mi familia, que había querido. Me había enamorado de varios —Neftalí, Otto, Míster Grunwald— pero lo que sentía por Allan era diferente a la fantasías románticas que había tejido en torno a otros hombres. No fantaseaba con casarme con Allan, ni siquiera con besarlo. Quería estar con él para hablar y hacer tonterías y oír sus cuentos. Me encantaba su risa, el modo en que le brillaban los ojos cuando estaba orgulloso o satisfecho. Entre nosotros no había juegos sexuales. De haberlos habido, me habría desilusionado.

Shoshana no entendía mi relación con Allan. Muchísimas veces discutíamos si era posible la amistad entre un hombre y una mujer, sin que hubiera interés sexual. Ella decía que no, yo que sí. O mejor dicho, yo esperaba que fuera posible. No quería pensar que, durante el resto de mi vida, cada hombre que conociera tuviera que ser evaluado como un posible encuentro sexual. Como un ejemplo de mi habilidad para tener amigos varones que no fueran novios, le señalaba mis encuentros frecuentes con Shanti.

"Él está enamorado de ti," insistía Shoshana. "Lo que pasa es que tú te niegas a admitirlo."

La devoción de Shanti por mí me halagaba mucho. Trabajábamos bien en equipo y continuábamos colaborando una con el otro, a pesar de que con frecuencia nos poníamos quisquillosos cuando estábamos juntos. Siempre estaba criticando mi dieta que consistía principalmente de *hot dogs* de carritos, arropados en col agria, acompañados de Yoo-Hoo; *pizza* y uvita, o cremosos palitos de Jacob y café.

"Eres una bailarina," me recordaba Shanti. "Tienes que alimentarte mejor."

"Por los menos, yo no fumo," le replicaba mirando con desprecio su cigarrillo.

Un cálido y soleado día de invierno, nos sentamos en las escaleras de la Biblioteca en la Quinta Avenida, después que él me había tomado una serie de fotos encima de los leones que vigilaban la entrada. "Tú no eres la muchacha más bonita que yo he retratado," admitió, "pero cuando te miro a través del lente, me veo a mí mismo."

"No me austes así," le dije bruscamente.

Cuando a Shanti le daba con ponerse metafísico, yo me ponía bien pesada. Una vez me dijo que nuestras almas estaban conectadas y yo me le quedé mirando como si estuviera loco. "Yo no tengo alma," le solté finalmente.

Se quedó en silencio un rato largo, y entonces habló, casi en un suspiro. "Yo veo tu alma aunque tú no la veas."

Ahora me tocó a mí quedarme muda. Su fe en algo dentro de mí que yo no podía ver, me hacía sentir inadecuada e inmadura. Tuve que defenderme. "Ves lo que quieres ver, no lo que está ahí."

En otra ocasión, insistió en leerme la mano. "Aquí está la línea de la vida," me acarició la curva que está entre el pulgar y el índice que va hasta el pliegue de la mano. "Vas a tener una vida larga," me aseguró. "Pero éstas," dijo, y me señaló unas líneas irregulares, "indican enfermedades."

Retiré mi mano. "Esas son zanganerías," le dije. "No creo en nada de eso." La verdad era que me asustaba pensar que él pudiera saber algo de mí a través de mis manos. Si era así, ¿habría otras señales en la forma de mis labios o cejas, en la manera en que se me rizaba el pelo? Si las había, no quería saber qué significaban. ¿Qué más daba si me quedaban diez, veinte, cincuenta años de vida? ¿O si al día siguiente me iba a pasar un carro por encima? ¿Por qué querría saber lo que me deparaba el destino?

"No puedo predecir qué va a pasar," protestaba, "sólo puedo interpretar lo que ya pasó."

"Eso lo puedo hacer yo," le repliqué.

No importaba lo grosera que yo fuera con él o lo mucho que él me criticara, siempre sacábamos tiempo para estar juntos. Sabíamos que las fotos que tomábamos no eran comerciales y no aparecerían nunca en ninguna revista, ni se reproducirían por cientos como tiros de cara para audiciones. Los fines de semana nos encontrábamos en Central Park, en el Lincoln Center o en el Empire State Building, donde me tomaba fotos en las que yo salía tan remota e inaccesible como era para él. Todas las semanas me entregaba unas cuantas fotos ocho por diez, con brillo, que yo estudiaba como si fueran un rompecabezas, cada rasgo, sombra o línea, una parte de un todo más grande e indefinido. Me sentía protegida por su formalidad, su quietud solemne. Pero me asustaba cuando captaba otra parte de mí, mis ojos suplicándole al espectador algo que yo no podía definir.

Según se fue acercando el día de mi debut en Broadway, me fui acomodando en mi papel de Soni. Hacíamos presentaciones en la escuelas locales, lo que me daba la oportunidad de familiarizarme con la escenografía y de sentirme cómoda con mis dos vestuarios. Bill y Vera tenían planificadas varias presentaciones adicionales después de la temporada en Nueva York y una gira fuera de la ciudad. Preparé a Mami para la posibilidad de que estuviera fuera de casa dos semanas o más con el elenco de *Babu*. Aparte de alguna que otra noche en casa de mis primas Alma y Corazón, y las visitas a Margie en Yonkers, nunca había dormido fuera de casa. Esperaba que Mami formara un lío, pero sólo hizo unas cuantas preguntas sobre dónde iríamos y parecía estar tranquila con esa posibilidad.

A pesar de que el Sr. Grunwald me dio C en la clase, lo invité al estreno. Después de todo, él era el responsable de la audición con que había logrado el papel. Los dos sabíamos que la C era un acto de generosidad, considerando mi progreso negativo en matemáticas o, como él lo llamaba, en pensamiento analítico. Para el trabajo final tuvimos que esbozar una teoría y probarla utilizando la progresión lógica. Yo me enfrasqué en probar que la civilización comenzó en Puerto Rico.

"Pero usted nos dijo que la teoría no tenía que ser cierta," le argumenté cuando discutimos mi trabajo. "Usted lo que pidió fue que la probáramos lógicamente."

"Pero no lo hiciste," sostuvo.

La obra estrenaría y tendría una temporada corta en el Longacre Theater durante las fiestas navideñas. Unos pocos meses antes, Sandy Dennis había protagonizado *Daphne in Cottage D* en ese mismo escenario. Para el primer ensayo general me asignaron su camerino, que ostentaba en la puerta una estrella. Cada vez que abría la puerta, la estrella frente a mis ojos me llenaba de un orgullo, que yo contenía para no parecer demasiado engreída. Quería compartir mi alegría con alguien, sin sonar demasiado vanidosa o echona, así es que le escribí a Papi en Puerto Rico. Le mandé un programa donde aparecíamos Allan y yo con nuestras "coronas reales" y los elaborados vestuarios con bordados y lentejuelas que nos había diseñando Robert de Mora para el final. Le describí las horas de trabajo que tomaba montar un espectáculo, la gente involucrada, la trama fantasiosa. Le conté del camerino, de los espejos del grande de la pared rodeados de luces, del baño privado, las alfombras, el sofá viejito pero cómodo donde tomaba siestas entre funciones. Como no estaba allí para verlo con sus propios ojos, Papi lo veía a través de los míos y por primera vez me alegré de que no viviera con nosotros porque ahora había alguien cuya visión de mi mundo dependía de mi perspectiva.

El escenario del Longacre era enorme. Unas horas antes del estreno, me paré en el centro y miré las filas de butacas vacías y vi, no un teatro vacío sino, un reto. Mi misión era transformar un salón lleno de adultos agotados de hacer compras de Navidad y de niñas y niños inquietos, en un público. Si podía creerme que yo, una muchacha puertorriqueña de Brooklyn era una princesa india, cautiva en una torre, que fue rescatada por un mono, y que se casó con un príncipe, mi público me creería. Si podía hacerlo, podía hacer cualquier cosa.

Mami, mis hermanas y hermanos vinieron a la primera función. Estaba tan nerviosa que lo hice todo volando y para los saludos estaba atontada y exhausta. Cuando regresé al camerino para cambiarme, me recibió un enorme arreglo de flores de parte de Vera y Bill, otro del Sr. Grunwald y un tercer arreglo de Shanti. En unos minutos, el camerino se llenó de gente. Cuando vino trabastidores, Mami también traía flores, aunque un poco marchitas de haber tenido que compartir sus brazos con Franky. Míster Grunwald pasó por el camerino, desde la puerta saludó el barullo y desapareció.

Bill y Vera fueron especialmente atentos con Mami y ella me comentó después, que se notaba que eran personas respetables, serias.

"Cuídeme bien a mi hija," le pidió Mami cuando Vera mencionó la gira.

"Yo soy mamá también," le respondió Vera. "No se preocupe." Mami la abrazó.

Don Carlos trajo a sus hijos. La Muda apareció por allí. Shoshana vino con Josh y Sammy. Shanti me retrató maquillándome y con el vestido de princesa cautiva en la torre.

"Esto no se parece en nada a lo que usan las muchachas indias," se quejó. "Esto es para el harén."

"El diseñador se tomó algunas libertades," le dije, "pero el vestuario sirve bien su propósito en escena y eso es lo que importa." Shanti sacudió los hombros.

Todos los días antes de la función, me bajaba del *subway* que venía de Brooklyn, caminaba despacio por Broadway, y escuchaba la conmoción como si fuera una música maravillosa. La bocinas de los taxis formaban un estruendo. Los turistas chachareaban en una abundancia de dialectos, imposibles de entender, pero familiares. Los Hare Krishnas tintineaban sus cimbales de dedos, aporreaban sus tambores, cantaban su cántico gozoso. Doblaba la esquina y me sonreía con el intrépido Babu en la marquesina del Longacre. Al frente había unos enormes carteles de Allan y míos, de Tom como el Mono-dios, del rajá y de su bailarina. Entraba al teatro por la puerta de los artistas, flotaba como en un sueño hasta mi camerino de primera actriz, y captaba mi imagen en el enorme espejo. No era la muchacha más bonita que Shanti había retratado, ni la actriz más famosa que se había graduado de Performing Arts. Sola con mi reflejo me preguntaba qué me había llevado allí. Estaba agradecida pero no sabía a quién darle las gracias.

"No se veía bien."

Como Vera vivía en Westchester County y estaba a cargo de presentar allí una serie de teatro infantil, organizó varias funciones de *Babu* en las escuelas de su área. El elenco se reunía en el estudio de ensayos y Bill guiaba una guagua Volkswagen crema y marrón bordeando el Río Hudson hacia Scarsdale o Bronxville, Tarrytown o Elmsford, Mamaroneck o White Plains. No nos quedábamos mucho tiempo en las comunidades donde hacíamos las funciones porque el elenco estaba siempre loco por volver a la ciudad. Algunos alegaban que la alergia del polen se les agravaba de sólo mirar los árboles. Otros recordaban su niñez en comunidades similares y se pasaban malhumorados y pensativos todo el camino de ida y vuelta.

El público bien educado y mayormente blanco de Westchester County, contrastaba con la niñez expresiva y franca de las escuelas de la ciudad de Nueva York. Cuando las cortinas se abrían para mostrarme rezando frente a un dios de piedra en el escenario de un auditorio de una escuela de suburbio, se escuchaba un aplauso amable y respetuoso y se percibía una atención intensa. En Brooklyn Academy of Music, en Town Hall o en la escuela de la ciudad de Nueva York, el aplauso de los estudiantes de tercero, cuarto y quinto grado iba acompañado de pitos, gritería y comentarios. Requería mucha concentración esperar mientras las maestras trataban de controlar a los estudiantes que gritaban: "¡Qué buena estás!" o "¡Mami!" o "¡Oye, cosita linda!" Una vez el público estaba más o menos callado, Allan hacía su entrada y descubría a Soni, cautiva, con una cadena alrededor de la cintura. Mientras discutíamos el problema en que me encontraba, una halón me asustaba; el público no podía ver a Bill ni al supervisor de escena arrastrándome fuera del escenario mientras yo le suplicaba a Babu que me ayudara. En los suburbios, éste era el punto de mayor intensidad dramática. En la ciudad, la muchachería gritaba. "Síguela, mano," una recomendación obvia, pero poco práctica en términos dramáticos.

Según se acercaba la primavera, el itinerario de funciones se intensificó y se dio la gira prometida. Tomé un tiempo libre del college y del Advertising Checking Bureau para poder ir a Maine, New Hampshire, Massachusetts. El plan era guiar por el norte hacia Bangor y entonces, ir haciendo representaciones por toda la costa hasta Nueva York. Bill, Vera y el elenco viajaba en la guagua VW, mientras el supervisor de escenario nos seguía en un camión que llevaba la escenografía y el vestuario.

Un domingo por la mañana temprano, nos encontramos todos en la esquina de la 55 y Sexta Avenida. La consabida guagua VW estaba estacionada en la esquina y detrás de ella, el camión alquilado.

"¡Nanook del Norte!" bromeó Allan cuando me vio, emburujada como si nuestro destino fuera el Polo Norte y no Nueva Inglaterra. Estábamos a mediados de marzo y aunque en Nueva York empezaba a florecer, había consultado varios periódicos regionales en el Advertising Checking Bureau y sabía que había que prepararse para mal tiempo, desde nieve y agua-nieve hasta lluvias torrenciales.

El elenco negoció dónde sentarse, un proceso que Vera comparó con el de sus cuatro hijos porfiando sobre quién iba a ir al frente, quién necesitaba parar frecuentemente para ir al baño y quién se tenía que sentar junto a la ventana porque si no, vomitaba. Fuimos despojándonos de la ciudad según avanzábamos hacia el norte por la Interstate 95. Cada vez que aparecía el letrero de una salida conocida, alguien hacía un cuento de teatros y repertorios de verano, o de las peripecias de quedarse varado en New Haven en plena tormenta, o de las obras que se hacían en las afueras que nunca llegaron a la ciudad. Lee, que hacía el papel de la nodriza de Soni, empezó una ronda de canciones de campamento, que yo no sabía. Mientras todos cantaban, yo marcaba el ritmo dando palmas o silbaba.

Nos deteníamos a comer en *diners* que quedaban a veces a cinco o diez millas de la autopista. Millie's Coffee Haus, Aunt Polly's Place, The Towne Line Diner, The Harbor View (sin agua a la vista) —todos, ofrecían enormes platos de una comida deliciosa y barata. Éramos un grupo de tomadores de café y generalmente entrábamos a los *diners* con la agonía del síndrome de la abstinencia de la cafeína que nos ponía irritables e impacientes hasta que el líquido negro y oloroso nos llegaba al sistema. Las camareras veteranas reconocían nuestra mirada aturdida tan pronto entrábamos olfateando desesperadamente el aire. No nos preguntaban si queríamos café. No bien nos sentábamos nos servían la taza llena, entonces nos entregaban un tentador menú con una larga lista de opciones. En la parte de atrás del mostrador, había unas vitrinas refrigeradas llenas de doradas tartas de manzana, tartas de limón y merengue, crujientes *cobblers* de frutas, pudines, tapioca cremosa. Con excepción de Lee, que era una vegetariana estricta, el resto éramos comensales indiscriminados, deseosos de probar las especialidades locales, como la leche con café de Rhode Island, la sopa de almejas y crema de Massachusetts, las almejas de New Hampshire, los mariscos al vapor de Maine.

Pasamos nuestra primera noche en Lewiston, Maine. Bill y Vera estaban nerviosos en cuanto a cómo serían los arreglos de alojamiento en los *bed and breakfast* locales. Sus temores se disiparon cuando llegamos a una hermosa residencia Victoriana en los altos de una loma.

"Parece una casita de libro de cuentos," exclamé encantada con las cortinas de encaje en las ventanas, los aleros profusamente adornados, la puerta de cristal con un diseño grabado. La dueña de la casa, una mujer de tez rosada llamada Misis Hoch tenía el fuego encendido y unos panecillos en el horno. Lee, Allan y yo nos quedamos con ella; el resto del elenco y el *crew* se quedaron cerca, en otras casas.

Fuimos a cenar a un restaurante local. Tan pronto entramos, me di cuenta de cuánto sobresalíamos del resto de los parroquianos, diez nuyorquinos en vestimenta urbana. Yo era la persona más oscura en aquel lugar, y las miradas que recibí fueron como dardos. La camarera arrimó un par de mesas, mientras nosotros esperábamos amontonados en la puerta. Me sentía avergonzada por la conmoción que habíamos causado, consciente de que éramos forasteros en esa pequeña localidad. Cada movimiento nuestro era observado por las personas de allí, que parpadeaban y cambiaban la vista cuando alguno de nosotros las miraba. Hice hincapié en sentarme entre Allan y Bill.

"Me siento tan oscura," murmuré. Bill sonrió y me pasó el brazo. El color de mi piel era algo que yo notaba todo los días cuando me desnudaba para ducharme o bañarme. Cuando me probaba ropa nueva, el color de mi piel determinaba si podría usar ciertos verdes o amarillos. El negro me hacía ver más pálida, el blanco tenía el efecto contrario. El rosa subido me daba un rubor saludable, mientras que ciertos azules creaban sombras cenizas alrededor de mis ojos y labios. Era importante para mí saber estas cosas a la hora de escoger los vestuarios porque en Performing Arts nos habían enseñado que la selección de color que hacía un personaje decía mucho sobre él. Los principios que había aprendido allí, se colaban en la selección de mi ropa de diario. Prefería los colores tropicales, brillantes, pero evitaba los estampados llamativos. Más allá del color de mi ropa no había nada de su estilo que me hiciera sobresalir. Mis faldas nunca eran demasiado cortas, ni mis pantalones muy pegados, ni mis blusas demasiado escotadas. Así es que era el color de mi piel, pensaba, lo que llevaba a la gente en Lewiston, Bangor, y Portland, en New Hamphire, Massachusetts Rhode Island y Connecticut a quedárseme mirando. Dondequiera que parábamos a representar nuestra fábula india, yo era la persona de piel más oscura en el salón, en el *diner*, en la escuela, en la tienda, en todo el pueblo.

"Debo ser la única puertorriqueña que ha estado jamás en Woonsocket," bromeé una vez, después de una visita particularmente tensa a un *diner*. Los otros se rieron pero nadie dijo nada más. El color de mi piel o mi origen puertorriqueño no eran tópicos de las conversaciones locuaces en la guagua VW o en las comidas. Así como los demás daban por sentada su blancura, yo tenía que hacer lo mismo con mi piel oscura. Sólo que a ellos no se les quedaban mirando como a mí.

Al principio me intimidaba tanta atención. Según fuimos avanzando en la gira, me volví desafiante, interpretaba las miradas como un reto y en los restaurantes me aseguraba de sentarme donde todo el mundo pudiera verme, una cara oscura entre las claras. Cuando eso no alteró el modo en que me sentía, decidí educar a la gente sobre Puerto Rico. Una mañana de fríos vientos en Salem, Massachusetts, me hacía recordar los tibios amaneceres del campo puertorriqueño. Caminando por la orilla del mar en Newport, Rhode Island, con mis compañeros actores, sentía el impulso de describir la Bahía de San Juan. Una porción de arroz *pilaf* al lado de mi *meatloaf* suscitaba recuerdos del arroz tierno y sueltecito de mi mamá. Aprovechaba cualquier oportunidad para hablar de Puerto Rico y de los puertorriqueños, aún cuando el tema de conversación no tuviera nada que ver ni con la etnicidad ni con la cultura. Las camareras, los guardias escolares, el portero de uno de los hoteles donde nos quedamos, el dependiente de la farmacia donde fui a comprar toallas sanitarias, el cajero de L. L. Bean —todos se enteraron de que yo era puertorriqueña, de que Puerto Rico estaba en el Caribe, de que los puertorriqueños somos ciudadanos americanos de nacimiento, de que hablamos español como primer idioma, de que el inglés es requisito en nuestras escuelas. Sí, había muchos puertorriqueños en Nueva York, pero también había muchos en otras ciudades como Chicago y Miami. Si lograba cambiar lo ignorante que eran sobre mí, tal vez podrían mirar al próximo puertorriqueño que pasara por allí con respeto en lugar de con sospecha.

Cuando terminó la gira y regresamos a Nueva York, me sentía como una mujer de mundo. Había atravesado el vasto horizonte de los Estados Unidos que no podía ver desde el suelo, pero el viaje me dejó cautelosa de aventurarme más lejos en el continente. ¿Cómo sería si, como habían planificado Vera y Bill, nos íbamos de gira por el sur? ¿Me podrían prohibir la entrada a los restaurantes? Yo sabía que había leyes que no lo permitían, gracias en parte a Martin Luther King, Jr., cuyo retrato colgaba en nuestra sala. Pero también sabía que las leyes no significaban nada para la gente que odia. Yo no era negra; yo no era blanca. Ese intermedio racial en el que existía hacía que la gente me evaluara en el acto. Sus ojos parpadeaban, mientras sus cerebros calibraban el nivel de pigmentación que estaban dispuestos a tolerar. ¿Es lo suficientemente clara para ser blanca? ¿Es tan oscura como para ser negra? En Nueva York yo era puertorriqueña, una identidad que cargaba en sí misma todo un cuadro de estereotipos negativos que yo batallaba por superar. En otros lugares donde había menos puertorriqueños, de dónde venía era lo de menos. Simplemente, era demasiado negra para ser blanca, demasiado blanca para ser negra.

Las semanas siguientes fueron un torbellino, tratando de ponerme al día. Había faltado al *college* quince días y regresé a hacer montones de asignaciones que había perdido y a leer cientos de páginas para alcanzar a mis compañeros. En Advertising Checking Bureau, una intimidante estiba de recortes de periódicos esperaba encima de mi escritorio a que los examinara y los aprobara. La Sra. Davis sonreía mientras yo hojeaba rápidamente las páginas sin detenerme a ponerme al día de los últimos acontecimientos en Grand Rapids, Michigan, o Baraboo, Wisconsin.

Shanti llamó para ver si nos poníamos de acuerdo para hacer más sesiones de fotografía, pero no pude. Había dejado la escuela de fotografía para aceptar un trabajo en un laboratorio haciendo ampliaciones de las fotos de otra gente. "Ahora puedo revelar a color," me dijo orgulloso.

Hicimos unas cuantas presentaciones más de *Babu*; entonces, llorosos y tristones, nos despedimos por el verano y nos regamos en diferentes compañías de repertorio lejos de Nueva York. Bill y Vera nos prometieron trabajo para el otoño y una gira en el área de Washington, D.C. Pensaban añadir otra producción al programa, esta vez era una fábula japonesa con una parte para damita joven.

Planifiqué dedicarme a estudiar y a trabajar en el verano para poder tomarme libre el semestre para actuar en *Babu* y —esperaba— que también en la nueva producción. Uno de los cursos que cogí, Historia del Arte, requería que visitara algún museo semanalmente. A veces arrastraba a alguna de mis hermanas para que fuera conmigo —generalmente Edna, y nos pasábamos la tarde del sábado o el domingo mirando obras que ninguna de las dos entendía. En casa, escribía un ensayo sobre la obra de arte asignada esa semana. Mis fines de semana se llenaron de estrés porque aunque me gustaba el arte, no podía explicarlo. De vez en cuando Mami y Tata me tocaban a la puerta del cuarto porque escuchaban quejidos. Era yo, frustrada por el reto de la pinturas ante las cuales reaccionaba emocionalmente, pero no encontraba nada que decir.

"Si el artista quería decir algo más que lo que está en el cuadro," discutía con la profesora, "debió haber sido escritor, no pintor." Ella insistía en que la pintura estaba llena de claves vitales y sutilezas que revelaban su significado, pero que cada detalle tenía que ser estudiado individualmente.

"Si te colocas frente a una pintura el tiempo suficiente," me aseguraba Miss Prince, "su sentido se te irá aclarando."

Un domingo por la tarde, mientras observaba cuidadosamente los puntos de Seurat, se me acercó una mujer. "Siento molestarla," sonrió dulcemente, "¿pero tiene usted idea de cómo llegar al restaurante desde aquí?" Tenía el pelo rubio peinado en "tisin" al estilo *bouffant* que había hecho famoso Jacqueline Kennedy, ocho años antes.

Saqué de mi cartera el folleto con un mapa de las galerías del museo y le tracé la ruta que debía seguir hasta el primer piso. Mientras estábamos inclinadas sobre el mapa, se acercó un hombre. "Hola," sonrió. Obviamente, estaba emparentado con ella, tenía los mismos ojos alertas, el pelo color arena, la sonrisa simpática y el melifluo acento sureño. Ella me lo presentó como Avery Lee, su hermano, y se presentó a sí misma como Patsy. "Usted ha sido tan amaaable," dijo, estirando la palabra hasta que pareció interminable. "¿Nos acompaña a tomar un café?"

Bajamos la escaleras y ella me dijo que vivía en El Paso. "Pero me encanta venir a Nueva York," dijo, "a los museos, los restaurantes maravillosos . . . ¿Usted vive aquí?"

Para cuando llegamos al primer piso, Patsy ya me había sacado que vivía en Brooklyn, que era soltera, estudiante universitaria, bailarina y actriz. "¡Santo Dios!" exclamó efusivamente, "usted sí que tiene una vida muy interesante." Según llegamos a la fila de la cafetería, se acordó de que tenía que llamar a su esposo. Le indiqué dónde estaban los teléfonos y me quedé sola con Avery Lee, que nos había seguido atento y silencioso todo el tiempo que Patsy estuvo sacándome mi historia.

"¿No deberíamos pedirle algo?" sugerí, pero Avery Lee contestó que él no sabía lo que a ella le gustaba. Los minutos siguientes fueron medio incómodos mientras yo esperaba a que Patsy regresara.

"Tengo que ser honesto con usted," me confió Avery Lee. "Ella no va a regresar."

"¿Por qué no?"

"Porque así fue que lo planeamos."

Si no hubiésemos estado en un lugar público como la cafetería del Met, hubiera entrado en pánico. "¿Que quééé? ¿Qué quiere usted decir?"

"Usted llevaba mucho rato frente a esa pintura," me dijo. "Me paré al lado suyo pero usted siguió mirándola y mirándola."

"Estaba haciendo mi asignación," le admití.

"No la quise asustar, así es que le pedí a Patsy que me ayudara."

"¿Ustedes son familia?" le pregunté.

"Claro que sí. Ella es mi hermana." A pesar de su treta, había algo en Avery Lee, una franqueza que me gustaba, y su acento, tan lento y claro, me traían el recuerdo del adorable Sr. Grunwald. Avery Lee, sin embargo, no se parecía en nada a mi maestro de matemáticas. Físicamente, se parecía más a Otto —grande y musculoso, con labios finos y definidos y quijada cuadrada.

"Usted probablemente sepa qué espectáculos pueden verse en Nueva York, como usted es actriz." También estaba bajo la impresión de que yo podía recomendarle los mejores restaurantes. Tuve que admitirle que la vida cultural de la ciudad era algo sobre lo que yo leía, pero no participaba debido a su alto costo.

"Entonces, puede ser nuestra guía," sugirió. "Usted sabe a donde ir y estamos aquí para pasarla bien." Cuando yo vacilé, él insistió. "Anímese. Patsy tiene a su esposo y yo estoy aquí por mi cuenta. Usted puede ser mi acompañante," sonrió.

Le dije a Mami que había conseguido un trabajo como guía de un turista tejano. A la mañana siguiente aparecí en el edificio de apartamentos donde Avery Lee y Patsy se estaban quedando con unos amigos. El portero me anunció y al rato, Avery Lee bajó solo. Cuando pregunté por Patsy me contestó que tenía migraña. Visitamos el Empire State Building, el Museo de Arte Moderno, el Lincoln Center. Almorzamos en el Waldorf Astoria. Él quería cenar en el Plaza, pero yo no estaba vestida apropiadamente, así es que fuimos a Bloomingdales.

"Avery Lee, no me siento cómoda con que me compres ropa," protesté. "Voy hasta casa y me cambio." Pero de ninguna manera aceptó.

Escogí un vestido sencillo que estaba en especial, pero después tuvimos que comprar zapatos y una cartera en combinación. Me debatía entre el placer de compar lo que con mi propio dinero no podía, y la preocupación por el costo que yo sabía que tendría.

"Sé lo que estás pensando," me leyó la mente, "pero créeme, me encanta hacer esto por ti. Me encanta verte sonreír."

Así es que sonreí por todo el Departamento de Juniors donde Avery Lee me compró un ajuar completo para el día siguiente, cuando iríamos a ver *Man of La Mancha*, y un bikini y una bata de playa que me pondría para la playa el día despés.

Resultaba raro llegar a un restaurante de lujo con los paquetes, pero eso fue lo que hicimos. La luz de las velas, el vino que pidió para la cena, su hablar lento, todo era embriagante. Tuve que excusarme dos o tres veces para ir al baño de damas, donde apoyaba la cabeza contra las losetas frías hasta que me dejaba de dar vueltas y podía hablar sin arrastrar las palabras. Después de cenar, caminamos cogidos de la mano alrededor de la fuente frente al hotel. El último hombre que había besado había sido Otto, hacía ya año y medio. Avery Lee besaba con igual pasión y sus manos también se corrían, como las de Otto.

"Voy a pedir una habitación," ofreció Avery Lee y caminó hacia el Plaza.

Ahí se me quitó el mareo enseguidita. "No, más vale que me vaya a casa." Entrecerró los ojos como si las luces de la fuente no hubieran sido lo suficientemente brillantes para verme. Se viró, se metió las manos en los bolsillos, se alejó de mi dos o tres pasos y yo esperaba que en cualquier momento pateara el piso, bajara la cabeza y dijera, "¡Ay, contra!"

"¿A tu casa?" preguntó, como si fuera una palabra recién acuñada.

Balbuceé que el *subway* se ponía peligroso si esperaba hasta más tarde. Mis paquetes estaban todavía en el hotel, pero yo no me atrevía a entrar con él de nuevo, no fuera a ser que flaqueara y accediera a subir con él. Esperé afuera en lo que los buscó. En mi mente oía la voz de Shoshana, "¡So idiota! ¡Es un millonario tejano!" Perder la virginidad en el Plaza hubiera sido el final perfecto para un día perfecto, pero no me atreví. Mientras Avery Lee me acompañaba hasta la estación del tren, abatido y callado, sentí que tenía que darle alguna explicación.

"Debes saber que yo nunca antes he estado tan cerca de entregarme a alguien," le confesé.

Sonrió, me besó en la frente y me entregó mis paquetes. "Te veo mañana," me dijo.

Durante los próximos tres días nos encontramos, comimos, vimos obras de teatro, caminamos por Central Park, nos besamos a la menor provocación. Llovió el día que se suponía que fuéramos a Jones Beach, así es que nos fuimos mejor al cine. "¿Eso es lo que le dicen *petting*, verdad?" le pregunté después de una escena de besos y caricias particularmente caldeada.

"Sí," jadeó.

"¿Cuál es la diferencia entre *petting* y *necking?*" le pregunté y él me hizo la demostración. Todas las noches trataba de que me fuera al hotel con él y todas las veces, me resistí. Una noche me acompañó todo el trayecto hasta Brooklyn. Nos besamos, nos hablamos, nos volvimos a besar.

"Vente conmigo a Texas," me ofreció cuando el tren se estaba acercando a mi estación. "Te consigo un apartamento, un carro, lo que tú necesites."

"¿Me estás pidiendo que sea tu amante?" le pregunté coqueta porque estaba segura de que estaba bromeando.

"¡Así mismo!" Sonrió, pero esta vez no sentí el encanto.

"Si vas a pasar todo ese trabajo, ¿por qué no te casas conmigo de una vez?"

"No se vería bien," confesó, "que yo tuviera una esposa española."

Quedé tan estupefacta que por poco se me pasa la parada. Las puertas traquetearon al abrirse y estaban a punto de cerrar cuando yo salté y salí demasiado rápido para que Avery Lee me alcanzara. El tren siguió y lo dejó todavía sentado en el banco de plástico, boquiabierto con mi agilidad.

Tengo que haber malinterpretado. Él no puede haber querido decir lo que dijo. Ni una sola vez en estos últimos días había sentido yo que la impresión de Avery Lee sobre mí estuviera matizada por el estereotipo de la Latina caliente. Yo era la virginal María de *West Side Story*, pero él me veía como la promiscua Anita.

Caminé hasta casa por las oscuras calles de Brooklyn, entré, me puse la piyama y me acosté boca arriba a mirar la oscuridad. Estuvo mal aceptar la ropa que me compró, las cenas, el teatro, el paseo romántico por Central Park en el coche tirado por caballos. Besarlo y acariciarlo estaba bien, me explicó Shoshana, mientras no fuera sólo para incitarlo, sin llegar más lejos. Pero yo me sentía abochornada de lo cerca que había estado de enredarme con él en una cama.

Por la mañana temprano me llamó y me rogó que nos encontráramos. "Déjame explicarte," me dijo, y yo accedí a encontrarme con él en una cafetería cerca de mi trabajo.

"No sonó bien," gagueó tan pronto nos sentamos, "la manera en que lo dije."

"¿Puedes hacerlo sonar mejor?" Estaba decidida a hacerlo retorcerse, como lo había hecho yo toda la noche recordando sus besos y sintiéndome sucia y usada.

"¡Demonios!" exclamó, y se ruborizó cuando los clientes de la cafetería se viraron a mirarnos. Se inclinó hacia mí. "Mi papá ha tenido una mexicana veinte años," me dijo. "La quiere más que a su vida," añadió.

"¿Una qué mexicana?" le disparé.

"Estoy siendo honesto contigo," contestó resentido.

Me picaban los ojos y me estaba dando trabajo respirar. Debajo de la mesa las manos me temblaban con ganas de estrangularlo. Pero él era impenetrable a mis emociones. Suavemente giró mi cara hacia la suya. Murmurando me dijo que tenía ambiciones políticas, que tenía que casarse con una "niña bien de Texas," de familia prominente. Alguien que pudiera ayudarlo a salir electo. "Demonios" volvió a exclamar, "echándose para atrás de nuevo, "el mismo LBJ lo hizo. El matrimonio no significa nada."

Me levanté y recogí mis cosas. "Yo no quiero ser tu amante," le siseé. "Ahora mismo, ni siquiera quiero estar en el mismo sitio que tú."

"Siéntate," me ordenó Avery Lee. "Todo el mundo nos está mirando."

Me senté, vencida. Era demasiado tarde para hacer una salida dramática o para hacerme la santurrona. Avery Lee apuntó un número de teléfono en su tarjeta de presentación. "Esta es mi línea privaadaaa." ¡Ay, esas vocales tan largas! "Llámame cuando cambies de opinióoon." Me quedé mirando la tarjeta, su tonta cara esperanzada. Tenía ganas de escupirla. Se puso de pie y me ayudó a levantarme de mi asiento y caminó conmigo hasta el Advertising Checking Bureau que quedaba a medio bloque de distancia. En el ascensor trató de besarme, pero yo me retiré. Cuando se abrieron las puertas cogí aire, enderecé los hombros, me tragué el dolor que me apretaba la garganta y me hacía cosquillas en los ojos. Según fue subiendo el ascensor, absorbí el insulto de Avery Lee tan plenamente como absorbe la tinta el papel de periódico. Quizá era demasiado orgullosa y ambiciosa. Quizá los años en Performing Arts, el adiestramiento en baile exótico, el trabajo de cine, el espectáculo en Broadway, me habían hecho desarrollar una opinión de mi misma más elevada de la que merecía. Quizás Avery Lee vio lo que era realmente; una muchacha "española" lo suficientemente buena para acostarse con ella, pero no para casarse.

Esa noche saqué las fotografías que me había tomado Shanti y las estudié. En una, estaba sentada en la grama, mi cuerpo hacia la cámara, mi cara en perfil altivo, la mirada hacia el horizonte lejano. Tenía una pañoleta amarrada alrededor de la frente —la diadema de Cleopatra. Cuando Shanti tomó esa foto, me había hecho aguantar la pose mucho rato. "Quieta," me murmuró una y otra vez, hasta que tuve que dejar de respirar para complacerlo.

En otra foto aparecía reclinada hacia la pared de granito en la punta del Empire State Building. Detrás de mí, Brooklyn parecía flotar en una densa nube gris como un simulacro de ciudad, nada excepto unos pálidos rectángulos y unas manchas magulladas. Entre Brooklyn y yo, el East River era una plancha plana y helada. La foto fue tomada una fría mañana de mucho viento, justo cuando el sol atravesaba las nubes de modo que una parte de mí estaba sobrepuesta y la otra, medio oscura. Tenía una expresión desolada, como si acabara de escuchar una mala noticia.

Según fui hojeando el portafolio de mi natimuerta carrera de modelaje, no me vi a mí misma. Vi a la muchacha española de Avery Lee, seria pero triste, con ojos cautelosos y en cada retrato, sola, los bordes de la foto encasillando soledad.

Unos días depués, en la Quinta Avenida, mientras me inclinaba hacia la guagua que se acercaba, un hombre me tocó el hombro y me preguntó cómo llegar a Rockefeller Center. Me viré y me encontré con los ojos verdemar de Jurgen que no estaba, en realidad, perdido sino cautivado por mis pupilas color marrón.

"Yo sé donde queda," me admitió. "Hay un restaurante allí. ¿Me acompaña a tomar un té?"

Seguí a Jurgen hasta el restaurante en la planta baja de Rockefeller Center que en el invierno daba a una pista de patinaje pero en el verano tenía unas mesas cubiertas con sombrillas brillantes.

Jurgen hablaba un excelente inglés con un acento encantador. Cuando cometía algún error gramatical o de pronunciación se daba en los labios con el dedo índice y el del corazón, como si la culpa fuera de los labios y no del cerebro. Había nacido en Hamburgo, pero no vivía allí. "¿Dónde, entonces?" le pregunté.

"Por todas partes," rió.

Su piel era translúcida, la superficie suave y uniforme. Los labios con frecuencia se entreabrían en una sonrisa pícara que dejaba ver unos dientes pequeños y chatos como si le hubieran limado los bordes.

Como mucha gente en Nueva York, Jurgen estaba de paso. Me invitaría a un té en Rockefeller Center y de ahí regresaría a Alemania o a donde quiera que fuera su próxima parada.

"Los Ángeles," dijo. "Después Egipto."

"¡Qué divino!" suspiré, y él se rió.

Seguimos hablando y yo caí en las mismas respuestas ambiguas de siempre a las preguntas típicas. Pero Jurgen escuchaba con cuidado, pedía detalles que nadie más se molestaba en pedir. Antes de que el mozo volviera a llenarme el vaso de té, ya le había contado a Jurgen todo lo que había que saber de mí, incluyendo que era virgen, que no me dejaban salir con muchachos hasta que me casara y que recientemente, me habían ofrecido una posición como amante de un millonario tejano demasiado ambicioso para casarse con una "muchacha española." Me escuchó, rió, me miró con dulzura y preocupación. Cuando se me salieron las lágrimas, sacó un pañuelo del bolsillo y me secó los cachetes. Cuando me estaba secando las lágrimas, me dio vergüenza haberle dicho tanto y me excusé un momentito, con la intención de salir por la otra puerta y caer en el *subway*. Pero, primero tenía que ir al baño, lavarme la cara, peinarme, ponerme *lip gloss*. Cuando salí, Jurgen estaba en el pasillo que daba a los baños. "Pensé que te habías perdido," me dijo. Me guió hasta la calle y caminamos por la Quinta Avenida hacia Central Park. En la Calle 59 me cogió la mano y para cuando llegamos frente al Plaza en la 59 con Quinta, su brazo rodeaba mis hombros y el mío, su cintura. Paseando por Central Park le conté que el último alemán que me había cogido la mano me había salvado de morir aplastada por un camión. Él bromeó diciendo que los alemanes eran muy oportunos.

Le pregunté dónde había nacido y me contó de su niñez en Hamburgo. Su mamá y su papá todavía vivían allí, me dijo, pero hacía algunos años que no los veía. Me preguntó si extrañaba a mi papá y por poco rompo a llorar de nuevo.

"Tú debes pensar que soy una llorona," me disculpé.

"No," me acarició el pelo, "es tierno." Era fácil estar con Jurgen, hablarle sobre asuntos que nunca había compartido con nadie, excepto con Shoshana. De vez en cuando, me acordaba que lo acababa de conocer y me preguntaba qué sería lo que tenía que me hacía sentir como si lo hubiera conocido de años.

Caminamos hacia un restaurante frente a Lincoln Center y Jurgen me presentó a Donny, el *bartender*, con quien se estaba quedando en su apartamento.

"¿De dónde eres?" le pregunté cuando oí su acento.

"De Irlanda," rió. Tenía el pelo negro y los ojos azules, era más bajito que Jurgen, llenito, un poco mayor aunque decía tener la misma edad, veintinueve. Él y Jurgen intercambiaron algunas palabras en alemán. Me di cuenta de que Donny había dicho algo de mí por la mirada cariñosa, orgullosa que me dio Jurgen.

"¿Dónde aprendiste alemán?" le pregunté a Donny. Los hombres se miraron.

"Éste habla un alemán terrible," rió Jurgen. "Como un niño de primaria." Donny se sonrojó. Charlamos otro ratito y entonces, Donny nos invitó a venir con él y la novia a Jones Beach al día siguiente. Cuando titubeé, Jurgen se ofreció a llamar a mi mamá y a sacarme permiso.

"No, está bien," le dije, segura de que se estaba burlando de mí.

Jurgen dijo que tenía un compromiso y me pidió que lo acompañara hasta casa de Donny en lo que se cambiaba.

"No puedo," le dije, "tengo que irme a casa."

"No me va a tomar mucho rato," insistió Jurgen. "Es aquí cerquita." Desde su puesto detrás del bar, Donny me animó a que fuera. "No te preocupes, él es un hombre decente. No te va a hacer nada. Te doy mi palabra."

"Te acompaño hasta la esquina," le ofrecí. Cuando llegamos allí, Jurgen me cogió la mano y me fue llevando por la acera. "De verdad me tengo que ir," protesté. "Mi mamá se va a preocupar."

"Me va a tomar sólo un minuto ponerme el traje," me dijo Jurgen.

El apartamento quedaba a dos bloques, en un edificio de ladrillos amarillos que no tenía portero, pero sí, dos puertas de seguridad. Adentro, el pasillo ancho estaba oscuro y fresco, las paredes y los pisos cubiertos con unas losetas color mostaza que le hacían eco al tac tac de nuestros pasos camino al ascensor. Subimos al quinto piso, uno al lado del otro. El corazón se me quería salir según iba revisando en mi mente cada patada y cada golpe que mi primo Paco, el luchador, nos había enseñado a mí y a mis hermanas por si acaso alguna vez teníamos que defendernos.

El apartamento quedaba al final de un pasillo largo que tenía una ventana que daba hacia el Hudson. Adentro había dos habitaciones muy recogidas, con pocos muebles y una cocina como las que tienen los aviones, sin platos, ollas o comida a la vista.

Tan pronto entramos, Jurgen trató de besarme. Me resistí pero después pensé que si me dejaba besar a lo mejor él se tranquilizaba y yo podía escapar. Fue delicado, no se me pegó, ni me puso las manos donde no debía. Dio un paso atrás, me cogió la mano y la besó reverentemente. "Estamos hechos el uno para el otro," dijo.

"¿Ah?"

Me miró a los ojos. "Cásate conmigo."

"¿Perdón?"

"Cásate *conmigo*," y se dio con la mano en el pecho como si hubiera etado diciendo, "Yo Tarzán, tú Jane."

"¿Tú tienes que estar bromeando?"

"Hablo en serio."

No pude controlar la pavera que me dio. Estaba delante de mí, con mi mano en la suya y la sonrisa pícara en los labios. Se me ocurrió entonces que podía ser un psicópata y que no era muy buena idea reírse de él.

"¿Sí?" apuntó.

"Nos conocimos hace tres horas," le recordé.

"¿Sí?"

Quería salir viva de allí. "Está bien, vamos a casarnos."

"Magnífico." Me abrazó, me besó los ojos, la frente. "Mi esposa."
Ahora, pensé, cuando trate de llevarme al cuarto le doy una patá' y salgo
corriendo. Jurgen me soltó y se echó para atrás. "Me visto ahora," dijo.
"Espera un momento, por favor." Arrastró una silla desde donde estaba
contra la pared y la sostuvo en lo que me senté. No muy buena idea,
pensé. Me va a amarrar a ella. "Perdóname un momento," dijo Jurgen y
fue hasta el cuarto. Me quedé sentada en la orilla de la silla, a menos de
diez pies de la puerta entreabierta, calculando el mejor momento para
escapar. Salía y entraba de mi campo de visión según se iba cambiando
la camisa, poniéndose la corbata, la chaqueta. Cada vez que yo estaba a
punto de brincar y salir corriendo, él se viraba y me sonreía. Se peinó y
se paró en la puerta del pasillo. "Vamos a decírselo a Donny," me dijo.

Brinqué de la silla al pasillo, confundida, pero contenta de que
pronto estaríamos afuera y yo podría salir corriendo. Cuando estábamos
bajando, Jurgen habló del tiempo que llevaba esperando a la chica ideal
y lo afortunado que era de haberme encontrado. Declaró haberse enamorado de mí mientras yo estaba parada en la esquina de la Quinta,
cerca de la 48. "Yo no soy hombre impulsivo," insistía, "pero yo sigo,
¿cómo dice? instinto."

Nos casaríamos en los Estados Unidos, sugirió Jurgen, viajaríamos
a Alemania a conocer su familia y después nos iríamos a vivir a Egipto.
Era la conversación más surrealista que había tenido con alguien que no
viviera dentro de mi cabeza. Cada fantasía del príncipe azul que había
imaginado se estaba haciendo realidad. Como si de verdad existiera el
amor a primera vista, el romance, hombres inteligentes y encantadores
con dinero, dispuestos a gastarlo en mí, hasta a casarse conmigo. "¿Tú
sabes bailar?" pregunté, segura de que había alguna falla en esta trama
demasiado perfecta. Para probar que sabía, Jurgen me "tangueó" por la
puerta de entrada al restaurante donde estaba todavía Donny detrás del
bar sirviéndole a unos cansados hombres de negocio.

"¡Casarse!" Donny alzó las cejas tan alto que se le desaparecieron
dentro del pelo negro. Cuando se recuperó, felicitó a Jurgen. "Te dije

que era un hombre decente," guiñó un ojo. "Ahora tengo que proponerle matrimonio a Laryssa," dijo haciendo una mueca, y nos reímos.

Jurgen tenía que irse a su reunión y me pidió que lo esperara allí con Donny hasta que regresara y entonces celebraríamos nuestro compromiso con una cena y champán.

"Jurgen," empecé, a punto de decirle que el juego ya había ido demasiado lejos, que yo no quería casarme con él —ni con nadie—a quien sólo conocía hacía, déjame ver, cuatro horas. Lo que me salió fue, "Tengo que llamar a mi mamá."

"¿Hablo con ella?" me ofreció Jurgen con ojos serios. Fue entonces que supe que su petición no era juego.

Jurgen se quedó delante de mí esperando una respuesta. Tenía los ojos verdes de Naftalí y su voz callada, la altura, el colorido y el acento de Otto, el físico perfecto de Sr. Grunwald. Hasta de Avery Lee tenía algo —su misma sonrisa pícara y aire resuelto. Me tomó sólo un segundo transformar a Jurgen en la personificación de todos los hombres que había amado. Me rendí.

Nos paramos junto al teléfono en la parte de atrás del restaurante, componiendo el cuento que le íbamos a hacer a Mami. Nos conocíamos hacía un año, nos presentó la mismísima Sandy Dennis en el set de *Up the Down Staircase*, nos habíamos vuelto a encontrar y decidimos que no podíamos vivir el uno sin el otro. "Te va a querer conocer," le advertí y se ofreció a recogerme en casa el domingo cuando fuéramos a la playa con Donny y Laryssa.

Cuando llamé a Mami para decirle que me había comprometido tuvo sus dudas, hizo las preguntas esperadas y escuchó cuidadosamente mis respuestas. Jurgen se puso al teléfono y le dijo, "*I mucho love your daughter. Very* mucho." Cuando me devolvió el teléfono, ella aceptó que sonaba simpático.

"¿Lo vas a traer a casa ahora?"

"No, Mami, mañana. Vamos a ir a la playa. Él me va a ir a recoger, y entonces lo conoces."

Tan pronto colgué, me arrepentí de haber llamado. Antes de llamar todavía estaba a tiempo de haber cambiar de opinión, de decirle adiós a Jurgen, de haberle dado un número de teléfono falso, de haberme mantenido lejos del centro un par de días en lo que Jurgen volaba y se iba. Jurgen se dio cuenta de mi estado de ánimo.

"Ven conmigo," me dijo. Me pareció raro que me llevara a una cita de negocios, pero en este punto todo era tan irreal que nada me sorprendía. Cogimos un taxi hasta un negocio de carros de lujo que había en la Décima Avenida. Carros deportivos y sedánes brillaban detrás de una enorme plancha de cristal, algunos de ellos con las puertas abiertas para mostrar los interiores. Cuando entramos, un hombre altísimo y de lo más emperifollado se nos acercó y a mí se me hacía difícil imaginarlo sentado al volante del Porsche que nos mostró. Por su conversación estaba claro que a Jurgen le interesaba un Porsche como el azul que estaba en la vitrina. Quería probarlo y después de presentar a "su prometida," Jurgen sacó el carro para darle una vuelta por las congestionadas calles de Manhattan, por donde no podía correr más rápido que un Ford. El hombre emperifollado estaba esperándonos en la puerta del concesionario cuando regresamos, y se pasó dándole coba a Jurgen que le habló de caballos de fuerza y de torsión mientras yo me preguntaba cómo era que nueve horas antes yo había salido de Brooklyn sufriendo todavía el rechazo de Avery Lee, y ahora estaba sentada en las oficinas de un concesionario de Porsche con mi futuro esposo.

Cenamos temprano y después Jurgen me llevó a ver la producción negra de *Hello Dolly* con Pearl Bailey. Después del teatro quería acompañarme a casa, pero yo le convencí de que no era necesario. Caminó conmigo hasta la estación del tren, me dio el teléfono de Donny e insistió en que lo llamara tan pronto llegara a casa para estar seguro de que había llegado bien.

En el tren, camino a casa, me maravillé de lo extraño que había sido el día. De acuerdo a los periódicos, la mitad de mi generación supuestamente estaba con una *nota* por LSD o alguna otra droga alucinógena. Yo no había tomado nada más fuerte que café y un par de copas de vino en la cena, pero sentía que estaba "tripeando." En cualquier momento, despertaría en mi cama, en el cuarto de atrás de nuestra casa de Glenmore Street, en el East New York de Brooklyn y el día entero sería sólo un sueño. O quizás había muerto y este era el paraíso. O quizás era el infierno y mi castigo, por no ser religiosa, era pasarme la eternidad divirtiéndome por la tarde como la prometida de un hombre guapo y rico que podía comprar Porsches y teniendo que regresar por las noches a casa en Brooklyn. Tan pronto entré por la puerta llamé a Jurgen para asegurarme de que existía y que la tarde entera no había sido una fantasía extendida. Se oía aliviado de que lo hubiera llamado, me dijo que me quería, y me pidió que le dijera cómo llegar a casa al otro día. Fabriqué una historia sobre Jurgen y yo para Mami, Tata, Don Carlos, Don Julio y la hermanas y los hermanos que se habían quedado despiertos esperándome. Cuando me acosté finalmente, me creía cada palabra de la mentira que les había inventado. Jurgen y yo estábamos enamorados, nos casaríamos, viajaríamos a Alemania y después a Egipto, donde viviríamos felices para siempre a la sombra de las pirámides.

A la hora en punto en que había quedado en recogerme, el acelerador de un carro deportivo atrajo a mis hermanos al patio de cemento que dividía nuestra casa de la acera. La familia llevaba horas levantada, limpiando y recogiendo para la inminente llegada de mi prometido. Llegó en un Porsche negro, no el mismo que habíamos visto en el *showroom* ni el que había probado. Tenía miedo que no lo fuera a reconocer cuando lo volviera a ver pero no había cómo confundir su tez clara y su sonrisa traviesa. Donny estaba en el asiento del pasajero. Los dos me besaron los dos cachetes y yo se los presenté a mi familia. No había vuelto a traer a ningún hombre a casa desde Otto, así es que velé a Mami para ver su reacción. Se la ganó la galantería de Jurgen, su suave encanto, el ramo de flores que me dio a mí, las cerezas cubiertas de chocolate que le trajo a ella, y que lo congraciaron enseguida con mis hermanas y hermanos. La única con la cara fruncida era Tata que se había visto obligada a cambiarse su cómoda bata de algodón de estar en la casa por el vestido de encaje negro que se había puesto para recibirnos en el aeropuerto el día que llegamos hacía siete años.

Al entrar a la casa, cada superficie relucía y olía a Pine Sol, a Pledge, o a Windex. Jurgen y Donny se sentaron en la orilla del sofá cubierto de plástico que se había comprado recientemente, frente al nuevo televisor de consola. Con ayuda de los que teníamos edad para trabajar, Mami había logrado decorar su casa a su gusto con muebles nuevos, cortinas bonitas, un mantel de encaje para la mesa de comedor más grande que encontró, con sillas de espaldar alto sellados en plástico.

Jurgen y Mami hablaron a través de mí o de mis hermanas y hermanos. Ella le hizo las mismas preguntas que me había hecho a mí el día antes cuando hablamos por teléfono y un par más, basada en la información que yo me había inventado la noche antes. Jurgen estaba tranquilo y relajado y se hacía el que su inglés era peor de lo que realmente era cuando no sabía qué le había dicho yo a Mami. Ella estaba a la vez confundida y encantada con él, pero cuando Jurgen formalmente le pidió mi mano, se la concedió con una sonrisa.

Jurgen nos informó que debido a su itinerario de viaje, la boda tendría que ser en menos de un mes. Yo casi me caigo de la butaca, pero Mami se quedó como si nada ante el reto. "Tenemos que ordenar tu vestido mañana," me dijo.

A pesar de que Mami y Tata habían preparado comida, yo quería salir de allí antes de que Mami descubriera la verdad. Les recordé a Jurgen y a Donny que teníamos que recoger a Laryssa. El Porsche había atraído a los vecinos curiosos a la acera y a las ventanas. Salimos de la casa seguidos por mi mamá y mis hermanas y hermanos, y yo no podía ocultar el orgullo que sentía. Si hubiera sido uno de los vecinos hubiera estado celosa de mí cuando me monté en el asiento, al lado de mi novio tan guapo. Donny apretujó su cuerpo rechoncho en el asientito de atrás y en un par de segundos Jurgen había acelerado los muchos caballos de su carroza y alzamos vuelo desparramando polvo y basura en las aceras de "East New York."

Era imposible mantener una conversación en el Porsche. Era un carro ruidoso, especialmente con la capota baja. Jurgen subió el volumen del radio. Diana Ross gemía que no nacería nunca un niño de su amor mientras Jurgen volaba de Brooklyn a Long Island. El pelo me golpeaba los cachetes, los ojos; me hundí más en mi asiento pero no me ayudó. Cada vez que me movía, se me metía el pelo en la boca.

La casa de Laryssa estaba en el medio de un bosque de pinos en una comunidad de casas que eran copias unas de otras, excepto por el arreglo paisajista y el color. Cuando entramos a la casa, un gato se escurrió debajo de una butaca de posiciones LA-Z-BOY que estaba frente a un televisor de consola mucho más grande que el nuestro. Laryssa nos recibió vestida con un *top* amarillo y unos *shorts* turquesa y el pelo rubio recogido en un rabo de caballo largo. Nos ofreció té frío y sándwiches de atún en una cocina soleada que tenía una puerta de cristal que daba a un patio donde se veía una piscina. Había dos personas reposando al lado de la piscina que no vinieron a saludar ni Laryssa nos llevó afuera para conocerlos. Nos dejó en la cocina y se fue a cambiar. Una muchacha salió de uno de los cuartos, en rolos, su cuerpo esbelto y bronceando, vestida con una *babydoll* transparente y unos pantaloncitos de volantes, Donny y Jurgen se miraron.

"Hola," ronroneó. "Soy Jen, la hermana de Laryssa." Los hombres se pusieron de pie para saludarla y después se acordaron y me presentaron a mí. Jen se sirvió un vaso de té, se excusó y se fue por el pasillo por el que había desaparecido Laryssa. Unos segundos después oíamos gritar que Laryssa le debió haber dicho a Jen que tenía visita y a Laryssa contestando que Jen no debía andar por ahí medio desnuda. "Y encima de eso, en pleno día," chillaba Laryssa. Los hombres y yo masticábamos nuestros sándwiches y sorbíamos nuestro té helado en silencio, con la mirada fija en la puerta cerrada. Las dos hermanas siguieron la pelea que terminó cuando Laryssa salió del cuarto con su bolsa de playa colgada del hombro. "Vámonos," dijo. Antes de salir gritó a través de la puerta. "¡Nos vemos más tarde, Mom, Dad!" Las dos figuras al lado de la piscina saludaron con la mano sin virarse.

Laryssa y Donny se fueron en su VW Beetle, Jurgen y yo los seguimos y sobre el motor del Porsche y del viento, Jurgen comentó, "Eso es lo que a mí no me gusta de las muchachas americanas." No elaboró, así es que me dejó pensando si se refería a la semi-desnudez de Jen, a la discusión entre las dos hermanas o a los padres que no les importaba con quiénes salían las hijas mientras no los molestaran a ellos. En la playa dimos vueltas por el estacionamiento un par de veces, le pasamos por el lado a unos cuantos sitios buenos hasta que Jurgen se alineó al lado de un Jaguar donde había un muchacho profundamente dormido en el asiento del conductor. Jurgen se bajó del Porsche y golpeó con el puño la naríz del Jaguar. El muchacho se despertó asustado, sus ojos negros redondos de pánico. Cuando vio a Jurgen, salió volando del carro y lo abrazó con cariño y los dos conversaron en alemán hasta que Jurgen se acordó de que yo estaba allí.

El amigo se llamaba Felipe, pero todo el mundo le decía Flip. "¿Eres español?" le pregunté.

"Mexicano," me dijo. Tenía el pelo negro, lacio, y los ojos achinados, la piel más marrón que la mía, un cuerpo musculoso con las piernas ligeramente arqueadas. Tenía puestas chancletas de goma y caminaba moviéndose de lado a lado afirmando con el lado de afuera del pie. Por lo que yo podía ver Jurgen, Donny y Flip habían quedado en encontrarse en Jones Beach. Flip había guiado el Jaguar desde California, lo que explicaba por qué había queda'o como muerto en una toalla de playa debajo de la sombrilla de Laryssa y durmió el resto del día. Jurgen inspeccionó el carro con el mismo cuidado con que lo hizo con el Porsche el día anterior. Levantó el bonete, miró el motor, abrió y cerró las puertas, examinó la carrocería, abrió el baúl y lo inspeccionó.

"Es un buen carro," dijo finalmente y le dio la mano a Flip.

Yo tenía puesto el bikini que me había comprado Avery Lee, amarillo con cuadritos blancos, ni remotamente tan diminuto como el de Laryssa. Los hombres tenían también unos bikinis pequeñitos, lo que me hacía sentir a mí sobrevestida, a pesar de que era la primera vez que mostraba mi abdomen en público. Como no sabía nadar, me quedé sentada en la orilla mientras Donny, Laryssa y Jurgen nadaban elegantemente entre las olas y regresaban flotando. Dentro y fuera del agua, Laryssa y Donny se pasaron todo el tiempo sobeteándose. Jurgen me besó un par de veces, pero a mí me daba pachó hacerlo en público y medio desnuda, así es que él desistió.

Al final del día, Laryssa regresó a su casa en su carro. Nosotros llegamos a mi casa, Jurgen y yo en el Porsche y Donny y Flip en el Jaguar. Mami salió a las escaleras del frente a recibirnos y Flip le gritó a Jurgen. "Prepárate Jurgen, dicen que las hijas terminan pareciéndose a las madres." Los tres hombres se rieron y Mami, que entendió, enfurruñó la cara en su mueca más fea. Yo fulminé a Flip con la mirada y él encogió los hombros avergonzado.

"Siempre hace chistes," dijo Jurgen. Caminó conmigo hasta la entrada. Habíamos quedado en vernos en la ciudad al día siguiente y lo confirmó delante de Mami. Regresó al automóvil, se despidió con la mano desde el asiento del conductor y se fue seguido de Flip y Donny que se reían a carcajadas de algo que alguno de ellos dijo en alemán y que yo no entendí.

"¿Por qué no lo invitaste a entrar?" me preguntó Mami cuando lo vio irse.

"Estoy llena de arena, tengo picor y estoy cansada," me quejé. "Necesito un baño."

Me molestaba que Flip hubiera dicho algo tan hiriente frente a Jurgen y que él lo hubiera tolerado. ¿Y quién era ese tal Flip? Decía ser mexicano, hablaba el alemán de corrido, pero, más allá de su nombre, no me dijo una palabra en español. Cruzó el país guiando un Jaguar, llegó esa misma mañana a Jones Beach —de todos los sitios— y cuando Jurgen abrió el baúl no había nada. ¿Dónde estaba su equipaje? No tenía ni una muda de ropa.

¿Y de dónde sacó Jurgen el Porsche? No lo tenía el día anterior. ¿Por qué quería ir a comprar otro si ya tenía uno? El Porsche podría ser de Donny. ¿Los *bartenders* hacían tantos chavos como para tener carros deportivos último modelo? Sentía confusión y desconfianza, estaba segura de que algo raro estaba pasando pero no tenía idea de qué.

Al día siguiente, Jurgen y yo paseamos por Central Park camino al Lago. Él tenía en mente alquilar un bote y llevarme a dar un paseo. Le recordé que no sabía nadar, le tenía miedo al agua y me aterraba la idea de estar alejada más de dos o tres pulgadas de tierra firme. Pero él fue inflexible. Teníamos que hacerlo, me dijo, porque remar era uno de sus deportes favoritos. Estaba en un equipo, dijo y cómo íbamos a ser marido y mujer yo tenía que aprender a disfrutar de las cosas que él disfrutaba.

"¿Puedo usar un salvavidas?"

"No necesitas ninguno," rió. "Soy un excelente nadador."

"¡Pero yo no!"

Me dijo que le preocupaba que yo no le confiara mi vida. "Yo te salvaré, lo prometo."

Una vez nos metimos, el bote se vio más grande. Jurgen me puso su chaqueta encima de la falda, se subió las mangas de la camisa y dejó el muelle.

"Relájate," rió. "Suelta los bordes."

Remó hasta el centro del lago, aseguró los remos y se echó para atrás con un suspiro de satisfacción. Se veía muy cómodo rodeado de agua; su pelo relucía como oro bajo los rayos del sol; sus ojos se volvieron un profundo azul gris, como un océano sin fondo. Me agarré de los lados del bote. "¿Nos podemos ir ya?"

"Todavía no," me dijo. La gravedad de su voz, el modo en que su cuerpo se tensó, me dio escalofríos. "Tú has sido clara conmigo," murmuró. "Me has presentado a tu familia. Son personas honestas. Tu mamá es una buena mujer. Pero no me has preguntado sobre mí."

"No digas nada más." Me cubrí la cara con las manos. El cuento de hadas estaba a punto de terminar. Ahora, pensé, me va a confesar que él en realidad es un mozo en el restaurante donde trabaja Donny y que tiene una esposa y cinco hijos en Hamburgo. "No necesito saber." Flotamos en silencio un rato, yo con las manos en la cara todavía. Sentí sus ojos sobre mí y cuando los miré había una expresión de preocupación en ellos. Tantas preguntas se agolpaban en mi mente que no sabía por dónde empezar. "¿Estás casado?" pregunté finalmente. Se rió con tal fuerza que se meció el bote. Entonces notó que yo estaba seria.

"No, *liebchen*, no estoy casado," dijo suavemente.

Hice la pantomima de tomar una libreta en la mano, una pluma; me ajusté unos espejuelos invisibles. Apreté los labios y fingí una voz chillona. "Muy bien, señor. ¿Tiene usted hijos?"

Él me siguió la corriente. "No, señora."

"¿Es usted realmente de Hamburgo?"

"Sí señora, lo soy."

"¿Cuál es su fecha de nacimiento, señor?"

Estuvimos bromeando un rato y entonces Jurgen cogió los remos y me regresó a tierra firme. Caminando por un sendero sombreado le hice otra pregunta. "¿Qué es lo que haces? De trabajo, quiero decir."

Él se detuvo, se volvió hacia mi, buscó mis ojos. "¿De verdad quieres saber?"

El modo en que me lo preguntó me hizo desear no saberlo. Asentí con la cabeza.

"Vuelo aviones," dijo, y empezó a caminar de nuevo.

Supuse que quería decir que era piloto, pero lo negó con la cabeza. ¿Piloteaba para una compañia de carga? No. ¿Para la Fuerza Aérea? Tampoco. Me di por vencida.

"Robo aviones," declaró.

Solté una carcajada. Él sonrió vagamente.

"¿Qué haces con los aviones robados?" seguí riéndome sin poderme contener. "¿Los escondes en tu garaje?"

"Los vendo."

Según Jurgen era fácil robarse un avión. "Los pequeños, no los Jumbo Jet," aclaró. Se ponía un uniforme de piloto, entraba al hangar, escogía un avión, lo volaba hasta México y lo vendía.

"Entonces, tú robas aviones y los vendes en México," dije con una risita tonta.

"O en otros lugares, depende de quien me lo encargue."

"Tú has visto demasiadas películas del Agente 007."

Jurgen sonrió. Estaba segura de que me estaba tomando el pelo. "¿Y Flip y Donny están en eso también?" le seguí el juego.

"No. Ellos prefieren los carros." Jurgen pasó a decirme que desde niño había soñado con volar y que había aprendido a hacerlo siendo un joven. Cuando se llevaba los aviones, volaba bajito para evitar los radares, me dijo. A veces volando sobre el mar, veía enormes escuelas de peces, ballenas, delfines. Había volado por todo el mundo y me describió corrientes de aire peligrosas alrededor de las montañas, bolsillos de aire repentinos, tormentas eléctricas dentro de las que había caído, y que le habían hecho pensar que lo harían caer para siempre. Sonaba como si hubiera estado narrando un sueño, pero según hablaba, mi escepticismo fue cediendo hasta que caí en cuenta que estaba a punto de casarme con un hombre que robaba aviones para vivir.

"No lo puedo creer," gemí. Caminé hasta un banco que estaba cerca y me senté porque las rodillas ya no me sostenían. Jurgen me pasó el brazo por los hombros.

"No te preocupes," me murmuró en el pelo.

"¿Qué no me preocupe? Jurgen, ahora que yo se esto, soy una criminal también. Se supone que yo vaya a la policía o algo . . ."

Me acarició el cachete, me juró que tenía que ser honesto conmigo, que no sería justo que no lo fuera. De todos modos, una vez nos casáramos no me podían obligar a testificar en contra de él si la cosa llegaba a ese punto. Quería preguntarle por qué no había esperado para decírmelo hasta después de la boda, pero me di cuenta que ese no era el problema.

"Voy para Los Ángeles," me dijo. "Cuando regrese me caso contigo si todavía me quieres." Era sincero. Lo oía en su voz. De alguna manera torcida su confesión era un acto responsable. Sin embargo, una parte de mí todavía se preguntaba si habría fabricado esta historia para espantarme porque el asunto del matrimonio había ido demasiado lejos y no quería lastimar mis sentimientos.

Me escoltó hasta la estación de tren. Me había estado enseñando unas palabras en alemán y me las fue practicando según caminábamos. Fingimos que nuestros planes de casarnos no habían cambiado después de su revelación. En el tren de regreso a Brooklyn, decidí que Jurgen quería probarme. No tenía mucho sentido que si de verdad robaba aviones, se lo dijera a alguien que apenas conocía. Pero bueno, éste era el mismo hombre que me había propuesto matrimonio tres horas después de conocerme. "No soy hombre impulsivo," me había dicho un par de días antes. Hice una nota mental de buscar la palabra en el diccionario para ver si había algún significado que se me hubiera escapado la primera vez.

¿Debía llamar a la policía? La historia era increíble. No tenía pruebas. Imaginaba la escena: una muchacha puertorriqueña entra al cuartel de la policía, alega que un alemán que conoció en la calle, y con quien aceptó casarse tres horas después, le confesó que roba aviones y sus amigos roban carros de lujo. Podía oír las carcajadas.

Jurgen partió para Los Ángeles. No me dejó un teléfono donde conseguirlo, pero me prometió llamarme todos los días. No le creí, así es que fue una sorpresa cuando llegó un ramo de rosas y esa noche, cuando el teléfono sonó era Jurgen. "Hola, *liebchen*," susurró. "¿Todavía quieres casarte conmigo?"

"Tu cara ya no es inocente."

~~~~~

Me pasé la semana siguiente buscando mi vestido de novia con Mami. Las llamadas diarias de Jurgen fueron agotando mi resistencia y convenciéndome de que estábamos hechos la una para el otro. Me juró que no robaría más aviones. Había estado considerando una oferta de trabajo que tenía en Egipto para pilotear el avión privado de un príncipe árabe y había decidido aceptarla. Según Jurgen, su vida se había transformado gracias a mí. La mía estaba a punto de ser tranformada por él. Era un intercambio justo. Yo lo salvaría de la vida en la cárcel. Él me salvaría de la vida en Brooklyn.

Mami y yo escogimos un conjunto de vestido y chaqueta en seda de moiré color champán para el día en que fuera a conocer al papá y a la mamá de Jurgen. Tal y como Mami lo había planificado desde hacía tanto tiempo, mis hermanas serían las damas y mis hermanos, los ujieres. Franky, que tenía cinco años, portaría los anillos; Donny, el amigo de Jurgen, sería el padrino. Escogí a La Muda de madrina. Papi vendría desde Puerto Rico a entregarme. Mami encontró a un cura que nos casaría, aunque nunca había estado en su iglesia. Jurgen se mantenía al tanto de todo a través de sus llamadas diarias. Me preocupaba el costo de la boda, sobre todo, porque habíamos dado tantos depósitos que no eran reembolsables. Pero de acuerdo a los libros de etiqueta que había consultado, la familia de la novia corría con los gastos.

Cuando no andaba comprando mi ajuar, andaba repitiendo frases de los discos del curso de Berlitz "Enséñese Alemán" que había encontrado en la biblioteca. En la pared tenía un mapa de Egipto con un círculo rojo bien grande alrededor de Alejandría, donde me había dicho Jurgen que íbamos a vivir, y no en el Cairo, como yo había pensado. Yo no creía en el Karma, la astrología, la lectura de mano, el análisis de la escritura, la reencarnación, la percepción extrasensorial, la proyección astral, la meditación trascendental, en Nostradamus, en los Chariots of the Gods, ni en ningún otro embeleco con el que toda persona joven en los Estados Unidos estaba obsesionada en 1968. Pero, ¿cómo explicar el hecho de que yo, que me había pasado tres años perfeccionando el papel de Cleopatra, estaba a punto de mudarme al lugar de su nacimiento y de su temprana muerte?

A pesar de que mi matrimonio con Jurgen parecía predestinado, la duda me atormentaba. No parecía ser un hombre violento, pero él mismo había admitido que era un criminal. ¿Y si había hecho cosas peores y no me las había dicho porque yo no le había hecho las preguntas correctas? Me aterraba pensar que me llevara para Egipto y después, yo tuviera que quedarme allí sembrá', sin nadie que me ayudara si resultaba ser un abusador o un borrachón.

Había otra cosa que me molestaba. No lograba convencerme de que amaba a Jurgen. ¿No era una locura pensar que podía estar enamorada de un hombre que había visto sólo unas cuantas veces? Me molestaba el que a pesar de que esperaba con agrado sus llamadas, había olvidado cómo era. ¿Cómo era la forma de sus ojos? ¿Cuál era el color de su pelo? Si de verdad lo quería, sus ragos deberían haber estado grabados en mi memoria. ¿Cuánto medía? ¿Escribía con la mano derecha o con la izquierda? No sabía si tenía algún lunar de nacimiento o dónde se hacía la partidura. Según se fue acercando el día del regreso de Jurgen, me fui poniendo nerviosa y deseaba estirar el tiempo para que no estuviera a punto de llegar en dos semanas, diez días, cinco días, tres.

"No puedo hacerlo," lloraba por teléfono dos días antes de su regreso.

"¿Qué quieres decir?" Sabía exactamente lo que quería decir.

"Esto va demasiado rápido. No estoy lista . . ."

"¿Es que tú no me quieres?"

Me aterraba esa pregunta. En las dos semanas que llevábamos comprometidos, nadie me la había hecho, ni siquiera Jurgen. Fue mi silencio lo que se lo confirmó, el hecho de que no lo interrumpí para decirle, "No, no es eso, no tiene nada que ver con eso."

"Ya veo," dijo después de un rato.

"Quizás si tuviéramos más tiempo para conocernos," dije, no muy convencida.

Jurgen oyó la incertidumbre en mi voz y no trató de hacerme cambiar de opinión. Si hubiera tratado, a lo mejor hubiera flaqueado, aunque fuera por algún tiempo. "Tantos planes que teníamos," me dijo con tristeza; las mismas palabras de Mami cuando le dije que había suspendido la boda, aunque ella estaba más enojada que triste.

Perdimos varios cientos de dólares en depósitos para el traje de novia, el salón de la recepción, los trajes de las damas. Le avisé a la Sra. Davis en el Advertising Checking Bureau que no le diera mi puesto a nadie porque no me mudaba para Egipto. Al principio me daba vergüenza tener que explicarle a la gente que me había arrepentido, pero después de un tiempo, me sentí orgullosa de mi misma. Me había salvado, pensaba. Había hecho algo que la mayoría de las mujeres no hacen hasta que es demasiado tarde.

Shoshana se había pasado todo el verano en Israel. "¿Todavía eres virgen?" me preguntó tan pronto nos volvimos a ver, y tuve que admitir que lo era, y ella también. "No que no haya tenido un montón de oportunidades," me aclaró, lo que me llevó a contarle de mis aventuras con Avery Lee y Jurgen.

"Chica, pero, ¿qué es lo tuyo con los alemanes?" quiso saber.

"No soy yo la que los escojo," me defendí, "ellos me escogen a mí."

Shoshana se matriculó en unos cursos en Manhattan Community College, pero yo no porque quería dejar los días libres para el Children's Theater International. Para complementar mi salario de tiempo parcial en el Advertising Checking Bureau, conseguí un trabajo repartiendo volantes frente a un banco en Park Avenue. Un día, una mujer con un afro bien acicalado y un vestido africano estampado, se detuvo a hablarme. Tenía una agencia de modelos "exóticas" y quería saber si me interesaba. Hicimos una cita para el día siguiente y yo me aparecí en su oficina de la Sexta Avenida con la 40, con mi portafolio de fotografías hechas por Shanti. La puerta estaba cerrada con llave. De vez en cuando sonaba un teléfono adentro, pero nadie lo contestaba. Esperé en el pasillo durante media hora, hasta que me di por vencida, molesta por haber perdido inútilmente una tarde de trabajo.

Caminé hasta el Woolworth's de la Quinta Avenida, donde los teléfonos estaban en cabinas hechas de caoba con puertas de cristal que cerraban bien para asegurar la privacidad. Cuando me estaba acomodando en la primera cabina, un hombre se asomó, pero cuando levanté la vista, siguió caminando. Que espere, pensé. Llamé a la agencia de trabajos temporeros para decirles que estaría disponible durante los próximos días. Luego, llamé a Mami para decirle que iba a llegar temprano para empacar mis cosas porque estábamos de mudanza de nuevo, esta vez a la Calle Fulton en la sección de Brownsville en Brooklyn. Mami estaba entusiasmada porque Titi Ana había aceptado alquilar un apartamento de la casa, lo que quería decir que Mami podría comprar el edificio. Nuestras primas, Alma y Corazón, vivirían con nosotros. Salí de la cabina con mejor humor del que había entrado.

"Disculpe," una voz me sobresaltó y cuando me viré, allí estaba el hombre que se había asomado en la cabina telefónica. Estaba segura de que se iba a quejar porque me había tardado mucho hablando, pero se sonrió y señaló mi portafolio. "¿Es modelo?"

"Tratando," sonreí.

"Yo director de cine," me dijo. "Estoy buscando primera actriz para mi película." Tenía un acento pesado, y vacilaba entre palabras como para estar seguro de la pronunciación correcta.

"¿Dónde son las audiciones?" le pregunté entusiasmada, pero tratando de parecer profesional.

"Yo escribo para usted." Arrancó un pedacito de papel de una nota que tenía en el bolsillo, apuntó un nombre y un teléfono y me lo dio.

"Ulvi Dogan," leí.

"*Dawn*," me corrigió. "Como la mañana."

"¿De dónde es usted?" le pregunté.

"Turquía. ¿Y usted?"

"De Puerto Rico." Me presenté y prometí llamarlo al día siguiente.

"Muy bien," afirmó con la cabeza. "En la tarde. Estaré allí."

Esa noche llamé a Shoshana para decirle que un director de cine turco quería audicionarme. "Ven conmigo," le pedí.

"¿Y si no hay ninguna parte para mí en la película?"

"Ven y me acompañas."

La cita era en la East 58 Street, lejísimo del distrito de los teatros y de los estudios que se usaban para audiciones. "Esto está medio raro," le dije a Shoshana, frente al edificio residencial de ladrillos blancos. A ella le pareció que a lo mejor la compañía de cine había alquilado un apartamento para hacer allí las entrevistas.

El portero llamó, dio mi nombre y nos dirigió hacia arriba. Tocamos el timbre de la puerta que daba al pasillo, directamente frente al ascensor como nos había indicado. La abrió el hombre de Woolworth's, cuya amplia sonrisa se apagó tan pronto vio a Shoshana. Nos invitó a pasar.

"Espero que no le moleste," me disculpé, "pero mi amiga es actriz también. Por si acaso necesita *extras* . . ." Asintió con un gesto.

La sala donde entramos estaba decorada en negro y blanco. Dos butacas en piel negra, un sofá que hacía juego y lo que parecía ser una mesa con un tope en piel negra estaban organizados alrededor de una alfombra peluda con un diseño en cuadros negros y blancos. En las paredes blancas y desnudas había cuatro enormes carteles, unos *close-ups* en blanco y negro de una misma mujer en le deleite del éxtasis sexual. Shoshana y yo nos miramos.

"Sr. Dogan," empecé a excusarme para poder salir de allí volando.

"Llámeme Ulvi, por favor. Siéntense, por favor." Nos acompañó hasta las butacas. "¿Les puedo ofrecer una Coca-Cola?"

Shoshana aceptó y yo la fulminé con la mirada. Mientras Ulvi abría la nevera, sacaba hielo de las cubetas, abría y servía las *Coca-Colas* en la cocina, Shoshana y yo nos secreteamos. A ella le pareció que el apartamento estaba decorado con buen gusto y que las fotos eran tan artísticas como las de nuestros portafolios. "Se está tocando," protesté.

Ulvi regresó con nuestros refrescos. Se sentó en el sofá, se echó para atrás y cruzó las piernas. Tenía puestos unos mocasines de piel marrón, sin medias. Shoshana también se fijó. Mientras tomábamos nuestra sodas, nos dijo que iba a filmar su película en Long Island. Le pedí ver el guión y puso la mano sobre unos papeles bien organizados que estaban encima de la mesita de centro. "No está listo todavía," nos dijo. Nos preguntó acerca de nuestra experiencia en la actuación. Shoshana había participado en un par de obras en la escuela superior. Yo le enumeré mis credenciales y quedó impresionado. Shoshana tenía curiosidad por saber qué había dirigido él y Ulvi le contó que su película había ganado el primer premio en el Festival de Cine de Berlín. Los carteles de la pared empezaron a parecerme más artísticos.

Ulvi se inclinó hacia mí, me tocó la mano. "Estoy seguro de que puedo usarte en mi película," dijo. "Pero hay que hacer una prueba. ¿Sí?"

"Sí, claro," respondí.

Se echó para atrás, juntó las manos por las puntas de los dedos y dijo que también tenía un papel para Shoshana, pero menor. Shoshana irradió gratitud. Le pregunté cuándo sería la prueba y me dijo que todavía tenía que hacer los arreglos, pero que necesitaba mi teléfono para poder avisarme. No pidió el de Shoshana. Nos acompañó a la puerta y se quedó en el pasillo hasta que llegó el ascensor.

"¡Vas a ser una estrella!" gritaba Shoshana cuando íbamos por la calle.

"La prueba puede salir malísimamente mal..."

"¿Viste cómo te miraba? Cada movimiento tuyo... ¡te miraba con tanta atención!"

"No me di cuenta."

"Voy a poder decir que te conocía cuando . . . ," reía entusiamada.

No me atreví a tener esperanzas. Ulvi hablaba como un director y Shoshana me señaló que sería fácil averiguar si realmente había ganado en Berlín. Caminamos hasta la biblioteca y, efectivamente, allí estaba, en la página 42 del *New York Times*, del 8 de julio de 1964. El público se había sorprendido de que se le otorgara el premio a *Dry Summer*, una película turca. Se describía a Ulvi como su "productor juvenil" y Shoshana y yo estuvimos de acuerdo en que si no joven, por lo menos lucía juvenil.

Nos separamos en la estación del *subway*, con Shoshana totalmente convencida de que Ulvi sería mi gran oportunidad.

Llamó para decirme que la prueba sería el domingo, así es que me vestí con mi mejor ajuar y me presenté en su casa. No había cámaras en el apartamento, ni luces, ni personal o equipo de filmación. Me pregunté si habría llegado muy temprano, pero Ulvi me aseguró que no, que el camarógrafo se había retrasado. Pregunté, "¿Vuelvo más tarde?", pero él sugirió que nos quedáramos hablando hasta que llegara el *crew*.

Quise saber si el guión estaba listo. "Mi guionista es muy lento," me dijo, con una sonrisa indulgente y un movimiento de hombros.

Después de cinco minutos de plática sobre quién yo era, qué hacía y dónde vivía, sonó el teléfono. Habló en turco, una lengua que nunca había oído antes. El sonido era tranquilizante, por lo menos como él lo hablaba, en una voz sosegada, íntima, un susurro áspero. De cuando en cuando, mientras escuchaba al que lo había llamado, levantaba la mano hacia mí en un gesto de "espera un momentito."

Tenía unas enormes pupilas marrón oscuro; pelo negro, finito; una frente ancha. Unas líneas profundas iban de la nariz a los labios que parecían dibujados en su rostro, su forma precisa, aplastada. Su nariz parecía una línea recta que salía de su frente y se abría para terminar en una base ancha. De perfil, recordaba los frescos de los jinetes etruscos que había en los museos o a un rey de Mesopotámia. Su aire majestuoso se intensificaba con sus movimientos lentos, estudiados, como si tuviera que tener cuidado de no tumbar nada.

Cuando colgó me preguntó sobre Puerto Rico. No había estado nunca allí, pero había asistido a festivales de cine en Cartagena, Colombia y en Venezuela, Costa Rica y México. En el trayecto, había recogido dos o tres palabritas en español. "Señorita," me dijo. "¿Cómo está?" Lo felicité por su acento excelente. "Es con inglés que tengo problemas," sonrió.

Le aseguré que hablaba bien y que yo entendía todo lo que decía. Con otro gesto sobrio, me dio las gracias. El teléfono volvió a sonar, pero esta vez habló en alemán. A pesar de que yo no entendía las palabras, no sentía titubeo en su voz como cuando hablaba inglés.

Después que terminó de hablar, discutimos la película que había ganado el *Golden Bear* en Berlín. Me contó que era una historia de amor y que él la había producido y dirigido. También había hecho el papel del galán romántico. La primera actriz era ahora toda una estrella en Turquía. "Pero yo la descubrí," subrayó.

Me dijo que la había visto sentada en la escalera frente al edificio donde él tenía la oficina. Estaba esperando a su mamá, la señora de la limpieza. Nunca había trabajado en una película, pero tan pronto él la vio, se dio cuenta que tenía potencial de estrella. Cuando me vio en Woolworth's reconoció en mí las mismas cualidades que había visto en ella.

Me sentía halagada, pero también estaba consciente de que estábamos solos en su apartamento decorado con mujeres que estaban masturbándose. Artístico o no, era imposible mirar para ningún sitio en el apartamento y no ver un pezón, un ombligo brotado o vello púbico. Después de media hora, cuando no apareció el *crew* por ninguna parte, me levanté. "Debo irme."

Ulvi sugirió que diéramos un paseo. "Estarán aquí cuando regresemos," me prometió.

Paseando por la 58 hasta la Quinta Avenida le pregunté dónde había aprendido alemán.

Abrió los ojos. "¿Tú también hablas?"

"No," me reí. "Algunos de mis amigos..." y agité la mano para restarle importancia.

Asintió con la cabeza. Había vivido en Alemania muchos años y hablaba la lengua con fluidez. "Mejor que el turco, a veces," se rió. Nos lamentamos de lo difícil que era conservar la lengua vernácula cuando había tan pocas oportunidades de practicarla. Coincidimos en que el anhelo de regresar a la patria —aún después de años de estar tan lejos— no desaparecía nunca.

"Pero cuando uno regresa," dijo, "no aprecian." Se había convertido en una celebridad en Turquía después que su película ganó los premios. Pero la prensa lo atacó. Levantó las manos con las palmas al aire e hizo unos movimientos de sube y baja. "Me criticaban por esto, por aquello, por nada." Agradecí sus respuestas bien pensadas, disfruté nuestra conversación que pasaba de un tema a otro. Su voz suave y su manera tan calmada eran reconfortantes. Como bien había notado Shoshana, me miraba con interés. Al principio me sentía incómoda con la intensidad de su atención. Pero entonces, me di cuenta de que tenía que hacerlo porque leía los labios. No porque tuviera problemas auditivos, sino porque así encontraba otras pistas para interpretar lo que yo decía. Yo hacía lo mismo. Aún después de siete años de inglés intensivo, me enfocaba en la persona que me estuviera hablando para encontrar otras claves, más allá del lenguaje, que me ayudaran a comprender. Cuando hablaba, todavía traducía simultáneamente del español y estaba segura de que Ulvi hacía lo mismo, del turco vía alemán. No en balde hablaba tan despacio.

En la Quinta Avenida nos topamos con una parada. Las bandas marchaban seguidas de unas *cheerleaders* acróbatas que agitaban pompones de colores. Unas carrozas adornadas de banderines de papel crepé se movían lentamente llevando unas mujeres jóvenes vestidas en trajes de noche. Sus guantes blancos parecían limpiar el aire en arcos perfectos según saludaban, primero a la derecha, después a la izquierda y a la derecha otra vez.

Más tarde me preguntaba en qué momento durante la parada me había cogido la mano. Y por qué cuando pasó la carroza con los bailarines de polka me rodeó con el brazo. Y cómo fue que cuando pasó la Banda del Middletown Police Athletic League tocando su versión de Winchester Cathedral, mi cara estaba contra su pecho y sentía su olor, limpio, en realidad un "sin-olor" cautivante.

Regresamos a su apartamento. Aunque me habían besado y tocado antes, y conocía el contorno del cuerpo masculino a través de la ropa, fue diferente cuando estuvimos desnudos. Su piel era del color de las nueces tostadas. Ni una sola línea de bronceado dañaba el tono uniforme de su piel, desde la punta del pelo hasta la planta del pie. Su pecho estaba forrado con un corazón de vello negro y lacio que terminaba en punta, debajo de su costillas. Su abdomen era plano, pero suave, sin músculos definidos, una lisa mesa de carne donde yo recostaba mi cabeza para escuchar su vida. Cuando me le acomodaba más arriba, su corazón palpitaba contra mi oído y me arrullaba hasta que me adormecía en su pecho. O si me acurrucaba cerca de su ombligo, el ruido de un arroyo alborotoso gorgojeaba intermitentemente. Corrí mis dedos desde la punta de la cabeza, cruzando por su frente ancha atravesé la arruga grabada de sien a sien, hasta su nariz, una pirámide de base ancha sobre unos labios suaves y frescos. En reposo, lucía triste y solemne, pero yo lo hacía sonreír. Tenía un hoyuelo en la barbilla, una hendidura llana, donde yo metía la lengua para sentir los pinchazos de unos toconcitos finos. Su cuello era largo, con dos surcos profundos entretejidos de oreja a oreja, como cicatrices. Acaricié su pecho, el corazón de pelo negro y lacio, un corazón sobre su corazón. Y la expansión plana de su barriga inmaculada.

Después de hacer el amor, hizo unas llamadas telefónicas. Desnuda, me enrosqué en su cuerpo, su brazo izquierdo debajo de mi cabeza, el mío sobre su pecho. Me le pegué bien cerquita hasta que nuestras pieles morenas fueron una. No podía pensar en lo que acababa de hacer, me negaba a contestarle a la voz que me preguntaba, ¿Por qué el? ¿Por qué no Otto o Avery Lee o Jurgen? ¿Por qué no me había resistido, por qué, de hecho, había tirado alegremente mi ropa en el respaldar de la butaca de piel negra?

Hablaba en su lengua extranjera y yo escuchaba las palabras, su risa ahogada, sus susurros. En una, me acercó el teléfono a los labios y me dijo "saluda" y yo dije "hola," sin saber a quien estaba saludando. Después de un rato, me puse celosa. Me retorcí de un lado a otro, me calenté, me le trepé encima, rodé de nuevo y me acomodé de lado hasta que él me aplastó, hasta que sentí su peso, hasta que me hundí bajo su cuerpo largo y oscuro, hasta que no podía respirar. Fue cuando lo empujé suavemente, con un quejido, que él se movió, me acarició la cara y me llamó "Chiquita."

"¿Quién?" me incorporé apoyada en el codo y busqué su rostro.

"Tú eres chiquita," sonrió, "mi nena pequeña. ¿Eso es lo que quiere decir la palabra 'chiquita' en español?"

"Sí," le dije más tranquila. "Pequeña. Nena chiquita." Y hechas las paces, me recosté otra vez.

Saciada, regresé a Brooklyn, con el cuerpo hormigueando de secretos. A esa hora, el tren A venía lleno de trabajadores que regresaban después de terminar el turno de la noche. La mayoría dormitaba o leía el periódico con mucha cautela como temiendo confirmar sus peores temores. Un hombre en un mono de mahón dormía en el asiento que estaba pegado a la cabina del conductor. Una mujer vestida de enfermera agarró bien la cartera cuando me le senté al frente. Otra, delgada y nerviosa, se halaba los rizos cansados alrededor de sus hombros; la ventana detrás de mí era un espejo mugriento en el que se miraba con desesperación. De vez en cuando, las dos mujeres me miraban y enseguida cambiaban la vista. ¿Se darían cuenta ellas de lo que había estado haciendo? me preguntaba. ¿Tendría señas que me delataran?

No, él había tenido cuidado de no marcarme. Mi piel se sentía más caliente ahora que cuando llegué, pero no había marcas ni señas de que habíamos estado desnudos por horas. Busqué su olor en mi piel, pero también se había ido. Ulvi había insistido en que nos ducháramos después de tener sexo. Nos bañamos juntos, mi pelo envuelto en una toalla sedienta y él de rodillas enjabonando y enjuagando. Sus manos, a veces una caricia, a veces un sondeo, borraron todo rastro de que habíamos hecho el amor, toda evidencia de que había estado conmigo, dentro de mí. Con el agua caliente golpeándome la espalda, cerré los ojos y dejé que sus dedos resbalosos de jabón me exploraran, entre los dedos del pie, detrás de las rodillas, por las nalgas. Chorreaba de deseo, pero él murmuró, "Ahora no, no más. Basta por hoy." Me envolvió en sus enormes toallas negras y frotó mi piel con las puntas hasta que secó cada gotita. Regresé a casa de Mami hambrienta, sedienta, impaciente porque llegara el próximo día, cuando regresaría al apartamento negro y blanco y me desnudaría y lo dejaría tocarme otra vez donde nadie lo había hecho jamás.

"¿Que hiciste qué?" Shoshana batió sus larga pestañas. "¿Cuándo? ¿Cómo?"

Era difícil explicar *cómo* había pasado. No la mecánica del sexo, sino cómo pasé de ser actriz de cine novata a la . . . ¿qué del director? No podía ni nombrar en qué me había convertido.

"¿Por qué él?" quería saber Shoshana.

No había manera de contestar esa pregunta tampoco. No, no era tan guapo como Neftalí, Otto, Avery Lee o Jurgen. En la semana que habíamos estado juntos no me había llevado a ningún restaurante, ni al teatro, ni siquiera al cine. No gastaba dinero en mí. No me había pedido que fuera su novia, su amante o su esposa. No hizo promesas de ningún tipo. No parecía tener ninguna expectativa, excepto que yo me presentara en su apartamento todos los días a la hora acordada. Cuando le sugerí que yo tenía que conseguir algún método anticonceptivo me dijo que no me preocupara. "Yo me encargo," dijo, y lo hizo.

"Y," sonrió Shoshana con malicia, "¿conseguiste el papel?"

Ulvi admitió que no había tenido la intención de usarme en ninguna película. "Te quiero para mí," me dijo, "nadie más."

"¡*Wow!*" Shoshana estaba impresionada.

Para tener más tiempo para estar con Ulvi, cambié mi horario de trabajo. Cotejaba los anuncios por la mañana y me pasaba la tarde con Ulvi. Generalmente, llegaba a casa a la hora de comer y entonces, me metía en el cuarto que compartía con Delsa en nuestra nueva casa de la Fulton. No quería darle la oportunidad a Mami de que me mirara demasiado, por el miedo que me daba de que fuera a sospechar, de que mi vida con Ulvi se notara en la forma en que me movía o me comportaba.

Un día, me encontré con Shanti en la Quinta Avenida. Había estado por llamarme, me dijo, porque quería tomarme unas fotos a color. Tomó mi barbilla y movió mi cara de lado a lado para capturar la luz. "Tu cara ya no es inocente," concluyó.

"Ni yo tampoco," le solté. Se estremeció. "Tengo que irme." Con la garganta trinca, lo dejé parado en la esquina de la Quinta con 48. Corrí hasta el Hotel Algonquin, atravesé por la barra, bajé corriendo hasta el baño de damas atestado. Me miré en el espejo mucho rato, pero no podía ver lo que vio él. ¿Es que era visible sólo para los demás?

Vera llamó para que discutiéramos la próxima temporada del Children's Theater International. Me querían otra vez de Soni en *Babu* y como princesa japonesa en una obra inspirada en el teatro *kabuki*. Después de hacer la lectura de la obra en el estudio de ensayos en Christopher Street, Bill nos dio pon a unos cuantos hasta el área residencial de la ciudad. Iba camino a Ulvi.

"¿Cómo estuvo el verano?" preguntó Bill y los demás intercambiaron historias de repertorios de verano y salas de teatro con restaurantes. Fui la última en bajarme de la guagua VW. "Has estado callada," comentó Bill, al detenerse en la esquina de la 58 con Tercera Avenida. Estuve a punto de contarle a dónde iba, pero no pude pronunciar su nombre.

"No sé cómo empezar," tartamudeé.

Me apretó la mano. "Es sorprendente cómo un verano puede

cambiarle a uno la vida." Me acerqué y lo besé en la mejilla. Lo quería tanto; quería a Allan, quería a tanta gente. ¿Quería a Ulvi? Tenía que quererlo para haberme entregado a él con tanto gusto. Sin embargo, lo que sentía por él no era nada parecido a lo que sentía por Bill y Allan, por mi familia, por Shoshana. De ellos, podía decir fácilmente que los quería. De Ulvi, lo más que podía decir era: "Hice el amor con él."

¿En qué me convertía eso? Después de años de fantasear con el amor romántico, había venido a caer en las sábanas blancas y negras de un hombre que no era romántico en el sentido tradicional de la palabra. Cero flores, cero cenas a la luz de la vela, cero hablar del futuro más allá del día siguiente cuando nos volveríamos a ver. Estar con Ulvi era como estar suspendida en el tiempo. Después de aquella primera conversación larga, no habíamos vuelto a hablar sobre nada de nuestras vidas.

"No me interesan ni tu familia, ni tus amigos," me dijo cuando traté de contarle. "Te quiero sólo a ti." Era liberador no tener un pasado con él. Pero me molestaba que si a él no le interesaba mi vida lejos de él, yo no podría justificar preguntarle de su vida lejos de mí.

Un lunes por la tarde me encontré con Shoshana en el Automat. Metimos las monedas en la ranura y las puertas se abrieron para poder sacar nuestros platos de macarrones con queso.

"Te tengo que contar," me dijo Shoshana excitada. Tan pronto me senté frente a ella, me espepitó la noticia. "Lo hice."

No fue muy difícil entender a qué se refería el "lo." "¿Cuándo? ¿Quién?"

Había ido a una fiesta ese fin de semana, conoció a un turco. "Más joven que el tuyo," añadió. "Ahora las dos perdimos la virginidad con turcos," rió.

Cuando se lo conté a Ulvi, pensando que le daría gracia la coincidencia, las cejas se le enfurruñaron y apretó lo labios. "Es una chica muy tonta," dijo.

"¿Qué quieres decir? ¿Debe tener cuidado con Ali? ¿Lo conoces?"

"Hay miles de Alis," gritó Ulvi. Nunca lo había oído levantar la voz más alto que un murmullo y ese cambio me asustó. "¿Cómo puedes tener una amiga así?" continuó. No entendí lo que quería decir. Cuando le señalé que no había hecho nada peor de lo que hacíamos nosotros, me miró con severidad. "No es lo mismo. Ella es chica barata."

Quedé pasmada. Su opinión de Shoshana era tan injusta, le argumenté. Sólo la había visto una vez. Era una persona maravillosa, cariñosa, graciosa, inteligente. ¿Cómo podía decir algo así?

"Conozco millones de chicas así," y el desprecio en su voz me dio escalofríos. Me tomó entre sus brazos, me acarició el pelo, me besó. "Eres niña tan ingénua," me dijo. "Hay tantas cosas que tengo que enseñar, Chiquita." Fue tierno, delicado. El círculo de sus brazos, un mundo en el que me sentía protegida, un lugar donde podía admitir mi ignorancia. Sí; era ingenua, pero en sus brazos mi inocencia era atesorada. En sus brazos no tenía que pensar, no tenía que hacer planes, no tenía que hacer otra cosa que no fuera responder a sus caricias. Cuando me abrazaba, no lo cuestionaba ni lo retaba, porque yo no sabía nada. Ni siquiera conocía la verdadera naturaleza de mi mejor amiga.

Tarde en la noche, la Calle Fulton estaba tranquila, las sombras sólidas como muros. Caminaba por el lado de la acera más cerca del parque, donde la verja se extendía alta e imponente entre los columpios, las chorreras, las barras y yo. A mi derecha, los carros estaban cerrados con llave y acomodados para la noche, pero en algunos, unas sombras humanas se movían en cuidadosa anticipación. Cuando les pasé por el lado, el corazón me latió con más rapidez de lo que podían andar mis pies. Me mantuve pegada de la verja, mirando hacia el frente, pero alerta a cualquier movimiento inesperado. Una voz grave murmuró "Hola, mi vida," otra "Mira, mamita" y el peligro me impulsó, casi me levantó de la acera, pero no correría, no a menos que me persiguieran. Si corría sin una clara provocación, se darían cuenta de lo asustada que estaba, así es que caminé —ligero, pero confiada de que llegaría a la puerta de casa, que me daría tiempo a meter la llave en la cerradura, quitar el seguro, empujar la puerta pesada y entrar, antes de que alguien me alcanzara.

Una vez a salvo, me recosté contra la puerta y respiré hasta que dejó de hormiguearme la espina dorsal y el corazón me volvió a su ritmo normal, hasta que me sentí tan compuesta por dentro, como se veía mi cara —libre ya del miedo, hasta que las manos me dejaron de temblar y las rodillas se me estabilizaron. Quité el seguro y abrí la puerta interior que daba al pasillo oscuro donde esperaba escuchar los pasos de Mami y encontrarme, al final del pasillo, con su desaprobación; sus ojos oscuros, tristes, cargados de desilusión y reproches. Pero, era demasiado tarde. Estaba dormida en la orilla de la cama, con las chinelas puestas todavía, con las rodillas dobladas y la bata de nilón encaramada en las caderas. Tenía el brazo derecho doblado sobre sus ojos, como para espantar las pesadillas, y el izquierdo agarraba la baranda de la cuna de Ciro, que dormía profundamente hecho una bolita.

Pasé en puntillas por su puerta hasta el cuarto que tenía las literas contra una pared y la cama que Delsa y yo compartíamos contra la otra. En la oscuridad asfixiante sentí otra vez la emoción del peligro, sólo que esta vez no era el miedo a un asaltante desconocido. El recuerdo de las manos de Ulvi dejaba rastros en mi cuerpo, cargaba mi piel con una energía que estaba segura que cualquiera podía ver, podía sentir. Cuando me metí en la cama al lado de mi hermana, Delsa se movió, y me pareció natural acurrucarme contra su cuerpo como lo hacía con él. Pero ella era mi hermana; si la hubiera despertado para abrazarla, hubiera pateado y maldecido y me hubiera empujado de la cama. Me quedé bocarriba, con los brazos tendidos a lo largo del cuerpo, tomando el menor espacio posible en la cama estrecha. La respiración profunda y uniforme de mis hermanas y hermanos dormidos era una de los sonidos más tranquilizantes que había oído, pero no me indujo al sueño, como había hecho antes. Estaba demasiado consciente de esa otra respiración, a millas de distancia, en el apartamento escasamente amueblado de mi amante. ¡Mi amante! Otra vez sentí deseos de virarme y abrazar el cuerpo junto al mío. Pero, era Delsa. En vez de hacerlo, me abracé a mí misma, cerré los ojos, imaginé que mis brazos eran los suyos, que estaba en la enorme cama de sábanas negras, donde el acercarse buscando calor era recibido con un gemido de placer, no con molestia.

Por la mañana, Mami deliberadamente no me quitó los ojos de encima mientras yo salía y entraba al baño, pero no me preguntó dónde había estado. Cuando abrí la tabla de planchar, se salió del medio sin decir palabra. Su serenidad era desconcertante en medio del caos de prepararles el desayuno a mis hermanas y hermanos y ayudarles a organizarse para irse a la escuela. "Vélame los nenes," dijo y señaló a Charlie y a Cibi que estaban atrapados en el corral. Acompañó a Raymond y a

Franky hasta la puerta, esperó allí hasta que doblaron la esquina y regresó a rescatar a Ciro de su cuna, donde llevaba un rato lloriqueando. Planché mi ropa velándola con el rabo del ojo, consciente de que su silencio podía explotar en una discusión de grandes proporciones a la menor provocación. Caminaba con pesadez, arrastrando los pies por el linóleo. Tres bebés en dos años la habían dejado fofa y rellena, con los ojos permanentemente hinchados por la falta de sueño, las facciones laxas, como si sus músculos no tuvieran la energía para animarle el rostro. Quité la vista de su figura exhausta, abochornada de estar añadiendo peso a su carga.

Jugué con los bebés, manteniéndome lo más lejos de Mami que me permitía la cocina congestionada y entonces me metí en el cuarto a cambiarme. Cuando salí, Mami estaba sentada en la mesa con su taza de café negro matutino frente a ella y Ciro en la falda.

"Me voy a trabajar y después tengo ensayo," le dije.

Me miró, frunció los labios, asintió. Agradecía su censura silenciosa, un día más en que no me confrontaba con sus sospechas, y salí del apartamento con un sentido de triunfo hueco, porque ella se negaba a pelear.

"¿Dónde tú estabas anoche?"

❦

La opinión de Ulvi sobre Shoshana no me impidió seguirla viendo cada vez que podía. No había nadie, incluyéndolo a él, con quien me sintiera más cómoda o con quien me divirtiera tanto. Nos reuníamos para almorzar, visitábamos museos, dábamos largos paseos por la Quinta Avenida charlando sobre nuestras vidas amorosas. La relación de Shoshana con Ali no duró mucho, pero tampoco fue muy lamentada. Al dejar de ser su estudiante, Shoshana comenzó una relación con el Sr. Arthur Delmar, el Profesor de Fundamentos de la Publicidad.

"¿Por qué no me dijiste," me cuestionó Shoshana, "que el sexo con un hombre mayor es mucho mejor?"

"No tengo base para comparar," le recordé.

"¿Cuántos años tendrá?" se preguntó en tono reflexivo. "Espero que no tantos como mi papá."

Papi era mayor que Mami, que tenía treinta y siete. Hacía siete años que no lo veía y se me hacía difícil hacerme una imagen de él. ¿Estaría viejo y arrugado? ¿Estaría barrigón? ¿Usaría espejuelos? Ulvi se veía más joven que Mami pero no quería decirme su edad. Arthur tenía el pelo gris, así es que suponíamos que era mayor que Ulvi, pero Shoshana no estaba en las de preguntarle directamente. "No quiero saber," dijo agitando la mano.

No nos hacíamos ilusiones de que haríamos nuestras vidas con Ulvi o con Arthur. Aunque Arthur le propusiera matrimonio, Shoshana nunca se casaría con él porque no era judío. "Tengo que pensar en el futuro de Israel," decía con seriedad.

Yo no tenía una nación entera que dependiera de mi selección de esposo, pero tampoco esperaba que Ulvi se casara conmigo. Era cortante cuando me decía que no quería involucrarme en su vida. "¿Por qué no?"

"Es complicado," me respondía y entonces, besaba mi frente ansiosa. "No te preocupes," me decía, "no es nada para tu preocupación." Si le hacía más preguntas, me acallaba con caricias. "Nunca te haré daño," me aseguraba, y hasta ahora, no lo había hecho.

Ulvi insistía en que nuestras vidas fuera de su cama fueran privadas, lo que me hacía sospechar que tenía secretos peores que los de Jurgen. Una tarde en que tuvo que asistir a una reunión me pidió que lo esperara en el apartamento. Era la primera vez que estaba sola en su apartamento y decidí aprovechar la oportunidad. Si encontraba algo ilegal o que lo incriminara, juré que me iría y no volvería nunca. Era tan meticuloso que me tomó muchísimo rato inspeccionar el apartamento porque tenía que dejarlo todo exactamente igual a como lo había encontrado. Sus pertenencias estaban acomodadas en un orden preciso impuesto a cada tablilla, gaveta o gabinete. Las toallas negras estaban dobladas a lo largo en tres partes y en tres partes de nuevo, y acomodadas de modo que las orillas no sobresalieran. No había nada entre las toallas, ni detrás, ni debajo. No usaba calzoncillos y contrario a mi primera impresión, sí usaba medias que estaban emparejadas y dobladas en fila en el fondo de la gaveta del tocador. No había un revólver, ni un paquete de marijuana, ni cartas de amor. Sus camisas, pantalones y chaquetas estaban colgadas por color, cada una en su sección del *closet*. No había una pared falsa ni una caja de seguridad detrás. Los zapatos estaban alineados en el piso, cada uno con un pie de cedro adentro. Nada se les cayó de adentro cuando los viré uno por uno. No usaba prendas, usaba una rasuradora eléctrica, no se untaba loción para después de afeitarse. No había drogas en el botiquín, ni siquiera una aspirina. En los gabinetes de cocina había una vajilla para cuatro, platos blancos con borde negro. Había dieciséis vasos, cuatro de cada tamaño en orden descendente, adornados con motivos de barajas —sota, reina, rey, y el as de copa. En la nevera había unos cuantos vegetales, un envase de jugo de china, mantequilla, dos o tres huevos. Aparte de las mujeres masturbándose en las paredes, no había retratos en ningún otro sitio, ni premios por sus películas, ni recortes de periódicos, ni comunicados de prensa. No encontré recibos de tarjetas de crédito, ni libretas de cuentas de ahorro, ni chequera.

Todo en el apartamento era nuevo, cuidadosamente escogido

para que combinara. Caro, también. Las toallas eran gruesas y mullidas. Su ropa era de marca de diseñador y estaba hecha de telas finas; lana, seda, casimir. Sus zapatos eran de suela fina, forrados en piel, suaves. En la tablilla de arriba de su *closet* había un juego de maletas hechas de cuero negro con guarniciones de bronce y un candado de combinación incrustrados en el medio. Había algo en la maleta más grande, pero no la abrí porque pesaba demasiado para yo bajarla.

Acostumbrada al caos de mi casa de Brooklyn, el apartamento de Ulvi me pareció estéril, su orden, siniestro. Estaba tan limpio, tan ordenado. Ni en las esquinas quedaba algún rastro de polvo o migajas o algún hilo suelto. Después de examinarlo todo y de no encontrar nada que me resultara sospechoso, abrí el sofá-cama de piel y me acosté pensando en lo que eso significaba. Él era un hombre sin historia, sin edad, lo suficientemente rico como para vivir a dos bloques de Bloomingdale's, pero no tanto para derrochar. Había tantas preguntas que quería hacerle, pero cada vez que trataba, él desviaba mis dudas con besos. Decidí que el único modo de hacerlo hablar sería en público, donde no podría distraerme con sus caricias.

Cuando regresó de su reunión, lo primero que hizo fue buscar en el *closet* donde guardaba sus toallas. Me pregunté si habría pasado algo por alto, pero ya pa' qué, ya era muy tarde. No me preguntó si había rebuscado sus cosas, pero tuve la impresión de que él sabía aunque no dijo una palabra. Nunca volvió a dejarme sola en el apartamento.

Mi prima Alma vivía con su mamá y su hermana en un apartamento en el segundo piso de la casa de Mami en la Fulton. Cuando vivían más lejos, pasaba más tiempo con Alma porque hacíamos el esfuerzo de reunirnos para comer. Sin embargo, desde que había conocido a Ulvi, mi amistad con Shoshana se había fortalecido y mi relación con Alma se había enfriado. Tenía más de qué hablar con Shoshana, sin el peligro de que mi vida secreta llegara a oídos de Mami.

Alma y yo habíamos pasado horas hablando de conseguir un apartamento para mudarnos juntas. Nuestras madres se aseguraron de que eso no pasara. Mi meta era ahora conseguirme un sitio donde pudiera ir

y venir a mi antojo. A los veinte años, le discutía, tenía edad suficiente
para cuidarme. Mami insistía que la única manera en que me dejaría ir
sería del brazo de un hombre, un esposo legal, preferiblemente. Mami
me hacía ver que Alma, que era un año mayor que yo, todavía vivía en su
casa. Con Titi Ana y Mami apoyándose una a la otra, no había manera
de que Alma y yo consiguiéramos lo que queríamos.

Shoshana me decía que yo tomaba demasiado en cuenta los deseos de Mami. Para convertirme en mujer, afirmaba, tenía que rebelarme
en contra de Mami. Lo que me decía tenía sentido y yo, hasta llegué a
discutirlo con Alma, que estuvo de acuerdo con Shoshana. Aun así, no
veía como desafiar a Mami, como tampoco Alma se oponía a Titi Ana,
ni Shoshana confrontaba a sus papás. Alma estaba dedicada a su trabajo;
a su hermana, Corazón; a sus libros. Shoshana y yo maquinábamos, pla-
nificábamos, soñábamos, alimentábamos secretos. Pero, ninguna de
nosotras se enfrentó a su mamá y le dijo: "Te dejo. Puedo sostenerme
sola. Es tiempo de vivir mi vida."

Pasábamos el menor tiempo posible en la casa. Shoshana tenía el
Manhattan Community College, un trabajo en una tienda de zapatos
en la calle 34 y a Arthur, que la mantenían ocupada. Yo tenía el Children's Theater International, el Advertising Checking Bureau y a Ulvi.
Juntas, Shoshana y yo teníamos también nuestras citas.

Lo mismo en la calle que en un restaurante, con frecuencia, a
Shoshana y a mí se nos acercaban hombres deseosos de invitarnos a
salir. La mayor parte de las veces aceptábamos, pero seguíamos unas
reglas estrictas para estas citas inesperadas. Solamente íbamos a cenar a
restaurantes finos, nunca a bares. Rechazábamos las bebidas alcohóli-
cas. Acordábamos una hora y aunque los hombres fueran fascinantes,
nos íbamos a la hora en punto. Llegábamos juntas y nos íbamos juntas.
Una nunca dejaba a la otra sola con un hombre. La mayoría de los hombres se contentaban con hablar, pero algunos nos ofrecían dinero a cambio de sexo. Cuando eso ocurría, Shoshana y yo ejecutábamos una
salida dramática. Después de una señal preacordada, nos levantábamos
de la mesa como si fuéramos una y salíamos furiosas. El noventa por
ciento de las veces, los hombres quedaban tan sorprendidos que se quedaban sentados con la boca abierta, mientras el resto de los comensales
se nos quedaban mirando. Una vez un hombre nos gritó un chorro de

obscenidades, lo que nos confirmó que habíamos hecho bien en salir de allí lo antes posible.

No pensábamos que lo que estábamos haciendo fuera malo o que estuviéramos engañando a Ulvi o a Arthur. Ellos nunca nos sacaban a ningún sitio, como si les diera miedo que nos vieran con ellos. Los extraños que nos invitaban a cenar estaban encantados de tenernos de acompañantes, nos llevaban a restaurantes elegantes e insistían en que pidiéramos los platos más caros. Eramos —lo sabíamos— un adorno, una línea en sus informes de gastos. Pero, no nos importaba. Sus conversaciones, que a sus esposas o novias podían parecerles estupefacientes, eran fascinantes para nosotras que nunca habíamos conocido a un contable de Peoria o a un jefe de personal de Alburquerque.

Lo primero que averiguábamos del individuo era donde vivía. Preferíamos que no fuera de Nueva York para no corrernos el riesgo de volvernos a tropezar con él. Entonces, le preguntábamos si era casado, si tenía hijos. Si mentía, se engañaba a sí mismo. Si compartía con nosotras fotos de su esposa e hijos y cuentos de los juegos de pequeñas ligas y de funciones de teatro escolar, le rendíamos un servicio a su familia al mitigar su soledad y evitar que fuera a hacer algo de lo que tuviera que arrepentirse. No teníamos nada que perder, disfrutábamos de una cena agradable con conversación interesante y nos sentíamos virtuosas porque estábamos salvando una familia mientras nos manteníamos leales a nuestros novios.

Aprendimos a identificar a los echones y a los presuntuosos, cuyas mentiras y exageraciones contribuían a nuestra risería cuando al día siguiente intercambiábamos impresiones de la noche anterior. Así como mis hermanas y yo les teníamos nombres a los hombres con quienes bailábamos en los clubes —"los rompemedias" y "los pulpos"— Shoshana y yo también les teníamos nombres en clave a nuestros acompañantes.

Primero estaban los *"Groovies,"* quienes trataban de impresionarnos con su labia, utilizando expresiones juveniles de moda a cada momento. Como Shoshana y yo teníamos otra lengua vernácula, no manejábamos la jerga americana con la facilidad de los angloparlantes. La mayor parte del tiempo, el uso de la jerga de los *Groovies* era como otro idioma para nosotras y escuchábamos en rapto, cómo las frases idiomáticas que surgían de nuestra propia generación nos distanciaban de ellos. Como habíamos aprendido el inglés como segundo idioma, Shoshana y yo estábamos obsesionadas con la corrección del lenguaje. Hablábamos inglés de libro de gramática y mirábamos con desprecio al segundo tipo, los "TS's", aquellos que no podían formar una oración sin meterle el "tú sabes" entre frase y frase. El *Groovy* nos trataba con condescendencia, un TS no era específico nunca, dejaba que las oraciones se fueran desintegrando en generalidades. Si nos sentíamos especialmente malvadas ese día, empujábamos a los TS's a que nos dijeran más, hasta que les quedaba claro que no, que no sabíamos. Shoshana sostenía que los TS's se sentían amenazados por la verdadera ignorancia, porque al decir "tú sabes," evitaban mostrar la suya.

El tercer grupo, los "Papitos," eran hombres mayores que, a veces, durante la cena nos comparaban con algunas de sus hijas. "Tú me recuerdas tanto a Lindy," le dijo uno a Shoshana y ella lo animó a que le describiera a Lindy. En un dos por tres, nos habíamos enterado de la historia de su vida con detalles sobre sus parientes políticos, sus mejores amigos, los pagos de pensiones alimentarias, los derechos de visita. Los Papitos eran los más dados a querernos ver de nuevo, pero otra de nuestras reglas era no salir dos veces con la misma persona. Los *Groovies* asumían que les podíamos conseguir alguna conexión de drogas. Los TS's eran los más inclinados a ofrecernos dinero a cambio de sexo.

A veces, Shoshana le contaba a Arthur de nuestras citas. A Ulvi, que no tenía ningún interés en mi vida, no le contaba nada. Nuestra relación era una burbuja aislada del resto de nuestra existencia, confinada entre las paredes blancas de su pulcro apartamento de una habitación.

Los ensayos para la nueva producción de Children's Theater International, inspirada en un motivo japonés, eran por las noches y los fines de semana, mientras que las representaciones de *Babu* nos cogían dos o tres mañanas a la semana. Con excepción de Tom y yo, muchos de los actores de la temporada anterior de *Babu* tuvieron que ser reemplazados, porque tenían otros compromisos. Allan se había incorporado al elenco de Broadway de *Fiddler on the Roof*, así es que un nuevo actor, Jaime, tomó su lugar en el repertorio. Jaime era puertorriqueño, como yo, pero nacido en los Estados Unidos. Nos dábamos cuenta de la ironía envuelta en tener a dos puertorriqueños haciendo el papel de realeza india.

"Esto no está bien," se quejaba Jaime. "Deberíamos estar luchando por los derechos de nuestra gente."

Jaime estaba orgulloso de su herencia y decidido a hacer lo que pudiera para preservar la cultura puertorriqueña en Nueva York. En el Barrio, en el Bronx, en partes de Brooklyn, otros puertorriqueños, algunos miembros de los Young Lords, montaban campañas para mejorar la vida de sus compatriotas. Mi prima Corazón trabajaba con un grupo en el Lower East Side que ofrecía clases de arte y fotografía a estudiantes puertorriqueños de escuela superior. Mi hermano Héctor y mi hermana Delsa estaban involucrados en organizaciones de jóvenes de nuestra comunidad.

Mi propia conciencia social estaba patéticamente subdesarrollada. No sentía ninguna obligación con "nuestra gente" en abstracto. Más bien, me sentía aplastada por mi deber con mi gente en concreto: Mami, Tata, mis diez hermanas y hermanos.

"Eso es una excusa para no comprometerte." Jaime alegaba que yo usaba a mi familia como una excusa para evadir la lucha puertorriqueña. "¿Y qué es eso de tanto baile indio?" me regañó. "Tenemos que promover nuestro arte y teatro. Deja que los hindúes se preocupen por el suyo."

Mi devoción por la danza india, argumentaba, no era parte de ninguna conspiración para promover su cultura sobre la puertorriqueña. Mi amor por la danza clásica india no se extendía a ningún otro aspecto de la cultura del subcontinente. No me gustaba el *curry*, ni la comida con pique, no usaba saris, no le rezaba a Krishna, a Shiva o a Ganesh, estornudaba cuando me prendían incienso cerca.

"Tú no entiendes," seguía diciendo Jaime, "si los puertorriqueños se pasan a otras culturas, perdemos la cultura puertorriqueña."

"¿Qué tú crees que nos pasa aquí?" le replicaba. "¿Tú crees que somos tan puertorriqueños en los Estados Unidos como somos en la isla?"

"Más," insistía. "Aquí cuesta más trabajo serlo."

Veía su punto, pero no me incitaba a correr al centro comunitario más cercano a bailar plena. ¿Por qué iba a ser yo menos puertorriqueña porque bailara Bharata Natyam? Los bailarines de ballet de la isla, ¿eran menos puertorriqueños porque su arte se originó en Francia? ¿Y los pianistas que tocabar a Beethoven? ¿O la gente que leía a Nietzche? Era inútil discutir con él. Aunque le ganara, el juicio que hacía Jaime sobre mí, despiadado y consistente, me hacía cuestionarme mi lealtad hacia mi gente.

A pesar de las acusaciones de Jaime, de que las usaba de excusa, todavía definía "mi" gente como: Tata, Mami, Delsa, Norma, Héctor, Alicia, Edna, Raymond, Franky, Charlie, Cibi, Ciro. En la periferia estaban también: Papi, Don Carlos, Don Julio, La Muda, Tía Ana, Alma, Corazón y las muchas tías, tíos y primos en Nueva York y en la isla.

Desde que tenía memoria, se me había dicho que yo tenía que ser ejemplo para mis hermanas y hermanos. Era un peso tremendo, especialmente, según seguía creciendo la familia, pero asumía la tarea con seriedad, determinada a enseñarles a mis hermanas y hermanos que no teníamos que rendirnos jamás a las bajas expectativas. Para evitar el estigma de chica fácil, me vestía mona, pero conservadora. No fumaba ni bebía. Si me encontraba en una situación donde se estuviera usando drogas, yo buscaba la manera de alejarme para que no se confirmara el estereotipo de puertorriqueño tecato. Había suficientes alcohólicos en mi familia para saber que beber no era ni lindo ni divertido y que lo que los borrachos querían eliminar con el licor, no se iba nunca.

El primer puertorriqueño adicto a drogas que conocí fue Neftalí, que pagó el serlo con su vida. Quizás se sentía bien después de inyectarse ese veneno por las venas, como se sentía bien Tata cuando bebía cerveza. Desde mi perspectiva, sobria y estricta, la "nota" que cogía no valía el "bajón" que venía después y que para Tata llegaba todos los días cada vez más temprano.

Los únicos que yo conocía que usaban drogas eran los estudiantes universitarios americanos. Tenían sus sesiones de fumadera en una esquina del Manhattan Community College o se pasaban dando vueltas en grupos, todos desaliñados, por las calles del Village cerca de NYU y de los estudios de ensayo. Ofrecían "compartirla" conmigo, pero yo la rechazaba. No tenía ningún deseo de alterar mi consciencia, ni de escapar de la realidad. Si me iba en un solo "viaje," no regresaría jamás. Con obstinación, observaba cada segundo de mi vida "square," sentía cada punzada de dolor, aguantaba humillaciones, sucumbía a la alegría, me lanzaba a la pasión.

Mami me inculcó que yo tenía una sola virtud. No era la más linda de sus hijas, ni la más fuerte de su prole; pero era, decía ella con frecuencia, inteligente. Era en el poder de esa inteligencia que yo confiaba. Si esa única virtud me iba a servir de algo, mi cerebro tenía que mantenerse claro y enfocado. Mi ensimismamiento y claridad mental me mantuvieron sobria. También, me convencieron de que a pesar de la censura de Jaime, no podía ser de ninguna utilidad para "mi gente" hasta que me ayudara a mí misma.

Jaime y yo éramos demasiado profesionales para permitir que la relación tirante que teníamos fuera de escena afectara nuestro trabajo en el mundo del teatro infantil, donde se vive feliz para siempre. Pero, nunca fuimos tan apegados como había sido con Allan, que me había exigido menos y me había aceptado como era. Sin Allan en el elenco y para evitar los frecuentes reproches de Jaime, me acerqué más a Tom, el otro actor que quedaba de la producción de Broadway. Era fácil estar con él, era gracioso, un buen actor, bailarín ágil. Me aclaró desde el principio que su amistad conmigo no era tan desinteresada como la de Allan y Bill. Sin embargo, cuando le dije que tenía una relación con otra persona, me confesó que estaba enamorado de una bailarina. "Pero, tenía que intentarlo," me dijo con una sonrisa traviesa.

Para la obra nueva, *A Box of Tears*, Robert De Mora, quien también había trabajado en *Babu*, diseñó una escenografía espectacular y un vestuario ingenioso. Yo hacía de una sirena que se disfrazó de tortuga y quedó atrapada en las redes de un pescador. Después de una serie de aventuras, el pescador se convirtió en príncipe y yo en princesa y vivimos felices para siempre. Mi traje de sirena era todo bordado en lentejuelas verde esmeralda y provocaba aplausos del público cuando hacía mi entrada. Usaba una peluca de pelo largo, verde, hecho de un material tan finito que flotaba a mi alrededor cuando me movía, produciendo la impresión de que estábamos debajo del agua. Al convertirme en princesa, mi kimono era tradicional en su diseño y mi peluca, elaboradamente peinada y decorada.

Trajeron una consultora para que nos enseñara a movernos como japoneses, incluyendo cómo hacer correctamente la reverencia del saludo tradicional. También me hizo una demostración de cómo ponerme las tres capas de kimonos y me dio unas sugerencias de cómo caminar en zapatos japoneses sin caerme (dando pasitos bien cortos). Durante la función usábamos el maquillaje al estilo Kabuki. Llegaba al teatro dos horas antes de empezar la obra para transformarme de bailarina clásica india puertorriqueña a sirena japonesa. Primero me aplicaba en la cara una pasta blanca que me borraba las facciones. Entonces me pintaba los ojos sesgados, las cejas rectas y la boca de piquito, como la de la foto de guía que me había dado Kyoko.

En una de las escenas, tenía que actuar para el Rey del Océano en mi traje de sirena. Kyoko me enseñó cómo cantar *"Sakura"* en japonés y coreografió un baile utilizando abanicos para contar la historia de cómo el pescador atrapó la tortuga/sirena. Después que me oyeron cantar, Bill y Vera decidieron que lo mejor era que yo moviera los labios mientras Kyoko cantaba y tocaba la *koto*.

Me encantaba la obra, las libertades tan extravagantes que De Mora se tomaba con el vestuario y la escenografía, las bromas que nos hacíamos en escena unos a otros, para tratar de desconcentrarnos. Decía mis primeras palabras fuera de escena, a través de un micrófono, mientras era todavía una tortuga en las manos de Tom, el pescador. En vez de decir mis líneas, como esperaba Tom, hice unos gorgoritos aguachosos que resonaron por todo el teatro. La primera vez que lo hice, Tom se desorientó y miró para todos lados como si la voz hubiera venido del cielo. En una escena posterior, mientras yo estaba en pleno baile de los abanicos, Tom permanecía de espaldas al público. De vez en cuando, me hacía muecas, mientras yo trataba de mantener la dignidad de un Buda.

Mis hermanas y hermanos no podían venir a las funciones porque eran durante las horas de clase, pero yo estaba disfrutándolas tanto que quería compartir mi alegría con alguien. Muy consciente de que Ulvi prefería mantener nuestras vidas privadas separadas, insistí sin embargo en que Ulvi viniera a verme actuar en la Y de la Calle 92. El enorme auditorio resonaba con el bullicio de niñas y niños que eran traídos en guaguas desde las diferentes escuelas de la ciudad. No fue hasta que me estaba maquillando que imaginé a Ulvi en el público, rodeado de inquietos, habladores y precoces escolares de la ciudad de Nueva York.

Quisquilloso por naturaleza, posiblemente notaría el agrio olor que despide un salón lleno de niños. Posiblemente, montaría cara por sus voces chillonas, por su modo de corretear por los pasillos para lograr un asiento junto al mejor amigo. Con Ulvi entre el público se me hizo difícil concentrarme porque me preocupaba que el contexto en que se hacía la presentación le impidiera disfrutarla.

Quedamos en encontrarnos en su apartamento después de la función y cuando entré al apartamento ni me saludó. Me tomó en sus brazos y me amó y supe que él supo que mi actuación había sido para él. Que cada poro estaba enfocado, no en los niños y las niñas que eran el público primario, sino en el oscuro rostro malhumorado que ahora cubría mis pechos de besos.

En el Advertising Checking Bureau, la Sra. Davis me llamó a la oficina de uno de los gerentes porque tenía que hablarme en privado. Le habían informado, me dijo en su mejor voz de supervisora, que ya no era estudiante del Manhattan Community College. Mi trabajo caía bajo el programa de "Educación Cooperativa," que quería decir que recibía crédito por trabajar, pero sólo si estaba matriculada en alguna institución académica. Como no lo estaba, la Sra. Davis me sugirió que solicitara un trabajo a tiempo completo en otra división de la Compañía para ella poder contratar a otro estudiante. Por mi horario en el teatro no podía trabajar cuarenta horas a la semana, así es que renuncié al Advertising Checking Bureau. Sin embargo, según se fue acercando la Navidad, se hizo evidente que con lo que ganaba en el teatro infantil no me daba para cubrir mis gastos, aún después de haber dejado las clases y los talleres de baile. Bill y Vera me prometieron que habría más funciones en la primavera y también una gira, pero no podían asegurarme cuántas serían, en qué fechas y cuándo empezaría la gira. Justo al empezar el año, me vi forzada a dejar Children's Theater International y a buscar un trabajo de verdad. Les sollocé mi adiós a Bill, que se iba también a San Francisco, a Vera, a Tom y a Jaime. Era difícil pensar que ya no usaría más el extravagante vestido de sirena, que ya no habría más cadenas arrastrándome fuera del escenario. En el año y medio que estuve trabajando para el teatro infantil, llegué a encariñarme con las respuestas entusiastas de nuestro público: la tensión cuando el héroe o la heroína estaban en peligro, las carcajadas con que recibían las changuerías del mono-dios y el regocijo al final cuando el príncipe y la princesa aparecían en todo su esplendor, con la certeza de un futuro feliz.

Mi propio futuro no parecía muy alentador que digamos. Enero no era el mejor mes para buscar trabajo. Dondequiera que iba me decían que el negocio estaba en receso luego del ajetreo de la Navidad. Lo más que podían hacer las agencias de empleo era mandarme a hacer inventarios en las tiendas por departamentos que tenían que inventariar su mercancía antes de empezar la temporada de especiales. Era un trabajo tedioso y me fastidiaba tener que contar miles de zapatos, trajes, abrigos, que no me podía comprar ni siquiera a precio de descuento.

Shoshana llegó en mi auxilio. Había dejado el *college* y estaba a punto de empezar un trabajo como modelo para un fabricante de vestidos y faldas talla *junior*. Habló con el dueño de la tienda de zapatos donde trabajaba cerca del Empire State Building y lo convenció de que debía reemplazarla conmigo. Pero yo no era muy buena vendiendo zapatos. Cuando una señora me preguntó cómo se le veían unas botas blancas a gogó, me incliné hacia la verdad —una virtud en la vida pero no en las ventas. El Sr. Zuckerman me sugirió que me buscara otro tipo de trabajo. Después de un montón de entrevistas en oficinas que requerirían más destrezas de las que yo podía ofrecerles, me cogieron en *Lady Manhattan*. Cuando se lo dije a Mami, se disgustó. "¿Tanta educación pa'acabar trabajando en una fábrica?" protestaba y yo le aseguraba que iba a estar en una oficina, no en un taller.

Ahora que estaba empleada de nueve a cinco, Ulvi y yo cambiamos nuestros encuentros amorosos de por la tarde a las noches y los fines de semana. Cuando no estaba con él, me encontraba con Shoshana o iba al cine o me reunía con Alma para comer. Alma acababa de empezar un trabajo como secretaria en NBC donde la mayoría de los ujieres que conocía habían progresado a posiciones mejor pagadas como asistentes de producción y escritores. Alma admiraba a su jefe de quien se decía que estaba destinado a alcanzar grandes logros en la compañía. Lo vi una vez en la oficina de ella. Era como una versión joven del señor

Rosenberg, el productor del teatro yídish donde había sido ujier, solo que más nervioso.

Mi jefa en *Lady Manhattan* era Iris, una mujer treintona de unos amables ojos verdegris, pelo corto de un castaño rojizo y un cuerpo que Shoshana describía como *zeftig* —no gordo, pero tampoco flaco. Como asistente suya tenía derecho a mi propia oficina aparte de la de ella donde mi trabajo consistía en mantener sus archivos en orden, contestar el teléfono, estar pendiente de su calendario de citas, pedirle el almuerzo, buscarle café, atender su correspondencia. Cuando me entrevistó, Iris no me hizo una prueba de mecanografía y no fue hasta después de una semana de estar trabajando que se dio cuenta de que lo debió haber hecho. Me tomó una mañana entera escribir una simple carta de un párrafo con su duplicado. Cada vez que me equivocaba, sacaba el original y el papel carbón que tenía detrás y volvía a empezar para que los dos me quedaran perfectos. Iris le echó una mirada a la pila de papel timbrado de *Lady Manhattan* y de papel carbón arrugado en el zafacón y sacudió los hombros.

"No te apures, déjalo," me dijo. "Yo misma lo paso."

En su oficina, Iris tenía un tablón de edictos tamaño pared en el que pegaba retazos de color para las diferentes estaciones de la moda: la anterior, la actual y las próximas dos. Su trabajo consistía en comprar las telas que los diseñadores usaban para las blusas que *Lady Manhattan* fabricaba. Era buena en su trabajo, me dijo Iris sin que se lo perguntara, y si yo era lista y prestaba atención, podría aprender mucho de ella. Me hacía estar presente en las reuniones, supuestamente para tomar notas, pero ella me admitió que era para que fuera aprendiendo los trucos del oficio. Juntas fuimos decidiendo los nombres de los colores para la próxima estación. Yo le sugerí azul-gris, ella le llamó azul Mediterráneo. Como nunca había visto ese mar, no podía discutir con ella. Cuando yo le ofrecí "naranja oscuro", ella me respondió con "pastel de calabaza." Si yo veía azul marino, ella imaginaba "medianoche." Era obvio para todo el mundo en *Lady Manhattan*, aunque no para la generosa Iris, que yo no gozaba del instinto poético o hiperbólico necesario para tener éxito en la industria de la ropa.

El edificio donde trabajaba quedaba a siete bloques del teatro de

Broadway donde Allan trabajaba en *Fiddler on the Roof*, en la que Henry Goz hacía el papel estelar. Allan estaba en el coro y hacía de suplente en el papel del estudiante idealista que se casaba con una de las hijas, que en ese momento lo hacía Adrienne Barbeau. Un día Allan me llamó a la oficina para decirme que esa noche iba a estar a cargo del papel y que podía conseguirme un boleto para que fuera a verlo. Llamé a Ulvi para cancelar nuestra cita. No me preguntó por qué y yo no entré en detalles.

Yo había visto *Fiddler on the Roof* cuando Allan fue seleccionado para trabajar en la obra. Era maravilloso ver cuánto había madurado su papel. Le había añadido un aire juvenil, amuchachado, al rol romántico, una inocencia que hacía que el público se encariñara con él. Después fui a verlo al camerino y me presentó a Adrienne y a Harry Goz; a Florence Stanley, a quien había conocido en *Up the Down Staircase* y que hacía de Yenta; a Bette Midler, que hacía de hija mayor. Después que todos firmaron autógrafos en la puerta de los camerinos, cruzamos la calle y fuimos a comer a un restaurante largo como un túnel con las paredes decoradas con fotos firmadas por los actores de Broadway. El bar estaba lleno de humo y de actores habladores, todavía excitados después de la función. En la vellonera, Diana Ross proclamaba que algún día estaríamos juntos, y el coro era repetido una y otra vez por un grupo lloroso y afligido que, en una esquina, estaba despidiendo a uno de sus miembros.

Era tardísimo cuando llegué a casa. Mami alzó la cabeza de la almohada, me saludó con la mano y se volvió a dormir. Al día siguiente en el trabajo, me sentía exhausta y cuando Iris se fue a una reunión en New Jersey, le pedí a la operadora del cuadro que atendiera las llamadas, me encerré en la oficina de Iris y dormí en el piso dos horas. Cuando cotejé, encontré varios mensajes de Ulvi. Estaba en su casa y aunque no era una de nuestras noches, insistió que fuera hasta su apartamento porque tenía que hablar conmigo. Estaba furioso, lo sentía en su voz.

"¿Qué es lo que pasa?" le pregunté, pero se negó a discutirlo por teléfono. "Ven después del trabajo," me dijo.

Me preparó comida, como hacía con frecuencia. Sus inventos eran simples —vegetales salteados con un poco de queso feta, ensalada, espinaca al vapor con un huevo pasado por agua en el medio, berenjena asada. Llegué a apreciar los sutiles y delicados sabores de los vegetales frescos que casi nunca se servían en casa y que eran básicos en la dieta de Ulvi. Esta vez preparó coliflor al vapor aderezada con generosas porciones de salsa holandesa de pote, mi contribución a su dieta. A él no le gustaba ese plato tanto como a mí, así es que me impresionó que se tomara la molestia de preparármelo. Comimos en silencio, en la mesa de centro con tope en piel. Me daba cuenta de que algo pasaba; sentía en el aire una tensión tan sólida como las cuatro paredes. Tan pronto recogimos los platos me llevó hasta el sofá-cama, se sentó en una punta y me señaló la otra, donde me senté encima de mi pierna doblada.

"Chiquita," empezó, "¿Dónde tú estabas anoche?"

Le conté de la obra, de Allan, del resto del elenco, del restaurante ruidoso y lleno de humo. Me escuchó con atención, me preguntó sobre Allan. ¿Cuándo lo conocí? ¿Dónde? ¿Era Allan mi novio antes de él conocerme?

"Ay, no," me reí, "no es así con Allan. Lo quiero muchísimo pero no de esa manera. Somos amigos."

Ulvi asintió con la cabeza, un dedo doblado cerca de los labios. "Dime, Chiquita, ¿tú tienes muchos amigos?"

"Sí," le contesté con honestidad.

Se levantó y de tres zancadas llegó a la puerta. "¡Lárgate!" Tenía tanto coraje que estaba rojo encendido.

Quedé atónita, incapaz de moverme, muda. Abrió la puerta y repitió la palabra con tal veneno que no tuve más alternativa que arrastrarme del sofá, recoger mi cartera e irme del apartamento. Tiró la puerta detrás de mí. En el ascensor, en el *lobby*, fuera del edificio, por la Tercera Avenida, iba sostenida por la fuerza de su rabia. ¿Qué había hecho? Caminé hasta la estación del tren, esperé detrás de una columna con mis pensamientos enfocados en cada palabra que había pronunciado en su presencia. Al tramitar mi inglés a través del español, ¿se había perdido algo? ¿Malinterpretó lo que yo dije según fue traducido del inglés, al alemán, al turco? ¿O había roto yo algún tabú turco al salir una noche con mis amigos? Turquía era un país musulmán. Los seguidores del Islam no bebían. ¿Se habría ofendido porque fui a un bar? No. Tenía coraje porque yo tenía amigos varones. ¿Estaba eso prohibido para las mujeres en Turquía? ¿Fue por eso que reaccionó tan violentamente? Aguanté el llanto hasta que llegué a casa —más temprano de lo usual como bien puntualizó Mami al alzar las cejas. Me encerré en el baño, llené la bañera con agua hirviendo y estuve en remojo y sollozando durante una hora mientras afuera, periódicamente un hermano o una hermana tocaba a la puerta porque tenía que orinar.

Se acabó, sin más ni más. La mayor cantidad de palabras que Ulvi y yo habíamos intercambiado desde el día de la parada nos había llevado a nuestra primera y única pelea. ¿En realidad fue una pelea? ¿No se suponía que para pelear se necesitaban por lo menos dos? Había sido todo tan unilateral. No tuve oportunidad de defenderme. ¿De qué? ¿Había hecho algo para merecerme este trato? Su furia fue tan inesperada, tan rápida como la picada de un escorpión e igual de dolorosa. "Lárgate," me dijo. Con una simple palabra me pateó de su vida. Mientras me retorcía en la cama al lado de Delsa, gemía y me quejaba tan fuerte que Mami vino a ver qué me pasaba.

"Algo que comí," le dije, "me cayó mal." Cinco minutos después me trajo un té de manzanilla con miel. Me lo tomé a sorbitos frente a ella y de vez en cuando, contraída por los sollozos, empujaba los brazos contra el estómago para aquietar el dolor que latía, no allí sino un poquito más alto, hacia la izquierda.

"Para ese aire de niña-esclava."

Iris se dio cuenta de que me veía pálida y exhausta al día siguiente. Me llamó a su oficina y me preguntó qué me pasaba. Fue imposible contener las lágrimas que acechaban tan cerca de la superficie y que brotaron en contra de mi voluntad.

"Ay, pobrecita," me dijo Iris. "Un hombre te hizo esto." Asentí con la cara escondida entre las manos. Se levantó de su escritorio y vino hasta donde estaba yo sentada y me abrazó. Me frotó la espalda, me ofreció pañuelitos desechables, me quitó el pelo húmedo de los cachetes. Pero ninguna de las palabras nacidas de su sabiduría de mujer podían quitarme la pena. "Es un perro," dijo finalmente, aunque nunca lo había visto. Asentí otra vez. Me dio libre el resto del día.

Llamé a Shoshana a su trabajo y quedamos en encontrarnos para comer. Salí de la oficina y caminé rápidito por la Séptima Avenida hasta Central Park. Era un día frío y lluvioso y mis ojos rojos, mi cara hinchada y los sollozos ocasionales pasaron inadvertidos para la gente en la calle. Al llegar al sitio donde Jurgen me había confesado a qué se dedicaba, mi dolor se volvió rabia. ¿Cómo se atrevía Ulvi a botarme de su apartamento sin ninguna explicación? ¿Qué clase de estúpida era yo que le había hecho caso? ¿Qué habría pasado si hubiera discutido con él? Un par de veces viré para ir hasta su apartamento. Pero según fui representando en mi mente lo que podía pasar, me pareció melodramático, demasiado parecido a una telenovela, demasiado cerca de lo que se esperaba de una apasionada puertorriqueña agraviada. Reprimí el deseo de matarlo y seguí caminando hasta que llegué al Metropolitan Museum of Art dejando que las llovizna me empaparan. Me detuve frente al cuadro de Seurat donde había conocido a Avery Lee y me arrepentí de haberle dicho que no. Si lo hubiera aceptado, ahora estaría viviendo rodeada de

295

lujo en El Paso, donde nunca llovía. Avery Lee no esperaba de mí más
de lo que yo le daba a Ulvi. Y sabía inglés. Observé la pintura un largo
rato pero todavía no logré encontrarle más sentido que cuando la vi por
primera vez.

En la cena, Shoshana insistió que me comiera otro plato de sopa
de pollo para espantar los mocos y el lloriqueo que ya no eran causados
por las lágrimas de Ulvi sino por el catarro que había cogido caminando
en la lluvia. Cuando finalmente le conté la historia, ya no me dolía tanto
hablar de él. "Esto se te va a pasar pronto," predijo. "Tú no eres de las
que sufren por mucho tiempo." Tenía la cabeza tan pesada que no podía
pensar con la rapidez necesaria para estar o no de acuerdo con ella. En
el *subway*, camino a Brooklyn, anoté sus palabras en un pedazo de papel
y lo guardé doblado dentro del monedero. No, yo no era de las que me
aferraba al dolor mucho tiempo. ¿Para qué? Ya vendría por ahí un nuevo
revés.

Falté tres días al trabajo. Tata y Mami me cuidaron dándome cal-
dos y el temido *tutumá* que no sabía mejor ahora, que tenía veinte años,
que cuando tenía trece y Mami lo inventó. Dormía arrullada por el rro-
rró de las máquinas de coser. Mami tenía ahora un negocio en casa. De
la fábrica, traía ropa en piezas y entonces ella, Titi Ana y otras mujeres
terminaban de montarla en las máquinas de coser que estaban en la sala.
Tata atendía a Charlie, Cibi y Ciro que a veces venían a la fábrica
improvisada buscando la admiración, y los arrullos y arrumacos de las
mujeres.

El sábado por la mañana me sentía mejor pero me quedé leyendo
en la cama. Shoshana me llamó para saber cómo me sentía. Cuando se
fue a despedir me dijo la verdadera razón de su llamada.

"No te quise decir nada el otro día, que te sentías tan mal . . ."
Regresaba a Israel para cumplir con el Servicio Militar que había estado
posponiendo. Estaría fuera varios meses. "Si los árabes no hacen alguna
locura, a lo mejor regreso," bromeó, pero yo no me reí. No tenía mucho
tiempo, pero quedamos en encontrarnos para una última cena juntas.
Perder a mi mejor amiga a la vez que perdía a mi amante me devolvió a
la cama un día más, pero el lunes me arrastré a trabajar. Había un montón de mensajes encima del escritorio, la mayoría para Iris pero algunos
para mí. "Ulvi llamó," había escrito la recepcionista que atendía las lla-

madas en por lo menos cinco papelitos rosa. En el último había escrito
"¡Urgente!" y al lado en paréntesis, "Me pidió que escribiera esto," con
una flecha señalando la palabra. No lo llamé. Cada vez que miraba los
papelitos me acordaba de su furia, del gesto cruel en sus labios cuando
me pidió que me largara de su apartamento.

Me reuní con Shoshana para cenar y después caminamos por la
Quinta Avenida como habíamos hecho tantas veces hasta el Plaza,
intentando volver sobre nuestros pasos hasta Grand Central y los *subways*. Pero frente a la fuente se nos acercó un hombre. Era un productor,
nos dijo. Estaban proyectando su película en el Paris Cinema al cruzar
la calle. Nos preguntó si nos gustaría verla.

Era una impenetrable película en blanco y negro en una lengua
eslava que ninguna de las dos podíamos identificar. Los subtítulos tampoco nos ayudaron. Shoshana y yo nos reímos durante toda la película
mientras los amantes del cine serios nos mandaban a callar y el pobre
productor subía y bajaba nerviosamente por los pasillos, escudriñando
las caras del público, tratando de identificar a las atrevidas que osaban
reírse de su obra magna. Sin poder aguantar más la risa, salimos corriendo de allí tan pronto empezaron a pasar los créditos. Mientras caminamos tomadas del brazo hasta Grand Central, supimos que nuestros días
de libertad y aventuras terminaban esa noche. Pasarían meses antes de
que Shoshana regresara a los Estados Unidos y para entonces quién sabe
dónde estaría yo. Nos abrazamos y Shoshana prometió escribirme tan
pronto llegara a Haifa. No le recordé que siempre que se iba a Israel prometía escribirme pero nunca lo hacía. Minutos después de despedirnos,
sentí la pérdida de la mejor amiga que había tenido, la única persona,
creía yo, que realmente me conocía.

No había olvidado a Ulvi; pero en los cinco días que habían pasado después que me tiró la puerta, se había convertido en un dolor parecido al
que deja una cortadura. La mayor parte del tiempo no lo sentía hasta
que me tropezaba con algo. El día después de mi cena con Shoshana,
contesté el teléfono de Iris.

"¿Chiquita?" Su voz suave, vacilante me mareó un poco y mi instinto inicial fue colgar el teléfono. Primero se disculpó por su comportamiento de la semana anterior. Después me dijo que quería verme porque tenía algo que explicarme. "Quizás tú no entiendas," conjeturó "por qué estoy molesto."

El uso del presente no me desconcertó porque Ulvi con frecuencia confundía el presente con el pasado. Insistí en que nos reuniéramos en un restaurante y no en su apartamento. "Si quieres hablar," le dije "es mejor así." Cuando lo vi frente al *Magic Pan* en East 57 Street por poco me tiro en sus brazos pero me contuve, dejé que me besara el cachete y me separé antes de que fuera a flaquear en mi determinación.

Pensó sobre lo que había pasado la semana pasada. "Tú eres una niña," dijo. "Lo olvido a veces."

Le recordé que tenía veinte años y medio, no diez. Sonrió indulgente. "Para mí, tú eres mi Chiquita," dijo. "Siempre."

Tenía coraje esa noche, me dijo, porque teníamos una cita y yo la había cancelado a la última hora para estar con otro hombre. Le expliqué que Allan no era "otro hombre" en el sentido que yo creía que lo entendía Ulvi; sino un amigo muy querido. La razón para haber cancelado a última hora fue que Allan, como actor suplente, no siempre sabía con anticipación cuándo tendría que actuar.

"¿Por qué no me dijiste?" preguntó Ulvi.

"Porque no me lo preguntaste. Nunca lo haces. Tú no quieres saber nada de mi vida privada, ¿recuerdas?" Fue imposible disimular el resentimiento que había en mi voz, el sarcasmo que se filtró en las últimas tres sílabas. Ulvi se encogió. Permanecimos sentados en silencio unos minutos. Lo sentí luchar con su respuesta. No había posibilidad de que borrara con besos lo que sentía, allí, en un restaurante repleto, frente a comida francesa de embuste. Ni podía tranquilizarme con promesas de que nunca me lastimaría. Ya lo había hecho. Le tomó mucho rato formular lo que quería decir. Él pensaba que era el único hombre en mi vida. Le inquietaba que yo me sintiera libre para ver otros hombres.

Le contesté que nunca habíamos hablado de nuestra "relación" en términos que me llevaran a pensar que no podía salir con otros hombres. Si eso lo hacía sentir mejor, le aseguré, nunca había tenido relaciones sexuales con otro hombre que no fuera él. El alivio que cubrió su rostro me sorprendió. ¿Qué esperaba?

Salimos del restaurante, le dimos la vuelta a la manzana y vinimos a parar a su calle. Se sonrió, me atrajo hacia él, me besó y yo me disolví dentro de mi pesado abrigo de invierno. Sus brazos se sentían familiares, sus labios como los míos. Tenía la estatura perfecta, yo no tenía que estirarme, ni agacharme para descansar la cabeza en su hombro, o para que él me pasara el brazo por la cintura. Caminamos con el mismo paso decidido, nuestros pies tocaban la acera a la vez, sincronizados por un mecanismo interno que ninguno de los dos controlaba. Hacer el amor fue danzar; cada parte de nuestro cuerpo en armonía con su complemento en el otro, como si no fuéramos dos, sino uno. Después, mientras reposaba satisfecha en sus brazos, me dijo que quería tenerme siempre a su lado. No fue una promesa, ni una proposición de matrimonio ni una declaración de amor pero yo entendí todas esas cosas.

Durante los días y las noches que siguieron, nos acercamos más. A regañadientes Ulvi se fue abriendo y me habló más de sí mismo y de su obsesión con la película *Dry Summer*. El éxito obtenido lo había sorprendido porque en Berlín, la favorita para primer premio había sido *The Pawnbroker* con Rod Steiger. "Nadie espera que yo gane," rió, "ni yo." Se hizo famoso de un día para otro, viajó alrededor del mundo para asistir a festivales y competencias, hizo dinero. Compró un Rolls Royce blanco que guió de Nueva York a Hollywood. Allí conoció a Kim Novak y a Angie Dickinson. El productor de Hollywood, Sid Solow le prestó su casa de huéspedes por un par de semanas en lo que lograba cerrar un trato para exhibir la película. Pero a pesar de sus esfuerzos, *Dry Summer* no encontró un distribuidor en América del Norte. Donde quiera que iba, le decían que la película era hermosa pero que si quería presentarla en los Estados Unidos necesitaba añadirle más sexo y mejor música. Vendió el Rolls Royce e invirtió el dinero en la película. Contrató al compositor griego Manos Hadjidakis que había escrito la música de *Never on Sunday*, para que le compusiera una música nueva para *Dry Summer*. Ulvi encontró una muchacha que se parecía a Hulya Kocigit, su interés romántico en la película. Viajó con un cinematógrafo hasta Long Island para filmar escenas nuevas. Ahora estaba reeditando la película para incorporarle las escenas de sexo.

"¿Hulya accedió a eso?" pregunté.

"Es una estrella famosa en Turquía ahora. No tiene tiempo."

La *suite* de edición quedaba en el segundo piso de un edificio desvencijado a medio bloque del Woolworth's donde Ulvi me había visto por primera vez. Su editor era un hombre mayor, de piernas largas, de pelo blanco, ojos tristes y un rostro de arrugas profundas que apenas sonreía. Hans me recordaba a Bela Lugosi, tanto en su físico como en su modo de hablar con su acento pesado. Trabajaba con una Movieola vertical, sus dedos volando de la máquina de edición al cenicero que tenía al lado. En el cuarto de atrás había otra Movieola que se le había alquilado a otro cineasta.

Todos los días después del trabajo, me reunía con Ulvi en el cuarto de edición a un par de bloques de mi oficina. Cuando terminaba, nos íbamos hasta el apartamento, comíamos, dábamos largos, y helados paseos por la Quinta Avenida a través de Central Park y hablábamos —o mejor dicho, hablaba él. Yo atesoraba cada palabra suya, su entonación, las pausas y vacilaciones de su hablar. Empezaba cada una de sus muchas confidencias con "Esto yo no lo digo a nadie, Chiquita," lo que me hacía sentir incluida en su vida, conocedora de sus secretos.

Ulvi contrató un escritor para que le hiciera los subtítulos nuevos a la película. Se preocupaba de que el dinero que le quedaba se le estuviera yendo como agua entre los dedos en su afán de que la película le resultara atractiva a los norteamericanos. Por las noches, después que me acompañaba a la estación del tren, se iba hasta el apartamento de Manos, en los altos del restaurante Acropolis en West 57 Street, para trabajar en la partitura. Según Ulvi, a Manos no le gustaba componer de día, así es que sus sesiones de trabajo empezaban después de las once de la noche y terminaban en la madrugada. Era un horario extenuante pero Manos sostenía que su creatividad llegaba a su mayor intensidad tarde en la noche. Como Manos se había ganado un premio de la Academia con *Never on Sunday*, Ulvi sentía que tenía que complacerlo. Tenía la esperanza de que la partitura de Manos aumentará el interés en su película.

Cuando le expresaba preocupación por su salud debido a lo mucho que trabajaba, Ulvi me lo agradecía pero me decía que no tenía otro remedio. "Esta es mi única oportunidad, Chiquita," me decía en tono de confidencia.

Durante las semanas siguientes, mis días, noches y fines de semana fueron consumidos por Ulvi. No pasaba tiempo con nadie más, ni con mi familia, ni con mis amistades, ni con mi prima Alma. Tenía dinero de nuevo para pagar mis clases de baile pero las dejé después de que Ulvi y yo fuimos a ver una película de Satyajit Ray.

"Esa es la clase de baile que hago," le dije refiriéndome a la secuencia de Bharata Natyam al empezar la película.

"Es baile ridículo" fue la opinión de Ulvi. "No para ti."

La próxima vez que asistí a un taller de baile, me miré en el espejo, consciente de los movimientos estilizados, las expresiones faciales afectadas, la música atonal. Me veía ridícula en mi sari, con campanas en los tobillos, el punto rojo en el medio de la frente.

De ahí en adelante, le dediqué cada minuto libre a él. Mientras Ulvi trabajaba en su película yo leía en una esquina del cuarto de ediciones. A veces me mandaban a buscar café o almuerzo o a recoger o a entregar algún paquete. Johan, que rentaba la otra Movieola que había en la *suite*, me pidió que le tradujera su película. Él y su hermano Fritz habían documentado una expedición arqueológica en la jungla Colombiana. Muchas de las escenas eran en español, un idioma que ni John ni Fritz entendían. Traduje al inglés las escenas que eran en español, y entonces traduje toda la película al español para que tuvieran una versión en cada idioma.

Mientras él y Hans editaban, vi escenas de un joven y ardiente Ulvi pero nunca vi la película entera de principio a fin. Las escenas de los desnudos fueron hábilmente tomadas, una en un maizal y la otra frente a un telar que tenía colocada una alfombra tensada a medio terminar. La actriz se parecía lo suficiente a Hulya para que a través de un manejo hábil de la luz y de las posiciones de su cara, las transiciones fluyeran con suavidad aunque no perfectamente.

En la oficina, hubo muchos días en que no logré inventar evocadores nombres para los colores primarios. No podía pasar una carta a maquinilla sin desperdiciar diez hojas de papel. El itinerario tan ocupado de Iris, hacía que con frecuencia me quedara sola en la oficina, agobiada por el aburrimiento, rogando que el teléfono sonara para poder tomar algún mensaje. Me sentía mal de estar cobrando un salario cuando no tenía nada que hacer así es que decidí mejorar mis destrezas secretariales. Compré el libro *Teach Yourself the Gregg Shorthand Method* pero, entre el español, el inglés, el espanglés, el francés de escuela superior, el turco que iba y venía en el Movieola, y el alemán que Ulvi, Hans y Johan hablaban entre ellos, no me quedaba espacio en la cabeza para otro idioma.

Mami ya no me preguntaba dónde había estado, con quién, que había estado haciendo. Era como si, con los otros diez hijos que tenía que cuidar, mis actividades fueran para ella de poca importancia mientras yo volviera a casa todas las noches. Apenas veía a mis hermanas y hermanos porque procuraba irme de la casa lo más temprano posible y regresar mucho después de que todo el mundo se hubiera acostado. Un domingo, Ulvi no podía verme por que tenía que visitar unos amigos en Long Island. Había planificado quedarme en casa ese día pero dos horas después de levantarme, salí de la casa sofocada por el revolú, el desorden, la confusión, el entra y sale de gente corriendo de un cuarto a otro, subiendo y bajando la escalera. Anhelaba el silencioso y austero apartamento de Ulvi, su orden sistemático que ya no me parecía siniestro, sino reconfortante. Sin embargo sin él allí, no podía ir al apartamento. Me pasé el día en el cine, vi la doble tanda dos veces y regresé a casa a la misma hora de siempre.

Ulvi me sorprendió un día. Me invitó a cenar en un restaurante caro porque quería celebrar que había encontrado una gente que se había interesado en su película. Habían filmado un par de películas de poco presupuesto en Italia y estaban interesados en Ulvi como director para otra película que querían producir. Ulvi me dijo que estaban impresionados con su reputación como director de películas de arte, una imagen que ellos también estaban tratando de crearse.

"Es una buena posibilidad," dijo Ulvi como restándole importancia, pero yo sabía que se sentía aliviado. Le había quitado el peso de tener que financiar él solo cada aspecto de *Dry Summer*, justo cuando se estaba quedando sin dinero. "Me queda suficiente para un mes" me dijo y yo me pregunté que habría pasado si no hubieran aparecido los socios.

Cuando regresamos al apartamento, Ulvi me tomó la mano y me la besó. Me pidió que cerrará los ojos y me enganchó una pulsera en la muñeca. Era una malla de oro pesado, como de una pulgada y media de ancha con un trenzado de oro en las orillas. Quedé sin habla, cortada por la extravagancia del regalo.

"¿Por qué es esto?" gagueé.

"Has sido una niña buena," murmuró.

"Pero es demasiado caro para ti."

"No te preocupes," me dijo.

Más tarde, desnuda excepto por la pulsera, moví la muñeca de aquí, para allá, para ver el reflejo del oro contra mi piel. Me pregunté cuánto costaría la pulsera, si cientos o miles de dólares.

"Me siento rara aceptándola cuando sé que necesitas el dinero," le dije apenada.

"Dije no te preocupes," respondió molesto.

De regreso a casa esa noche me halé la manga del abrigo sobre la pulsera para que nadie en el tren la viera y me la fuera a robar. Como sabía que Mami se fijaría, le inventé una historia de una amiga que quería venderla. ¿Valdría los veinticinco dólares que me pidió? A Mami le pareció que el precio era más que razonable.

Me ponía la pulsera para ir a todas partes, con ropa casual o de vestir, porque a Ulvi le gustaba vérmela puesta. Cuando se la enseñé a Iris me dijo que le recordaba los grilletes. "Para ese aire de niña-esclava" añadió.

En las semanas siguientes Ulvi me hizo otros regalos caros, una agenda de piel de Hermés, un llavero de plata en forma de corazón de Tiffany's. También empezó a mostrar interés en la forma en que me vestía. Insistía en que no me maquillara cuando estábamos juntos. "No me gustan las mujeres pintadas," decía. Me acompañaba a comprar ropa. Antes de hacer películas, había trabajado de ingeniero textil en Alemania y era muy exigente con lo que le tocaba la piel. Cuando yo escogía alguna pieza, la frotaba entre los dedos, se la pasaba por la palma de la mano, viraba la pieza al revés para saber si el diseño estaba estampado o tejido en la tela y para examinar las terminaciones de las costuras. Descartaba la mayor parte de mis selecciones. "Esto es para chica barata," decía despectivamente y escogía otra cosa. "Este mejor para ti."

"Chica barata" era su mayor insulto, exactamente lo opuesto a la "chica elegante," que vestía bien y se comportaba apropiadamente de acuerdo a un complicado sistema de reglas de etiqueta y modales que Ulvi juraba que yo tenía que dominar. "Si vas a estar conmigo, tienes que aprender."

Quería estar con él, así es que presté atención a sus lecciones. Cuando salíamos, yo tenía que imitar cada uno de sus movimientos para no pasar una vergüenza. Comería si él comía, con los cubiertos que él usara, hablaría menos, escucharía más, me reservaría mis opiniones. Me hizo estar consciente de mis limitaciones y me prometió ayudarme a superarlas. "Tú eras pobre niña con mente estrecha," me dijo una vez y lo repetía con frecuencia. Cuando se daba cuenta de que me había ofendido, me explicaba que lo que quería decir no era que yo fuera estúpida sino poco sofisticada porque me habían sobreprotegido.

"Es lo que me encanta de ti, Chiquita," me dijo. "Te puedo enseñar todo." Quería ser Pigmalión y yo me convertí en la piedra en que esculpió a Galatea. Cuando sentía que me estaba controlando demasiado la vida, me quejaba pero él me acallaba con una caricia y una promesa. "Estarás junto a mí pero tienes que hacer lo que yo te diga." Para estar con él tuve que desechar lo que yo era para convertirme en la mujer con quien él quería estar. "Tengo miles de novias," se jactaba, "pero tú eres la única que me importa." Fue lo más cerca que llegó de decirme que me quería, pero para mí fue suficiente.

Poco a poco me presentó alguna gente de su vida. Cada encuentro era una prueba que tenía que pasar para moverme al próximo nivel. Primero conocí a Hans, Johan y Fritz y me comporté bien en el sofocante cuarto de edición. Entonces me presentó a Bruce, el escritor que lo ayudó con los subtítulos y a su delicada esposa, Diana. Peter, el camarógrafo iraní que filmó las escenas de sexo, y su esposa Bárbara fueron los próximos. Cuando me presentó a Tarik, el hombre a quien llamaba su mejor amigo, supe que confiaba en mí. Cada pedacito de su vida que me permitía compartir me sabía a victoria porque me había ganado el derecho a estar con él, a su lado.

Manos terminó la mayor parte de la partitura y pensaba grabarla con un grupo de músicos adiestrados en Julliard que actuaban bajo el nombre de The New York Rock and Roll Ensemble. Llegué al estudio de grabación y conocí a Manos por primera vez. Era enorme, tenía una sonrisa cautivante; manos pequeñas de dedos cortos y gordos; risueños ojos ébanos.

Después de las dos primeras sesiones en el estudio de grabaciones, Ulvi me dijo que no volviera. Los músicos y sus novias fumaban pasto continuamente y a Ulvi le preocupaba que estuvieran usando otras drogas. "No te quiero cerca de eso," dijo y yo le agradecí su preocupación.

El día que me dijo su edad entendí por que la había mantenido en secreto tanto tiempo. Tenía treinta y siete años, la misma edad de Mami, diecisiete años más que yo. Había estudiado psicología en Manhattan Community College y estaba consciente de que Ulvi era el clásico sustituto del padre, pero no me importaba. Me cuidaba como nadie me había cuidado. En sus brazos me sentía segura y protegida. Arropada en su abrazo no tenía mayor responsabilidad que hacer lo que él dijera. "No te preocupes", me tranquilizaba, "yo me hago cargo de todo." Él tenía claro lo que esperaba de mí. A diferencia de los demás adultos en mi vida, no decía una cosa y hacía otra. Si no quería que yo bebiera era porque él no bebía. Si se oponía al cigarrillo, él no fumaba. No quería niños, él se hacía cargo de que yo no saliera encinta.

Él necesitaba una discípula; yo necesitaba que me guiarán. Sentía que me sumergía como una piedrita en un lago. Sin resistencia, sin rastro alguno de que hubiera estado en otro sitio, de que hubiera sido una persona, sin él. Con Ulvi ya no era la hija de un padre ausente, la mayor de once hijos, la modelo para diez hermanas y hermanos, la traductora de mi mamá. No era Esmeralda fracasada actriz/bailarina/secretaria. Con mi cabeza recostada en el pecho de Ulvi, mis brazos alrededor de su cuello, yo era lo que había dejado de ser el día que me monté en el avión de hélices en Isla Verde para salir a la lluviosa noche de Brooklyn. Después de siete años en los Estados Unidos, me había convertido en lo que había dejado de ser cuando dejé Puerto Rico. Me había convertido en Chiquita —pequeña, niña, niñita.

"Así tiene que ser."

～～～

En abril, Ulvi y yo dimos largos paseos en Central Park por caminos que el parecía conocer íntimamente. "Yo corro por aquí," me dijo, lo que me sorprendió porque nunca me había dicho que corría. De vez en cuando le gustaba dejar los caminos y andar por la hierba, sus ojos escudriñando el verdor en busca de un trébol de cuatro hojas. Me impresionaba que siempre encontraba alguno, lo arrancaba y lo aplastaba entre los pliegues de un dólar. Más tarde en el apartamento, lo pegaba con cinta adhesiva y luego lo recortaba cuidadosamente. Se los mandaba a los amigos, me dijo, y una vez me regaló uno a mí. "Te traerá buena suerte," me aseguró. Lo guardé en mi monedero, como me había indicado, pero no noté ninguna diferencia en mi fortuna.

"Quizás soy inmune a la buena suerte," bromeé, pero no lo cogió.

Nuestros paseos por el parque acababan siempre en el zoológico, donde visitábamos las tristes criaturas enjauladas que caminaban de un lado a otro con la misma tenacidad que hubieran mostrado si realmente hubieran ido para algún sitio. Nos deteníamos para mirar a las focas deslizarse en las aguas turbias, su piel brillante. Muchísima gente se arremolinaba por el estanque cuando las alimentaban, pero a mí, sus monerías a cambio de un pescado muerto, me parecían lastimosas.

Shanti me había tomado numerosas fotografías en el zoológico, cerca de la jaula de los monos o en un banco rodeada de palomas que una viejita alimentaba de un cubito plástico que tenía al lado. Cada vez que pasaba por esos lugares recordaba los ojos marrón-Crayola de Shanti, su modo de inclinar la cabeza para mostrarme cómo debía colocar la mía.

Cuando Ulvi y yo caminábamos alrededor del lago, recordaba la mirada de satisfacción de Jurgen cuando levantaba los remos, los metía en el agua, los traía hasta su pecho para impulsarnos hasta cruzar el lago. A Ulvi le gustaba sentarse en los recibidores de los hoteles elegantes como el Plaza, el St. Regis, el Waldorf. No le conté de las cenas de Shoshana y mías en los restaurantes de esos hoteles, ni de los hombres solitarios dispuestos a gastar su dinero y su tiempo en un par de muchachas ávidas de compañia masculina.

El restaurante de Rockefeller Center donde Jurgen y yo hablamos por primera vez, todavía servía comidas caras bajo sombrillas brillantes, pero no le conté a Ulvi que una vez me senté bajo su sombra a llorar en el hombro de un desconocido porque Avery Lee me había pedido que fuera su amante. Ulvi, que hablaba como si yo nunca fuera a recordar una palabra de lo que me decía, no me preguntaba nunca sobre mí. Mientras menos interés mostraba en mi vida, más avergonzada de ella me sentía, avergonzada de tener una vida antes de él, una vida sin él.

Un par de semanas después que cumplí los veintiún años, estábamos caminando por el parque cuando Ulvi se encogió de dolor. Lo ayudé a llegar a un banco cerca y estuvo sentado un rato, pero rechazó mi ofrecimiento de acompañarlo a una sala de emergencias. "No es nada Chiquita. Yo he tenido esto antes," me dijo y yo no lo presioné más, pero insistí en que tomáramos un taxi hasta su apartamento. Se acostó un ratito y me dijo que se sentía mejor. Antes de irme, me prometió que vería a un médico.

"Necesito operación," me dijo unos días más tarde.

Las únicas personas cerca de mí que habían necesitado una operación, eran Raymond, cuyo pie herido y las subsiguientes operaciones habían sido la causa de nuestro viaje de ida a Brooklyn, y Francisco, el amor de Mami, el papá de mi hermano Franky. Las operaciones de Raymond le habían salvado el pie. Francisco había sufrido innumerables procedimientos que no pudieron salvarlo. Instintivamente, hice caso omiso de los éxitos y me enfoqué en los fracasos de la medicina. Al igual que Francisco, Ulvi entraría a la sala de operaciones, y ya no lo vería más. Yo no era fuerte como Mami, no podría sobrevivir a los meses de negra desesperación.

"No esté tan asustado, Chiquita," Ulvi me tomaba en sus brazos y me abrazaba fuerte mientras yo sollozaba en su pecho. "Es sólo una operación de hernia. Nada de preocupar."

Pero, no pudo convencerme. Mi cabeza se llenaba de imágenes de Ulvi muerto. Ulvi, un fantasma que me rondaría para siempre como Francisco había rondado a Mami. Me tomó mucho tiempo calmarme, y entonces, Ulvi me dijo el resto. Era cirugía menor, no estaría en el hospital más de un par de días, pero no tenía seguro médico y el dinero se le había acabado. Los distribuidores que querían lanzar *Dry Summer* hicieron los arreglos de hospital y con un médico que le haría la operación gratuitamente, en Fort Lauderdale.

"¿Por qué tan lejos?" me quejé.

"Así tiene que ser." Esperó a que yo empezara a discutirle y cuando vio que no lo hice, continuó. A pesar de que estaba sufriendo, quería terminar la película antes de irse de Nueva York. Había que añadirle los subtítulos, y hacer el *remix* para incorporarle la música de Manos y otros efectos de sonido. Necesitaba un par de semanas y entonces volaría hasta Fort Lauderdale para operarse. No sabía cuando o si regresaría a Nueva York. Habló en tono práctico, en su inglés simple y declarativo; cada palabra cuidadosamente escogida. Estaba sentada con las piernas dobladas debajo de mí, con las manos apretadas entre mis muslos. Hacía tiempo que temía una conversación como ésta, que sabía que un día Ulvi saldría de mi vida con la misma rapidez con que entró. Me alegraba que no fuera a morir, que sólo se iba a la Florida. Según hablaba, yo me forcé a retraerme hasta que estuvimos, no en los dos extremos de su sofá de cuero negro, sino en dos continentes diferentes.

Cuando terminó de exponerme sus planes, Ulvi se hundió aún más en su esquina del sofá, juntó las manos, tocó sus labios con las puntas de los dedos y dijo bajito, tan bajito que tuve que esforzarme para oírlo. "Puedes venir conmigo."

Había esperado, deseado esas palabras, segura de que nunca las oiría, aliviada cuando las dijo. Me sorprendí entonces, cuando mi respuesta fue que mi mamá nunca me dejaría ir.

"Entonces, debes dejarla," sentenció.

No había modo de explicarle a Ulvi, que no conocía a Mami, por qué la idea de dejar a mi mamá para irme a Fort Lauderdale con mi amante me aterraba. Él no había estado cuando ella se me apareció en Long Island, en medio de una tormenta de nieve, para rescatarme de que tuviera sexo con Otto. No había escuchado el dolor en su voz cuando lamentaba haber dejado incompleta su educación, haber sido madre joven y soltera, los hombres que la traicionaron. No había estado con ella en la oficina del *welfare*, no había estado allí, serio y asustado, mientras ella se humillaba ante una gente que conquistaría su orgullo porque nunca podría derrotar su espíritu. Nunca había recostado su cabeza en su falda, nunca la había escuchado cuando revelaba sus sueños para sus hijos, que ella esperaba fueran más listos en la vida de lo que había sido ella. No le había visto el rostro iluminado cuando pensaba en mí, su hija mayor, vestida con un traje de novia blanco, camino a la Catedral.

"Quizás, si nos casamos," le sugerí, patética hasta para mí misma.

Ulvi, movió la cabeza, "No, no nos podemos casar."

No dio explicaciones para su negativa y yo no las pedí. Estaba sombrío, paciente. Sus ojos me miraron con la misma intensidad con que me habían mirado hacía unos meses, cuando Shoshana y yo estuvimos en esa misma sala, tratando de impresionarlo para que nos diera un papel en su película. Ésta era —lo sabía— una prueba de lealtad. Si me negaba a seguirle a Florida, fracasaría.

Durante los siete meses que nos habíamos conocido, le había cedido mi voluntad a él. Había dejado de ver a mis amistades, había dejado de ir a bailar, salía corriendo del trabajo a sus brazos. Pero todavía, me iba todas las noches a dormir bajo el techo de Mami. Sin decir las palabras, Ulvi me estaba pidiendo que la dejara también, que escogiera entre los dos.

En todo el tiempo que habíamos sido amantes, no se me ocurrió nunca que alguna vez tuviera que escoger. Algún día, Ulvi regresaría a Turquía, o a Alemania, o quién sabe y a quién le importa dónde. Sería Ulvi el que saldría de mi vida, no Mami. Después de años de ver a Mami, a La Muda, a mis tías y primas —cómo amaban, fracasaban, volvían a amar—, había aprendido que del amor una se recuperaba. Si Ulvi se iba, vendría otro hombre, pero nunca habría otra Mami.

"Piénsalo," me recomendó Ulvi, cuando no le contesté enseguida. Por primera vez desde la primera vez, me fui de su apartamento sin quitarme la ropa ni una vez. Cogí el tren a Brooklyn. El aire pesado y polvoriento de los *subways* era sofocante, me hacía imposible respirar, nublaba mis pensamientos hasta que no supe dónde estaba, a dónde iba ni por qué. El tren expreso volaba por Nostrand Avenue, Utica Avenue,

Broadway-East New York. Me bajé del tren y cambié al tren local para hacer una parada a Liberty Avenue, a un bloque de la casa de Mami. Era tarde, pero más temprano de lo que usualmente regresaba. Mami y Tata habían cocinado un ollón de arroz con pollo y habichuelas guisadas.

"Ay, Negi, llegaste temprano. Qué bueno," dijo Mami. "Déjame que te sirva."

Estaba contenta porque era sábado y ella cobraba los viernes, lo que quería decir que había una compra generosa en la alacena. Las máquinas de coser de la sala estaban calladas, cubiertas con sábanas para que los nenes más chiquitos no las tocaran. Héctor, Raymond y Franky estaban en el patio de cemento jugando con una bola. Un perrito me mordió los tobillos. ¿De dónde había salido? ¿Era nuestro? ¿Cuánto tiempo lo habíamos tenido? Me puse ropa cómoda de estar en la casa y me senté con Mami y con Tata en la cocina y las tres comimos su comida sabrosa, mientras en el otro cuarto la televisión vociferaba un espectáculo de variedades.

Mis hermanas y hermanos se tiraban en el piso o en los muebles cubiertos de plástico y se reían y se burlaban de la ropa y de las artistas estrambóticas. Uno de los bebés lloró, otro chilló, el perro ladró, Tata prendió un cigarrillo y abrió una cerveza. Mami le gritó a Edna que cogiera a Ciro para que dejara de llorar. Me levanté, puse los platos en el fregadero y me refugié en el cuarto que compartía con Delsa, en la cama que compartía con Delsa. Arropada hasta la cabeza para aislar el ruido, la confusión, el drama de la vida de mi familia, supe, como lo sabía Ulvi cuando preguntó, que mi decisión ya estaba tomada.

Reconocimientos

Esto es lo que recuerdo, como lo recuerdo. Frases memorables, confesiones apremiantes y preguntas fascinantes han contribuido a las conversaciones recreadas en algunas escenas.

Los nombres de mi familia inmediata son verdaderos pero las circunstancias me han llevado a cambiar otros. Por ejemplo, hasta ahora, ha habido doce Franks y cinco Normas en mi vida. Si bien es cierto que yo puedo distinguirlos, es más difícil lograrlo en la página. Para evitar confusiones les he puesto un apodo o les he cambiado el nombre.

También está la gente cuyos nombres no recuerdo. Algunos podrían ser personajes secundarios en una novela, pero en la vida real si se recuerdan no son secundarios en absoluto. Les pido perdón a los que se reconozcan pero tengan un nombre diferente en estas páginas. Por favor, comprendan que aunque haya olvidado sus nombres todavía los recuerdo a ustedes.

Varias personas me han ayudado a darle forma a este libro. Estoy particularmente en deuda con mi editora Merloyd Lawrence, cuya confianza y estímulo son los mayores motivadores que cualquier escritor o escritora pueda desear. Las veces que me sentí abrumada por la emociones que esta memoria me hizo evocar, llamaba a mi amiga y agente Molly Friedrich, cuya seguridad y confianza me ayudaban a mantenerme en ruta. Mis compañeros y compañeras en la sanadora tarea de escribir, Terry Bazes, Ben Cheever, Joie Davidow, Audrey Glassman, Marilyn Johnson y Mary Breasted, generosamente dejaron a un lado su propio trabajo para leer este manuscrito en sus diferentes etapas. Mil gracias, queridos amigos.

El clan Santiago/Cortez/Martínez me ha sostenido con su benevolencia y cariño, aunque a veces esté en desacuerdo con mi versión de

los hechos. Individual y colectivamente, mi mamá, mi papá, mis hermanas y hermanos, son una manifestación de lo que respeto y dignidad sig-
nifican para una familia puertorriqueña.

Y finalmente mi esposo Frank Cantor, mi hijo Lucas y mi hija Ila,
han logrado entender cuándo necesito estar sola y cuándo necesito un
abrazo. Ustedes me hacen cantar. (Pero no se preocupen, no lo voy a
hacer en público.)